GAOZHI XUESHENG XINLI JIANKANG
JIAOYU JIAOCHENG

高职学生心理健康教育教程

崔玉环 / 主　编

江雪芳　尤海燕 / 副主编

何霄燕　刁晨艳 / 参　编

ZHEJIANG UNIVERSITY PRESS
浙江大学出版社

图书在版编目（CIP）数据

高职学生心理健康教育教程／崔玉环主编. — 杭州：
浙江大学出版社，2021.6(2024.9 重印)
ISBN 978-7-308-21431-5

Ⅰ. ①高… Ⅱ. ①崔… Ⅲ. ①大学生 – 心理健康 – 健
康教育 – 高等职业教育 – 教材 Ⅳ. ①G444

中国版本图书馆 CIP 数据核字（2021）第 105188 号

高职学生心理健康教育教程

崔玉环　主编

责任编辑	马海城
责任校对	汪荣丽
封面设计	周　灵
出版发行	浙江大学出版社
	（杭州市天目山路 148 号　邮政编码 310007）
	（网址：http://www.zjupress.com）
排　　版	杭州晨特广告有限公司
印　　刷	杭州钱江彩色印务有限公司
开　　本	787mm×1092mm　1/16
印　　张	13.75
字　　数	326 千
版 印 次	2021 年 6 月第 1 版　2024 年 9 月第 6 次印刷
书　　号	ISBN 978-7-308-21431-5
定　　价	42.00 元

前　　言

　　大学是人生非常重要的时期,它将奠定人一生发展的基础。在这一时期,大学生的身心都处于较大变化中,他们面临着大学适应中的喜悦与失望,自我认识中的自信和自卑,人际交往中的乐群与独立,朋友之间的友情与冲突,亲密关系中的爱与性,学习中的乐趣与单调,情绪管理中的喜怒哀乐等一系列的心理变化。如果对这些心理变化处理不当,就会给他们的心理带来不良的影响,甚至导致心理障碍或心理疾病。因此,我们通过心理健康教育来促使大学生客观认识个人心理发展过程中的挑战和困惑,学习和采用合理恰当的行为方式去应对心理发展中的这些问题,从而提高大学生的心理品质,达到培养优秀大学生的目标。

　　本教材针对高职学生在心理发展阶段面临的主要问题,结合有关高职学生心理健康的研究成果撰写而成。全书共有九个专题,主要是"健康心理""环境适应""认识自己""健全人格""珍惜友情""寻觅真爱""快乐学习""情绪管理""挫折应对"等一系列内容,涵盖了高职学生心理发展的主要过程。为了体现高职学生心理健康教育的科学性、体验性和操作性,本教材从理论知识和实践应用两个视角进行编写。本教材在"学习目标"的导引下,围绕学习模块的每个任务,为学生精心烹制了几道心灵菜肴,如"困惑与问题""心理运动场""心海导航""心理链接""心灵修炼""影视赏析"等系列内容。因此,本教材力争体现从"问题提出"到"学习知识",再到"掌握知识",最后到"实践应用"的结构,以期实现课堂教学与课后练习相结合,学习知识与掌握方法相结合,教师教学与学生学习相结合。

　　值得一提的是,本教材中涉及的大部分心理测试题都配备了二维码,读者只要扫一扫就可以轻松地在线答题,从而更加便捷客观地了解自身的心理状态。

　　本教材凝聚着参编教师的全部心血与智慧。在编写过程中,我们的相互合作与彼此支持,形成了强大的团队凝聚力,也保证了本教材的质量。本教材的编写分工如下:崔玉环(专题一、专题五),江雪芳(专题三、专题六),尤海燕(专题二、专题九),何霄燕(专题四、专题七),刁晨艳(专题八)。

本教材是我们对高职学生心理健康教育教学的一个尝试，难免存在不足之处，敬请读者批评指正，以帮助我们今后不断改进和完善。

本教材参阅了大量的心理素质教育方面的教材、论文、论著和网络资源，其中大多做了标注，但仍难免疏漏，在此对原作者表示诚挚的谢意，并敬请谅解。

编　者
2021 年 3 月

目　　录

专题一　美好生活从"心"开始——健康心理

学习目标

- **知识目标**
  1. 认识心理学,了解自己
  2. 理解心理健康的概念和标准
  3. 了解常见的心理问题类型
  4. 了解亚健康的概念和类型
- **技能目标**
  1. 认识与了解自己的心理健康状况
  2. 掌握日常生活中预防与消除亚健康状况的策略
  3. 掌握常见心理问题的应对方法

　　大学生活对每一位大学生来说,都是一种无法割舍的人生体验。不管愿意与否,大学生都要学会独立地面对真实的生活,学会自主地解决自己的人生难题。但是,当他们以极大的热情去直面生活、努力实现自己的梦想时,会发现生活之舟原来那么复杂,有时甚至那么难以驾驭。在痛苦的反思之后,有的人开始调整目标重塑生活,以积极的心态去迎接新的生活;而有的人则选择了逃避与自暴自弃,以消极的心理与行为去对抗生活。积极的接纳与奋进是美好人生的起点,而消极的对抗则有可能导致一事无成。因此,在大学阶段,树立正确的健康观,关系着每一位大学生的成长成才。

知识点1　认识心理学

【困惑与问题1－1】

英雄机长刘传健

　　"控制住飞机状态! 飞出山! 飞回成都!"

　　"报告! 3U8633 航班偏航!"

　　"发现7700机械代码故障警告!"

　　2018年5月14日7时许,西部战区空军作战指挥控制中心电子显示屏上,一条特殊航迹牵动了战勤人员的心,应急处置机制立即启动。而在万米高空的这架空客 A319 飞机,正在经历一场"空中浩劫"——

驾驶舱右座前风挡玻璃破裂,自动驾驶功能失灵,仪表台受损严重,与地面塔台失去联络! 副驾驶员徐瑞辰半个身子被吸出驾驶舱,强大的气流以每小时 800 公里的速度抽打着机长刘传健的脸,零下 40 摄氏度的气温瞬间凝固了整个驾驶舱……

"嘣!"进入高原不久,一声闷响,驾驶舱右座前风挡玻璃突然出现裂纹,刘传健心里"咯噔"一下,赶紧伸手去检查,"割手! 内层玻璃裂了!"

"准备下降高度,备降成都。"刘传健迅速向管制台报告,同时示意副驾驶发出遇险信号。

"砰!"话音未落,一声巨响,这块玻璃突然破裂被吸出窗外,飞机开始剧烈抖动。

"我下意识地闭了下眼睛,睁开时副驾驶半个身子已挂在舱外。我试图把他拉回来,但发现自己无能为力。强大的气流让我根本无法戴上氧气面罩……"刘传健平静地回忆着那个瞬间:耳朵里没有声音,感觉不到缺氧和寒冷,脑子里只有一个念头——控制住飞机状态! 飞出山! 飞回成都!

"很纠结! 想尽快下降高度,又担心速度大飞机承受的冲击力太大,机组和乘客安全无法保证。"身着短袖衬衣的刘传健紧握操纵杆,在缺氧、酷寒、座舱释压的极端条件下,操纵飞机艰难下降……

几分钟后,飞机逐渐平稳,刘传健在第二机长梁鹏配合下戴好氧气面罩,凭借多年的飞行经验,参考有限的飞行数据信息,手动返航备降。

"看到跑道心里就有底了。"7 时 42 分,他驾机成功备降。旅客无一人受伤,全机组安全。这场历时 34 分钟的手动备降过程,成为中国民航史上一次"史诗级壮举"。

摘自黄博,李飞龙."英雄机长"的沉着从哪里来——专访四川航空公司机长、原空军第二飞行学院飞行员刘传健[N].解放军报,2018-5-26(7).

问题:"英雄机长"刘传健的沉着从哪里来?

【心理运动场】

图说心理

[活动任务] 观察图片(图 1-1 至图 1-4),感受心理变化,理解什么是心理学,人有哪些心理现象。

[活动目标] 初识心理学,激发学生对心理健康知识的兴趣。

[活动要求] 随机将全班同学划分成若干小组,4～6 人为一个学习小组。以小组为单位,观察老师准备好的心理图片,并做好记录。各学习小组推选一名代表汇报本小组的观察结果,并进行简要说明。

图 1-1 心理图片 1　　图 1-2 心理图片 2　　图 1-3 心理图片 3　　图 1-4 心理图片 4

　　[活动考核]　每个学习小组选派一名代表与任课教师组成评委,对各学习小组的汇报进行评价。

　　[关键词]　心理学　心理现象

【心海导航】

一、什么是心理学

　　心理学是一门研究心理现象的发生、发展及其规律的科学。它既研究人的心理现象,也研究动物的心理现象,其中以研究人的心理现象为主。

　　人的心理现象也就是心理活动,是大家最熟悉的。在人的日常行为活动中,时刻都会有各种心理活动产生。正是在这些心理活动的支配与调节下,我们才能进行各种活动,实现活动的目的。因此,在一定意义上,心理活动是我们第一个直接接触、认识和体验的现实。但是,心理又是宇宙间最复杂又最奥妙的现象之一,恩格斯曾把它誉为"物质的最高的精华"。

二、人的心理现象

　　一个正常而健康的人,时时刻刻都在不断地产生各种心理现象,并能自我意识到在自己身上发生的这一切。如我们能看到颜色、听到声音、尝到味道;能回想以前经历过的一些事情;能动脑筋,进行种种发明创造;能设想自己未来美好的情景。与此同时,我们还会在内心产生一种复杂的体验,如高兴、愉快、满意、幸福,以及痛苦、忧愁、悔恨、内疚,等等。这些发生在人身上的种种复杂的精神现象,就是心理学所称的"心理现象"。

　　心理学一般将心理现象分为"心理过程"和"个性心理"。

　　心理过程是指人的心理活动过程,包括人的认识过程、情绪和情感过程、意志过程。认识过程是一个人在认识、反映客观事物时的心理活动过程,包括感觉、知觉、记忆、想象和思维等过程。情绪和情感过程是一个人在对客观事物的认识过程中表现出来的态度体验,例如满意、愉快、气愤、悲伤等,它总是和一定的行为表现相联系。人在认识客观事物时,不仅仅是认识它,感受它,同时还要改造它,这是人与动物的本质区别。为了改造客观事物,一个人有意识地提出目标、制订计划、选择方式方法、克服困难,以达到预期目的的内在心理活动过程即为意志过程。人的认识过程、情绪和情感过程、意志过程统称为心理过程。它们是既有区别又有联系的心理活动过程的三个组成部分。人的认识过程和意志过程往往伴随着一定的情绪、情感活动;意志过程又总是以一定的认识活动为前提;而人的情绪、情感和意志活动又促进了人的认识的发展,两者相互影响。

　　心理过程是人们共同具有的心理活动。但是,由于每个人的先天素质和后天环境不同,心理过程在产生时又总是带有个人的特征,从而形成了不同的个性。个性心理包括个性倾向性和个性心理特征两个方面。个性倾向性是指一个人所具有的意识倾向,也就是人对客观事物的稳定的态度。它是人从事活动的基本动力,决定着人行为的方向。其中主要包括需要、动机、兴趣、理想、信念和世界观。世界观在个性倾向诸多成分中居于最高层次,决定着人总的意识倾向。个性心理特征是一个人身上经常表现出来的本质的、稳定的心理特点。例如,有的人有数学才能,有的人有写作才能,有的人有音乐才能,因此,在各科成绩上就有高低之分,这是能力方面的差异。在行为表现方面,有的人活泼好动,有的人沉默寡言,有的人热情友善,有的人冷漠无情,这些都是气质和性格方面的差异。能力、气质和性格统称为个性心理特征。

人的心理过程和个性心理是密切联系的。一方面,个性心理是通过心理过程形成的,如果没有对客观事物的认识,没有对客观事物产生的情绪和情感,没有对客观事物的积极发现的意志过程,个性心理是无法形成的;另一方面,已经形成的个性心理又会制约心理过程的进行,并在心理活动过程中得到表现,从而对心理过程产生重要影响,使之带有个人的色彩。具体如图1-5所示。

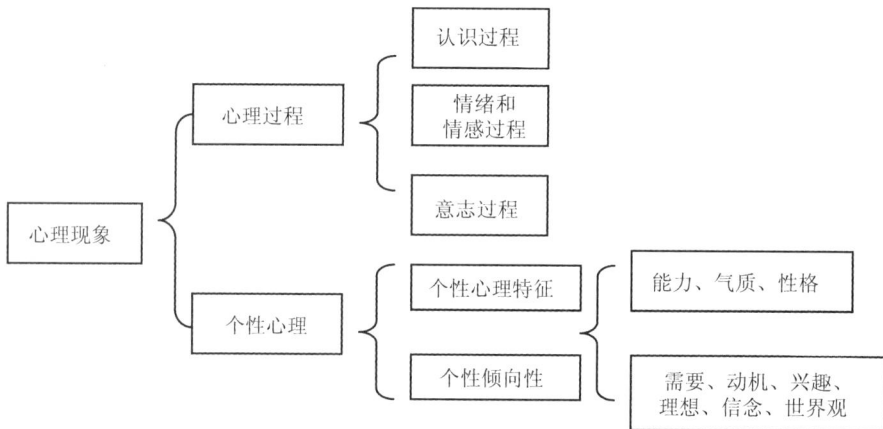

图1-5 心理现象

回答1-1

英雄机长刘传健

飞行专家赵先生认为:能成功迫降是一个奇迹。"那个时候连眼睛也是睁不开的。我们搞过飞行的人都知道,更重要的是意志,就是告诉自己,我今天,就是要把这个飞机飞下来!"所以说,"英雄机长"的沉着,除过硬的飞行技术外,更重要的是优秀的心理素质,积极健康的心理状态。

【心理链接】

心理对行为的影响

弗洛姆是美国一位著名的心理学家。一天,几个学生向他请教:心态对一个人会产生什么样的影响?他微微一笑,什么也不说,就把他们带到一个黑暗的房间里。在他的引导下,学生们很快就穿过了这个伸手不见五指的神秘房间。接着,弗洛姆打开房间的一盏灯。在这昏黄如烛的灯光下,学生们才看清楚房间的布置,不禁吓出了一身冷汗。原来,这个房间里有一个很深很大的水池,池子里蠕动着各种蛇,包括一条大蟒蛇和三条眼镜蛇,有好几条毒蛇正高高地昂着头,朝他们"滋滋"地吐着信子。就在这蛇池的上方,搭着一座很窄的木桥,他们刚才就是从这座木桥上走过来的。

弗洛姆看着他们,问:"现在,你们还愿意再次走过这座桥吗?"大家你看我我看你,都不作声。过了片刻,终于有3个学生犹犹豫豫地站出来。其中一个学生一上去,就异常小心地挪动着双脚,速度比第一次慢了很多;另一个学生战战兢兢地走在小木桥上,身子不由自主地颤抖着,才走到一半,就挺不住了;第三个学生干脆弯下身来,慢慢地从小桥上爬了过去。

"啪",弗洛姆又打开了房内另外几盏灯,强烈的灯光一下子把整个房间照耀得如同白昼。学生们揉揉眼睛再仔细看,才发现在小木桥的下方装着一道安全网,只是因为网线的颜色极暗淡,他们刚才都没有看出来。弗洛姆大声地问:"你们当中还有谁愿意现在就通过这座小桥?"学生们没有作声。"你们为什么不愿意呢?"弗洛姆问道。"这张安全网的质量可靠吗?"学生心有余悸地反问。

弗洛姆笑了:"我可以解答你们的疑问了,这座桥本来不难走,可是桥下的毒蛇对你们造成了心理威慑,于是,你们就失去了平静的心态,乱了方寸,慌了手脚,表现出各种程度的胆怯。可见,心态对行为当然是有影响的啊。"

[摘自:季丹丹,曹迪.青春导航——大学生心理健康[M].沈阳:辽宁大学出版社,2006:12-13.]

【心灵修炼】

举例说明人有哪些心理现象。

【影视欣赏】

《中国机长》

《中国机长》改编于四川航空 3U8633 航班紧急迫降事件(图 1-6)。2018 年 5 月 14 日,川航 3U8633 航班从重庆至拉萨飞行的途中,在 9800 米高空,驾驶舱右侧风挡玻璃破损脱落,导致座舱失压。随后,机组成功处置,在成都双流机场安全备降,确保了机上 119 名旅客和 9 名机组人员的安全。机长刘传健也被称为"中国民航英雄机长"。

图 1-6　电影《中国机长》海报

https://baike.baidu.com/item/%E5%88%98%E4%BC%A0%E5%81%A5/22585197? fr=aladdin.
https://www.iqiyi.com/v_19rsho7kz8.html.

知识点 2 认识心理健康

【困惑与问题 1－2】

我和世界不一样

尼克·胡哲(Nick Vujicic)生于澳大利亚,天生没有四肢,这种罕见的现象医学上取名为"海豹肢症"。但更不可思议的是:骑马、打鼓、游泳、足球,尼克样样皆能,在他看来没有难成的事。他拥有两个学士学位,是企业总监。2005 年,年仅 25 岁的尼克被提名为"澳大利亚年度青年"。他乐观幽默、坚毅不屈,鼓励每个人勇于面对并改变生活。他已踏遍世界各地,接触逾百万人,激励和启发他们的人生。

问题:

①尼克·胡哲是健康的人吗?

②尼克·胡哲是心理健康的人吗?

【心理运动场】

你的心理有病吗?

[活动任务]

1. 说说你所知道的大学生因心理问题而引发的事件,并对大学生出现心理问题的原因谈谈你的看法,搜集身边心理不健康的行为表现及应对策略。

2. 什么是心理健康,怎样评价人的心理健康状况?

3. 大学生常见的心理问题有哪些?

[活动目标] 了解心理健康标准,树立正确的心理健康评判理念。

[活动要求] 将学生每 4～6 人分成一个学习小组,每个学习小组收集一个发生在自己身边的心理不健康的案例,并代表学习小组加以介绍。

[活动考核] 每个学习小组选派一名代表与任课教师组成评委,对各学习小组的介绍进行评价。

[关键词] 健康 心理健康的标准 心理问题

【心海导航】

一、什么是健康

1989 年世界卫生组织提出:"健康不仅是没有疾病,而且包括躯体健康、心理健康、社会适应良好和道德健康。"也就是说,当我们衡量一个人是否健康时,不仅要看他有没有器质性或功能性异常,还要看他有没有主观不适感,有没有社会公认的不健康行为。

具体来说,正确的健康观应该包括以下四方面的内容:

1. 躯体健康。就是生理健康。

2. 心理健康。就是人格完整,自我感觉良好,情绪稳定,积极情绪多于消极情绪,有较好的自控能力,能够保持心理上的平衡,能自尊、自爱、自信,有自知之明等。

3. 社会适应良好。就是自己的各种生理和心理的活动与行为,能适应复杂的环境变化,为他人所承受和接受。自己在各种环境中有充分的安全感,能保持正常的人际关系,能受到他人的欢迎和信任。对未来有明确的生活目标,能切合实际地在各种社会环境下不断进取,有理想和事业上的追求。

4. 道德健康。就是不以损害他人的利益来满足自己的需要,有辨别真伪、美丑、荣辱、是非的能力,能按照社会公认的道德标准来约束和支配自己的言行,愿为人们的幸福做贡献。

总之,健康是生理的、心理的、社会适应与道德健康的完美结合,一个人只有身体、心理和社会适应同时处于圆满状态才算是真正的健康。

二、什么是心理健康

1946 年,第三届国际心理卫生大会将心理健康定义为"在身体、智能及感情上与他人的心理健康不相矛盾的范围内,将个人的心境发展成最佳的状态"。世界心理卫生联合会认为心理健康应是"身体、智力、情绪十分调和;适应环境,人际关系中彼此能谦让;有幸福感;在工作和职业中,能充分发挥自己的能力,过着有效率的生活"。

我国学者研究认为,对心理健康应从两个层面来理解:一是指心理健康状态,即心理健康是一种持续的、积极的心理状态,个体在这种状态下能更好地适应环境、发展自我。具体表现在:个体对内部环境具有安全感,对外部环境能以社会认可的形式去应对,能充分体现出生命的活力,最大限度地发挥出其身心功能和潜能。在行为上,一方面,能为社会所接受;另一方面,又能为自身带来快乐和成就。二是指维持心理健康、保持和改善个体对环境的适应、减少问题行为和预防与治疗精神疾病的原则和措施。

因此,大学生的心理健康应定义为:个体能够适应当前和发展着的环境,具有完善的个性特征;认知、情绪反应、意志行动处于积极的状态,并保持正常的调控能力。

> 回答 1-2：
>
> ### 我和世界不一样
>
> ①尼克·胡哲不是一个完全健康的人。
> ②尼克·胡哲是一个心理健康的人。

三、大学生心理健康的标准

根据国内外学者的多种论述以及我国大学生的实际情况,我们认为,大学生的心理健康状况应从以下八个方面予以评判:

1. 智力正常。智力,是人的观察力、注意力、记忆力、想象力、思维力、创造力及实践活动能力等的综合,包括在经验中学习或理解的能力,获得和保持知识的能力,迅速而成功地对新情境做出反应的能力,运用推理有效地解决问题的能力等。这是大学生学习、生活与工作的基本心理条件,也是适应周围环境变化所必需的心理保证。因此,衡量大学生的智力是否正常,关键在于其是否能正常地、充分地发挥自我效能,即是否有强烈的求知欲,乐于学习,能够积极参与学习活动。

2. 情绪健康。其标志是情绪稳定和心情愉快,包括:愉快情绪多于负性情绪,乐观开朗,富有朝气,对生活充满希望;情绪较稳定,善于控制与调节自己的情绪,既能克制又能合理宣泄自己的情绪;情绪的表达既符合社会的要求又符合自身的需要,在不同的时间和场合有恰如其分的情绪表达;情绪反应与环境相适应,反应的强度与引起这种反应的情境相符合。

3. 意志健全。意志是人在完成一种有目的的活动时进行的选择、决定与执行的心理过程。意志健全者在行动的自觉性、果断性、顽强性和自制力等方面都表现出较高的水平。意志健全的大学生在各种活动中都有自觉的目的性,能适时地做出决定并运用切实有准备的方式解决所遇到的问题,在困难和挫折面前,能采取合理的反应方式,能在行动中控制情绪和言而有信,而不是行动盲目、畏惧困难、顽固执拗。

4. 人格完善。人格是个体比较稳定的心理特征的总和。人格完善就是指有健全统一的人格,个人的所想、所说、所做都是协调一致的。人格完善包括人格结构的各要素完整统一,具有正确的自我意识,不产生自我同一性混乱,以积极进取的人生观作为人格的核心,并以此为中心把自己的需要、目标和行动统一起来。

5. 自我评价正确。正确的自我评价是大学生心理健康的重要条件。大学生在进行自我观察、自我认定、自我判断和自我评价时,要做到恰如其分地认识自己,摆正自己的位置,既不以自己在某些方面高于别人而自傲,也不以某些方面低于别人而自卑,面对挫折与困境,能够自我悦纳,自尊、自强、自制、自爱,正视现实,积极进取。

6. 人际关系和谐。良好而深厚的人际关系,是事业成功与生活幸福的前提。表现为:乐于与人交往,既有广泛而深厚的人际关系,又有知心朋友;在交往中保持独立而完整的人格,有自知之明,不卑不亢;能客观评价别人和自己,善于取人之长补己之短,宽以待人,乐于助人,积极的交往态度多于消极态度,交往动机端正。

7. 社会适应正常。个体应与客观现实环境保持良好秩序,既要进行客观观察以取得正确认识,以有效的办法应付环境中的各种困难,不退缩;又要根据环境的特点和自我意识的情况努力进行协调,改变环境以适应个体需要或改造自我以适应环境。

8. 心理行为符合大学生的年龄特征。大学生是处于特殊年龄阶段的特殊群体,大学生应具有与自己的年龄和角色相应的心理行为特征。一个大学生若经常严重地偏离自己所处的年龄阶段和角色应该具有的相应的心理行为特征,则有可能是心理异常的表现。

心理健康的标准是一种理想尺度,它为人们提供了评判心理是否健康的标准,同时也为人们指出了提高心理健康水平的努力方向。正确理解大学生心理健康标准应注意以下几个问题:

1. 一个人是否心理健康与一个人是否有不健康的心理和行为并非完全是一回事。判断一个人的心理健康状况,不能简单地根据一时一事下结论。心理健康是较长一段时间内持续的心理状态,一个人偶尔出现一些不健康的心理和行为,并非意味着这个人就是心理不健康(或心理变态),只能视具体情况而定。据此,人的心理健康水平大体可分为三个等级:一是一般常态心理,表现为心情经常愉快,适应能力强,善于与别人相处,能较好地完成与同龄人发展水平相适应的活动,具有调节情绪的能力;二是轻度心理困扰,属于成长中的发展性问题,表现为各种适应问题、应激问题、人际关系问题等,主要由心理发展水平低、社会适应不良、突发性事件以及遭受挫折等因素引起,经主动调节或通过专业人员帮助后可恢复常态;三是中度的心理障碍,表现为神经症、轻度的人格异常和性心理障碍等,主要是由心理负担过重、心理长期处于紧张状态或受到某种强烈刺激所致,适应失调,不能维持正常的生活和工作,如不及时治疗可能恶化成为精神病患者。

2. 人的心理健康水平可以分为不同的等级,是一个从健康到不健康的连续状态,从健康状态到不健康状态之间有一个较长的过渡阶段。一般来说,人的心理健康与不健康是相对而言的,从健康到不健康有着巨大的量的变化。我国心理学家岳晓东将人的精神健康比作白色,精神不健康比作黑色,认为在白色与黑色之间存在着一个巨大的缓冲区域——灰色区。灰色区又可以进一步分为浅灰色区与深灰色区,浅灰色区的人只有心理冲突而无人格变态,其突出表现为由诸如失恋、丧亲、夫妻纠纷、家庭不和、工作不顺心、人际关系不佳等生活矛盾而带来的心理不平衡与精神压抑;深灰色区的人则患有种种异常人格和神经症,如强迫症、恐人症、癔症、性倒错等症状。浅灰色区与深灰色区之间也无明确界限,是一个渐进的演变过程,包括人的心理不平衡、情绪障碍及人格变态,这些问题虽属于非气质性精神痛苦,但不同程度地干扰了人们的正常生活与情绪状态。世间纯白的心理完美和纯黑的精神异常的人极少,大多数人的精神状况都散落在这一灰色区域内。

3. 心理健康状态并非固定不变,而是一个动态的变化过程,既可能从不健康转变为健康,也可能从健康转变为不健康。随着人的成长、经验的积累、环境的改变,心理健康状况也会有所变化。因此,心理健康与否只能反映一个人某一段时间内的固定状态,而不是他一生的状态。

4. 无论是哪种心理健康标准的表述,都是一种理想的尺度。它不仅为我们提供了衡量心理是否健康的标准,而且为我们指明了提高心理健康水平的努力方向。

5. 个体心理健康的基本标准是能够有效地进行工作、学习和生活。如果正常的工作、学习和生活难以维持和保证,就应该引起注意,及时调整自己。

总之,评判大学生心理是否健康的基本标准,就是看他们能否进行有效的学习和生活。如果正常的学习和生活都难以维持,就应该及时予以调整。我们每个人都应该重视和学习有关心理健康知识,追求心理健康和心理发展的高层次,充分发挥自身潜能,促进身心健康全面和谐发展。

四、心理健康对大学生成长的意义

1. 心理健康是大学生顺利完成学业的基本条件。心理健康的人学习时会全神贯注、记忆清晰、联想丰富、思维敏捷,其智力活动处于兴奋活跃状态,学习效率高,从而感受到学习的乐趣和身心的愉悦。

2. 心理健康有助于大学生自我意识的发展和个性的完善。心理健康的人能正确认识和评价自己,敢于面对生活中的失败与挫折,能够以乐观态度、进取精神正视现实、正视自己,以社会道德、法律规范来约束自己。面对生活中某些失败的教训时,他们一般不会产生哀怨或沮丧等不良情绪,而是建设性地对待问题,努力争取活动的成功。反之,心理不健康的人,则会表现出精神不佳、自卑、忧郁、苦闷与悲观,造成情绪、性格、人际关系上的缺陷,直接影响其社会适应能力和成才目标的实现。

3. 心理健康有利于大学生满怀信心地走向社会。心理健康的人在大学期间,能够积极培养和提高自身的综合素质,明确目标,努力追求成功。遇到失败和挫折时,善于总结经验,积极寻找新途径和新方法。面对选择时,勇于表现自己,善于推销自己,充满自信,不畏艰难和不怕失败,能以较强的知识实力和充分的思想准备,满怀信心地走向社会。

【心理链接】

心理咨询求助者的十大注意事项

1. 想好开头说什么。有些求助者见到心理咨询师后情绪波动很大,不知从何谈起,浪费了许多宝贵的时间。应事先想好"开场白",几句话就能进入主题。

2. 把心理咨询师看作是朋友。心理问题,大多要有情感上的倾诉,咨询师的职业规定和保密原则对您的"隐私"也会给予绝对的保密。所以,面对咨询师尽可能畅所欲言。

3. 倾诉要有节制。人在激动时容易失控,倾诉在10～30分钟为佳。

4. "有问必答"。"有问必答"比"拐弯抹角"更利于沟通。

5. 不必过分地关注自我的表现与形象。心理求助毕竟不是求职或与领导谈话。谈话时,尽可能地放松一些,不要过多考虑方式、方法和技巧。

6. 防止过多地纠缠于事情的细节。咨询师关注的是你的心理及对问题的认知。对于事情,可先大致讲一讲,然后等咨询师提问即可。

7. 不要期望由心理咨询师给你"决策"。不少咨询者希望心理咨询师给一个明确的指导,而心理咨询师的职业却恰恰避免这种"硬性指导"。他们只能讲一些观点和道理,启发、疏导你的"症结",帮你解决因情节造成的心理创伤。最后的"大主意"还要由自己拿。

8. 不要希望一次咨询就"根治"。解决心理问题往往要有一段转变的过程,那种希望"一点通"走捷径的想法是不现实的。

9. 不要等成了"心病"时才去求助。如果你将预防心理疾病看成是"感冒就吃药"的及早治疗,就会在"心理才感冒,还未发高烧"时就去找心理咨询师。

10. 对于有关"性"的问题,有条件最好找同性咨询师。涉及"性"的问题,同性之间说话更为方便和深入些。当然,倘若找不到同性心理咨询师,和异性心理咨询师谈也是可以的,不必过分紧张。在咨询师眼里,求助者的性别是无关紧要的。

[摘自:龚永坚,王芳,李苏燕.大学生心理健康教育[M].北京:高等教育出版社,2017:56]

【心灵修炼】

1. 你是如何理解"心理健康"这一概念的?

2. 大学生心理健康的标准是什么?

3. 心理健康对大学生健康成长的作用。

【影视欣赏】

《青春派》

　　《青春派》是由刘杰执导,董子健、安悦溪、秦海璐等主演的校园青春喜剧片(图1－7)。影片讲述了男主角居然因失恋导致高考失利,作为"高四生"回校园复读,重新体会了高考、爱情、友情混杂的青春故事。

图1－7　电影《青春派》海报

https://baike.baidu.com/item/%E9%9D%92%E6%98%A5%E6%B4%BE/6049214?fr=aladdin.

https://v.qq.com/x/cover/7qs9di1f8djdo9v.html.

知识点3　认识亚健康

【困惑与问题1－3】

成长的挫折

　　嘉豪的父母都是高级知识分子,作为家庭中的独生子,他享受到父母无所不在的爱。从小学到大学,他走得非常顺利,进入一所名牌大学学习自己喜欢的专业。似乎生活一直垂青于这位一帆风顺的年轻人。然而,在高手如林的大学,他不再显得那么优秀,在大学第一学期的考试中,班级30个人,他只获得第16名的成绩,这样的结果是他不能接受的。用他自己的话讲:"这种挫败感是从来没有过的!"学业成绩平平的他感到空前的压力。渐渐地,他变得沉默寡言,离群索居,原来那个阳光男孩变得郁郁寡欢,昔日的鲜花、荣誉和掌声都离他远去了。他谈道:"这一年的大学生活如同炼狱般难熬,原来的优势和优越感在一夜之间就离我远去了,像做了一场梦一样。背着同学和父母,我不知偷偷哭过多少次,我在心里告诫自己,要接受平凡的自我。但想要做到很难,毕竟以前太顺了,顺利得连自己都感觉生活本来就如此。"

痛苦中的嘉豪主动求助心理老师。在老师的帮助下,他重新对自己进行了自我分析与自我定位,并顺利渡过了成长中的挫折。在后来的大学生活中,他逐渐调整自己的目标,并以积极的心态面对挫折,顺利完成了大学学业并考取了研究生。

问题:
①嘉豪遇到的是什么问题?
②如果遇到类似的问题,该怎样解决?

【心理运动场】

趣味心理测试
——大学生心理健康测试

在线心理测试 ✎

[测试要求] 以下40道题,可以帮助你了解自己的心理健康状态。请根据自己的情况,选出一个最符合自己的字母。各个字母代表的含义分别是:A. 经常;B. 偶尔;C. 完全没有。

1. 平时不知为什么总觉得心慌意乱,坐立不安。 （　）
2. 上床后,怎么也睡不着,即使睡着也容易醒来。 （　）
3. 经常做噩梦,惊恐不安,早晨醒来就感到倦怠无力,焦虑烦躁。 （　）
4. 经常早醒1～2小时,醒后很难再入睡。 （　）
5. 学习的压力常使自己感到非常烦躁,讨厌学习。 （　）
6. 读书看报甚至在课堂上也不能专心,往往自己也搞不清在想什么。 （　）
7. 遇到不称心的事情便较长时间地沉默少言。 （　）
8. 感到很多事情不称心,无端发火。 （　）
9. 哪怕是一件小事情,也总是很放不开,整日思索。 （　）
10. 感到现实生活中没有什么事情能引起自己的兴趣,郁郁寡欢。 （　）
11. 老师讲课,常常听不懂,有时懂得快忘得也快。 （　）
12. 遇到问题常常举棋不定,迟疑再三。 （　）
13. 经常与人争吵发火,过后又后悔不已。 （　）
14. 经常追悔自己做过的事情,有负疚感。 （　）
15. 一遇到考试,即使有准备也还是紧张焦虑。 （　）
16. 一遇到挫折,便心灰意冷,丧失信心。 （　）
17. 非常害怕失败,行动前总是提心吊胆,畏首畏尾。 （　）
18. 感情脆弱,稍不顺心,就暗自流泪。 （　）
19. 自己瞧不起自己,觉得别人总是在嘲笑自己。 （　）
20. 喜欢跟比自己年幼或能力不如自己的人一起玩或比赛。 （　）
21. 感到没有人理解自己,烦闷时别人很难使自己高兴。 （　）
22. 发现别人在窃窃私语,便怀疑是在背后议论自己。 （　）
23. 对别人取得的成绩和荣誉常常表示怀疑,甚至嫉妒。 （　）
24. 缺乏安全感,总觉得别人要加害自己。 （　）

25. 参加集体活动时,总有孤独感。　　　　　　　　　　　　　　　　　（　　）

26. 害怕见陌生人,人多时说话就脸红。　　　　　　　　　　　　　　　（　　）

27. 在黑夜行走或独自在家有恐惧感。　　　　　　　　　　　　　　　　（　　）

28. 一旦离开父母,心里就不踏实。　　　　　　　　　　　　　　　　　（　　）

29. 经常怀疑自己接触的东西不干净,反复洗手或换衣服,对清洁极端注意。　（　　）

30. 担心是否锁门或可能着火,反复检查,经常躺在床上又起来确认,或刚一出门又返回检查。　　　　　　　　　　　　　　　　　　　　　　　　　　　　（　　）

31. 站在经常有人自杀的场所、悬崖边、大厦顶、阳台上,有摇摇晃晃要跳下去的感觉。　　　　　　　　　　　　　　　　　　　　　　　　　　　　　　（　　）

32. 对他人的疾病非常敏感,经常打听,生怕自己身患同病。　　　　　　（　　）

33. 对特定的事物,交通工具(电车、公共汽车等),尖状物及白色墙壁等稍微奇怪的东西有恐惧感。　　　　　　　　　　　　　　　　　　　　　　　　　　　（　　）

34. 经常怀疑自己发育不良。　　　　　　　　　　　　　　　　　　　　（　　）

35. 一旦与异性交往就脸红心慌或想入非非。　　　　　　　　　　　　　（　　）

36. 对某个异性伙伴的每一细微行为都很注意。　　　　　　　　　　　　（　　）

37. 怀疑自己患了癌症等严重的不治之症,反复看医书或去医院检查。　　（　　）

38. 经常无端头痛,并依赖止痛药或镇静药。　　　　　　　　　　　　　（　　）

39. 经常有离家出走或脱离集体的想法。　　　　　　　　　　　　　　　（　　）

40. 感到内心痛苦无法解脱,只能自伤或自杀。　　　　　　　　　　　　（　　）

[计分规则]

选 A 计 2 分,选 B 计 1 分,选 C 计 0 分。

[结果解释]

0～8 分:心理非常健康,请你放心。

9～16 分:大致还属于健康范围,但应有所注意,也可以找老师或同学聊聊。

17～30 分:你在心理方面有了一些障碍,应采取适当的方法进行调适,或找心理辅导老师帮助你。

31～40 分:黄牌警告,你有可能患了某些心理疾病,应找专门的心理医生进行检查治疗。

41 分以上:有较严重的心理障碍,应及时找专门的心理医生治疗。

[资料来源:陈秋燕,韩佩玉.大学生心理健康教育[M].北京:北京师范大学出版社,2015:36-38.]

【心海导航】

一、什么是亚健康

"亚健康"是由苏联学者布赫曼提出的,是指人介于健康与非健康之间的中间状态,既非健康又非疾病,"没有心理障碍与疾病,但又感觉心理不健康",这就是亚心理健康,也称第三心理状态。这种状态是由机体在内外环境的不良刺激下引起心理、生理发生的异常变化,但尚未达到明显病理性反应的程度。从生理学角度讲,就是人体各器官功能稳定性失调但尚未引起器质性损伤。亚健康状态主要表现为：各项身体指标无异常，但与健康人相比，生活质量低，学习工作效率低，注意力分散，生活缺乏动力，学习没有目标，有些茫然不知所措，感觉生活没劲。躯体反应为睡眠质量不高，容易疲劳，身体乏力，食欲不振。

亚心理健康是一种比较痛苦而又无奈的心理状态，它正在成为现代社会的"隐形杀手"。正如联合国专家预言："从现在到 21 世纪中叶，没有任何一种灾难能像心理危机那样带给人们持续而深刻的痛苦。"美国《托萨世界报》报道说，如今社会赴医院就诊的病人中，估计有 60% 的人并无特殊疾病，只不过是感到痛苦而已。因此亚心理健康已成为现代社会十分突出的问题，严重地影响着人们的生活。

亚健康是个大概念，包含着前后衔接的几个阶段，其中，与健康紧紧相连的可称为"轻度心身失调"，它常以疲劳、失眠、胃口差、情绪不稳定等为主征，但是这些失调容易恢复，恢复后则与健康人并无不同。人群中有 25%～28% 的人有此症状。这种失调若持续发展，可进入"潜临床"状态，此时，已呈现发展成某些疾病的高危倾向，潜伏着向某疾病发展的高度可能性。在人群中，处于这类状态的超过 1/3，且在 40 岁以上的人群中比例陡增，他们的表现错综复杂，可为慢性疲劳或持续的心身失调，包括前述的各种症状持续 2 个月以上，且常伴有慢性咽痛、反复感冒、精力不支等。也有专家将其错综的表现归纳为 3 种减退：活力减退、反应能力减退和适应能力减退。从临床检测来看，城市里的这类群体比较集中地表现为三高一低倾向，即存在着接近临界水平的高血脂、高血糖、高血黏度和免疫功能偏低。

另有，至少超过 10% 的人介于潜临床和疾病之间的"前临床"状态，指已经有了病变，但症状还不明显，或还没引起足够重视，或未求诊断，或即便医生做了检查，一时尚未查出。严格地说，最后一类已不属于亚健康，而是有病的不健康状态，只是有待于明确诊断而已。因此，除了这部分人群，也有不少研究者认为亚健康者约占人群总数的 60%。

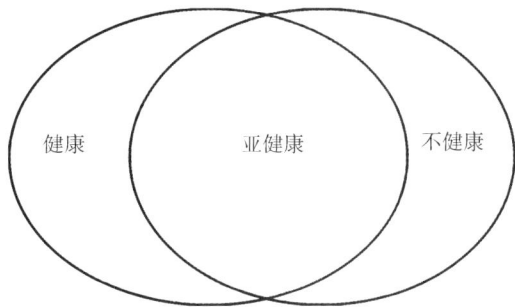

图 1-8　健康状态

国内外的研究表明，现代社会符合健康标准者也不过占人群总数的 15% 左右。有趣的是，人群中已被确诊为患病，属于不健康状态的也占 15% 左右。如果把健康和疾病看作生命过程的两端的话，那么它就像一个两头尖的橄榄，中间凸出的一大块，即健康与患病两者之间的过渡状态——亚健康，如图 1-8 所示。

二、亚健康的种类

亚健康状态是机体在无器质性病变的情况下发生的一些功能性改变，因其主诉症状多种多样且不固定，故又称为"不定陈述综合征"，众多学者认为其分类主要有以下几种。

（一）躯体亚健康

1. 疲劳亚健康。持续 3 个月以上的疲乏无力为主要表现，并排除一切可能导致疲劳的疾病。

2. 睡眠失调亚健康。持续 3 个月以上的失眠（入睡困难、多梦、易惊醒），嗜睡，不解乏的睡眠等为主要表现,并排除可能导致睡眠紊乱的各种疾病。

3. **疼痛性亚健康。**持续 3 个月以上的各种疼痛为主要表现,并排除可能导致疼痛的各种疾病。

4. **其他症状性亚健康。**持续 3 个月以上的其他任何症状为主要表现(排除可能导致这些症状的各种疾病)。生活中长期的种种躯体不适影响和妨碍了我们的健康,最终导致疾病甚至引发猝死危机。

(二)心理亚健康

1. **焦虑性亚健康。**持续 3 个月以上的焦虑情绪,并且不满足焦虑症的诊断标准。时常伴有急躁易怒、失眠恐慌、噩梦及血压增高、肌肉紧张、口干、多汗、手抖、尿频等自主神经症状。

2. **抑郁性亚健康。**持续 3 个月以上的抑郁情绪,并且不满足抑郁症的诊断标准。主要表现为情绪消极、郁郁寡欢、悲观、冷漠、缺乏活力与兴趣,甚至产生自杀欲念。

3. **恐惧或嫉妒性亚健康。**持续 3 个月以上的恐惧胆怯情绪,并且不满足恐惧症的诊断标准。主要表现为容易嫉妒、猜疑、神经质、精神不振以及过于在乎别人对自己的评价。

4. **记忆力下降性亚健康。**持续 3 个月以上的近期记忆力下降,或不能集中注意力做事情(排除器质性疾病或非器质性精神类疾病)。

(三)社会交往亚健康

因家庭教养方式不良及个人心理发育等因素,导致社会适应困难。一旦离开家庭,独立生活能力差,难以适应新的生活环境,处理不好各种人际关系。

(四)道德亚健康

持续 3 个月以上的道德问题,直接导致行为的偏差、失范和越轨,从而使人产生一种内心深处的不安、沮丧和自我评价降低的状态。

三、亚健康的原因

1. **饮食不合理。**当机体摄入热量过多或营养贫乏时,都可导致机体失调。此外,过量吸烟、酗酒、睡眠不足、缺少运动、情绪低落、心理障碍以及大气污染、长期接触有毒物品,也可出现这种状态。

2. **休息不足,特别是睡眠不足。**起居无规律、作息不正常已经成为常见现象。对于青少年,影视、网络、游戏、跳舞、打牌、麻将等娱乐活动,以及备考开夜车等,常打乱生活规律。

3. **过度紧张,压力太大。**现代社会的节奏越来越快,人们在生活、工作、学习等诸领域都会受到巨大的压力,导致身体感觉不适、精神状态不好等身心健康问题。

4. **长久的不良情绪影响。**情绪是生命的指挥棒、健康的寒暑表。如果一个人长期处于不良的情绪状态,会严重影响个人的人际交往,甚至会导致抑郁症的形成。

四、亚健康的预防与消除

人体若处于亚健康状态时,容易患病,身心感到不适,对学习、生活和身心健康会造成不良影响,从而不能很好地发挥身心潜力。因此应重视大学生的亚健康状态,采取有效的措施使有缺陷或有障碍的身心功能得到改善、增强或补偿,从亚健康状态转归健康状态。为预防与消除亚健康状态,应做到以下几个方面:

1. 选择一项适合自己的运动。"生命在于运动",日常生活中要保持适宜的运动内容和运动方式,或者选择参加各项能延缓人体各器官衰退老化的健身运动,如游泳、跑步等。

2. 保持饮食的适量与营养均衡。人体对各种物质的需求量都有一个度,过量摄入将会适得其反,高糖、高盐、高脂肪食物的长期过量进食,尤其是饱和脂肪酸过量会导致亚健康状态。因此均衡适量的营养是维护健康的基本手段之一。

3. 保持良好的心态。长期的精神刺激和压力以及长期的压抑、愤怒等负性情绪,也是导致亚健康的一个因素。保持良好心态、乐观豁达、奋发进取,是防治亚健康的精神基础。大学生可适当培养业余爱好,如读书、听音乐、练字、作画等有益于身心健康的活动。

4. 提高自我保健意识。戒除日常生活中的不良习惯和嗜好,如吸烟、酗酒、偏食,做到饮食有节、起居有常,不过度劳累,提高自我保健意识,自觉构筑控制亚健康发生的第一道防线。克服不良的生活方式是防治亚健康状态的身体基础。

5. 适时干预。采取药物预防、保健品调理、体育锻炼相结合的干预措施,对失眠多梦、口腔溃疡、消化不良和躯体疼痛等症状,可适当采取用药或理疗或心理治疗等使机体转归健康。

回答 1-3:

成长的挫折

嘉豪遇到的是心理发展性的问题。大学生是一个充满活力、充满矛盾、充满理性但又常常陷入强烈情感冲突的群体。在大学阶段,每个人都会经历认知、个性、情感等各方面的成长与发展。成长过程中遇到挫折并不可怕,关键是要学会认识和调整自己。

【心理链接】

确定你何时需要帮助

我们何时才需要心理健康专家的帮助?下面的清单能给你一个粗略的指导,让你知道那些在生活中看似正常的问题何时会变得超出你的掌控。

1. 长期的沮丧感,已经影响到你的健康状况、能力发挥和正常生活。

2. 有时会感到压力太大,无法承受,并伴随有无法应付环境的无力感。

3. 长期的抑郁或绝望感,尤其是在没有明确原因的情况下。

4. 不愿意接触他人,只想远离他人。

5. 想到自残或自杀。

6. 某种恐惧感使你无法继续日常生活。

7. 无法与他人有效互动,无法建立友谊和恋爱关系。

[摘自:龚永坚,王芳,李苏燕.大学生心理健康教育[M],2017:45]

【心灵修炼】

　　1. 什么是亚健康？

　　2. 亚健康的类型有哪些？

　　3. 如何预防与消除亚健康？

【影视欣赏】

《购物狂》

　　《购物狂》是由韦家辉执导,张柏芝、刘青云、陈小春、官恩娜等人主演的一部都市爱情电影(见图1-9)。影片讲述了购物狂方芳芳、丁叮当与心理医生李简仁、年轻富豪何穷富的爱情故事。

图1-9　电影《购物狂》海报

　　https://baike.baidu.com/item/%E8%B4%AD%E7%89%A9%E7%8B%82/9902039? fr=aladdin.

　　https://vip.1905.com/play/798097.shtml? utm_source=360&utm_medium=cps&utm_campaign=1&_hz=ccb0989662211f61.

知识点4　认识心理问题

【困惑与问题1-4】

老师,我是不是心理有病?

　　陈燕愁容满面地来到学院心理咨询室,对值班老师说:"老师,我喜欢到图书馆翻阅一些有关心理健康方面的书籍,一些有关心理障碍症状描述的段落,特别容易引起我的注意。我发现我的一些行为与书上描写的强迫症很相似。比如,我做事很认真,做完后要反复检查才放心;有时,我关了寝室门,走了一段,我怀疑没锁好,我又回去检查才放心。另外,我特别爱干净,看见寝室的地板和桌椅脏了,我就会一遍又一遍地拖地板,擦桌椅。完事儿之后,我又会反复洗手。寝室的同学说我有洁癖。老师,我是不是得了强迫症?我很担心。"

问题：

陈燕是否患有心理疾病？为什么？

【心理运动场】

心理短片欣赏

〔活动任务〕 认识心理问题，了解心理异常者的行为表现，学习日常生活中如何维护自己的心理健康。

〔活动目标〕 了解大学生常见的心理问题有哪些，以及大学生常见心理问题的鉴别方法。

〔活动要求〕 教师为学生播放心理短片。学生认真观看后，描述片中心理问题的症状及调试方法。各学习小组选派一名代表汇报。

〔活动考核〕 每个学习小组选派一名代表与任课教师组成评委，对各学习小组参与活动的情况进行评价，并由心理委员汇总。组员表现情况由各组长评价。

〔关键词〕 心理问题 心理异常

【心海导航】

一、大学生中常见的心理健康问题

据卫生部青少年心理健康问题调查表明，目前全国有 3000 万青少年存在不同程度的心理问题。其中 16％～25.4％的大学生存在心理障碍，以焦虑不安、强迫症、神经衰弱等症状为主，有较严重的心理障碍者约占 10％，严重心理异常者约占 1％，且心理不健康的比例有上升的趋势。

浙江某高职院校 2020 级新生 SCL 心理测试结果表明，存在心理异常倾向的学生比例为 16.53％（异常人数 590 人）。实测学生 3569 人，占新生总数的 94.4％（新生总人数为 3781 人）。从该校往年新生心理异常检出率看，自 2016 年起，新生心理异常的比例呈逐年上升趋势，2019 级新生的异常比例最高，2020 级新生的异常比例略有下降（具体见图 1－10）。从具体心理问题的分类来看（见表 1－1），2020 级新生主要的心理问题表现为强迫症状、人际敏感、焦虑和抑郁情绪、偏执和敌对等。从心理问题的程度来看（表 1－2），轻度、中度和重度心理问题的学生比例分别是 7.23％（258 人），7.8％（280 人）和 1.5％（52 人）。

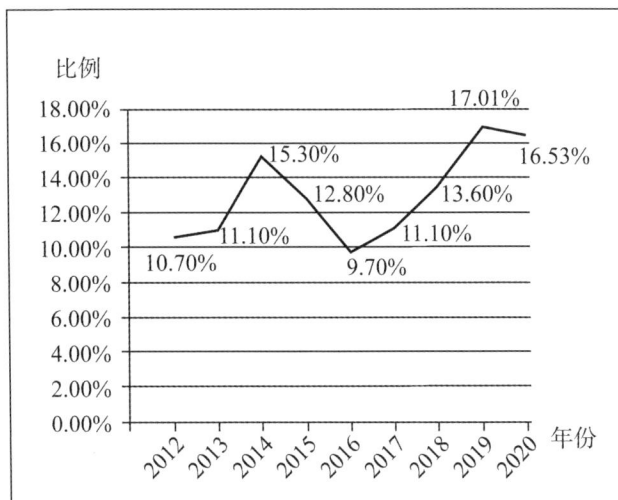

图 1-10　2012—2020 年新生心理问题检出率

表 1-1　2020 级新生心理问题的表现

序号	心理各维度	平均分/分	异常人数/人
1	躯体化	1.38	133
2	强迫症状	1.72	408
3	人际关系敏感	1.61	309
4	抑郁	1.49	234
5	焦虑	1.51	237
6	敌对	1.44	216
7	恐怖	1.42	181
8	偏执	1.45	202
9	精神病性	1.42	180
10	其他	1.44	159

表 1-2　2020 级新生心理问题程度

序号	心理问题程度	占比/%	人数/人
1	轻度症状	15.4	550
2	中度症状	7.8	280
3	重度症状	1.5	52

　　结果说明：高职院校学生心理健康异常状况与全国青少年心理健康总体状况相比，虽略显轻微，但也不容乐观。

　　相关调查还表明：学业问题、情绪问题、人际关系问题、情感问题、性心理问题、特殊群体学生的心理健康问题、社会适应问题、网络心理问题和团队合作问题是目前大学生普遍存在的心理健康问题。

（一）学业问题

学习压力大、学习动力不足、学习目的不明确、学习动机功利化、学习成绩不理想、学习困难等学业问题始终困扰着大学生。另外,有的学生专业选择不当,也会影响学习兴趣和学习成绩。

（二）情绪问题

大学生的情绪问题以抑郁和情绪失衡最为常见。抑郁的学生以持续情绪低落症状为主,常伴有身体不适、睡眠不足等,心情压抑、沮丧、无精打采,什么活动都懒于参加。情绪失衡是指大学生的情绪具有一定的不稳定性与内敛性,表现为情绪波动大。

（三）人际关系问题

进入大学,远离原来熟悉的生活与学习环境,面对新的人际群体,部分学生显得很不适应。他们缺乏在公众场合表达自己思想的能力与勇气,面对各种各样的活动,既充满了兴趣,又担心失败,只是羡慕而积极参与的不多。久而久之,就开始回避参与,并感叹"外面的世界很精彩,外面的世界很无奈"。另外,有的学生从一个校门到另一个校门,缺乏人际交往经验,而自身在人际交往中的不自信又不利于增加自身的人际魅力,妨碍了良好的人际交往圈的形成。与此同时,由于个体间的正常交往不够,又易引发猜疑、妒忌等,不利于学生的健康成长。

（四）情感问题

爱情、友情、亲情是学生情感方面的三个重要问题。爱情虽然在大学并非一门必修课,但大学生仍然从各个方面开始自己的情感之旅。大学生中流传着"普遍撒网、重点培养、择优而谈""不在乎天长地久,只在乎曾经拥有""预约失恋"……爱情与婚姻分离成为一种较为普遍的现象。因此,正确处理爱情与学业的关系是大学生的一门必修课。另外,在处理个人情感问题上,大学生往往分不清友情与爱情,不能很好地把握男女同学交往的尺度。有的同学希望珍惜友谊又不经意地与友谊失之交臂。关于亲情,反映大学生家书越写越短的文章屡见不鲜。很多大学生反映与家长没有太多的话讲,写信基本是缘于实质性问题,如经济供给、物质补充而非情感沟通。尽管自己也认识到不应该这样,但懒得提笔却是一种普遍的心态,而且在心里也并不感到歉疚,即使通电话,也仅仅是"我一切都好""不用牵挂"之类的客套话。与此相反,恋人之间的信件却越来越厚,电话越来越频繁,与前者形成鲜明的对比。

（五）性心理问题

处于青春期的大学生,由于性生理的成熟,相应的性心理也在发生着改变。他们渴望获得异性的好感与承认,但对产生的性幻想、性压抑、性冲动、性梦等性反应,不能形成正确的自我认识,由此很多人产生了堕落感、耻辱感与罪错感。有的因做性梦产生性幻想不能自拔,还有的由于对自身性生理欲望的放纵,与恋爱对象发生性行为。

（六）特殊群体学生的心理健康问题

近年来,特困生的思想、学习、生活已受到社会各界的广泛关注。高校采取了"奖、贷、勤、免、补"等办法,广开渠道,以解决困难学生的生活问题。不容忽视的是,特困生不仅仅是经济困难,他们的心理问题也值得引起高度重视。特困生与普通生相比,更多地表现出自卑而敏感、人际交往困难、身心疾病突出和问题行为较多的状况。尤其是"双困生",学业成绩不理想,家庭经济又很困难,导致其心理负担很重。再如,"网络生"的心理健康问题也很突出,"网络生"上网成瘾,甚至对网络形成依赖,或陷入网恋不能自拔,从而引发种种问题行为。

(七)社会适应问题

"00后"大学生,出生于国家改革开放之后,成长于国家经济发展之时。他们"一路高歌到大学",在学校"老师宠着",在家里"父母捧着"。而当遇到学业、生活、情感的改变时,却显得不能适应,感到生活没有意义,甚至怀疑人生。

(八)网络心理问题

网络心理问题是指由于对互联网的认识和使用不当而引发的不良心理反应。其表现为:初期是精神上的依赖,渴望上网;进而发展为身体上的依赖,不上网则情绪低落、疲乏无力、面容憔悴、茫然失措。只有上网后精神才能恢复正常。大学生网络心理问题比较严重和典型的是不负责任的心态、网络沉迷、网络依恋、网络厌学、网络孤独症、自我认同碎片化等。这些网络心理问题严重影响了大学生心理健康的正常发展,阻碍了大学生健全人格的形成和发展。

(九)团队合作问题

当代社会对人际交往与合作的要求越来越高,很多用人单位都期望大学毕业生具有良好的团队精神。但是从一些用人单位反馈的信息看,不少毕业生在爱岗敬业精神和团队协作能力上不尽如人意。主要表现为:一是部分毕业生无法满足团队合作的一些基本要求,他们不善于沟通,无法从团队大局着想,看重个人一时的利益得失;二是部分毕业生在交往上功利色彩浓厚,不注意与他人之间感情的培养,近则相交,远则相离,与己有利则亲近,与己无利则疏远;三是部分毕业生对校园文化活动的参与意识不够,对国内外的时事和校内外的大事关注不够;四是有些人过于强势,对个人能力过分自信,看不到他人的优点,在团队中无法妥善协调不同意见,致使团队目标完成困难重重。而另外又有少部分人没有自主意识,只懂得消极地服从,遇到挫折也只会抱怨,在团队执行过程中偷懒耍滑。

二、大学生中常见心理问题的鉴别

(一)大学生心理问题的类型

心理问题是指所有心理及行为异常的情形。心理的"正常"和"异常"之间并没有明确和绝对的界限,一般认为,人的心理及行为是一个由"正常"逐渐向"异常",由量变到质变,并且相互依存和转化的连续谱。在现实生活中的每一个大学生都在一定程度上存在心理问题,只是程度不同、持续时间的长短不同而已。根据严重程度,通常把心理问题分为三类:

1. 心理困扰。心理困扰是人们经常遇到的因各种适应问题、应激问题、人际关系问题引起的轻度心理失调,其强度较弱,持续时间较短,对人的生活效能和情绪状态有一定的负面影响,但不属于疾病范畴,可以通过自我调整和适当的心理疏导得到矫正和恢复。这类心理问题主要包括心理疲劳、一般性焦虑、一般性抑郁。大学生常见的心理困扰主要表现为适应问题、学习问题、人际关系问题、恋爱与性心理问题、性格与情绪问题等。

2. 心理障碍。心理障碍是指心理功能紊乱,并达到影响个体的社会功能或使自我痛苦程度的心理问题。这类心理问题主要表现为四方面的轻度心理创伤或心理异常:一是神经性障碍,即心理因素引起的心身,尤其是生理性功能异常的现象,如神经衰弱、癔症、疑病症等;二是人格障碍,即不伴有精神症状的人格缺陷,主要表现为行为怪僻奇异,情感强烈而不稳定,紧张、退缩等,如偏执性人格、强迫性人格、自恋性人格、依赖性人格、攻击性人格、回避性人格、分裂性人格、反社会人格等;三是性心理障碍,即指性心理活动过程中出现的情绪失调和行为紊乱与异常,如异性恐惧症、恋爱受挫和性行为变态等;四是行为异常,如强迫症、恐惧症、药物依赖、不良嗜好等。

3. 精神病。精神病指人的大脑机能活动失调,丧失自知力,不能应对正常生活,不能与现实保持恰当的接触的严重心理障碍。精神病包括两大类:一是情感性精神病。这是以情感障碍为主要症状的一种精神病,主要包括狂躁抑郁症、反应性精神病。二是精神分裂症,这是一种常见的重性精神病,其发病率在精神病中居首位,主要表现为自控能力的丧失和自我意识的彻底破坏,如思维障碍,不能按照正常的逻辑思维思考而对事物进行毫无根据的联系,情绪高涨、冷漠、变化不定,行为不能自控,感知觉异常而出现幻觉幻听等。这主要是由遗传、强烈的刺激等多种原因导致个体心理结构的完全破坏而产生的严重变态。

(二)大学生心理问题的特征

1. 痛苦感。大学生出现心理问题的时候,会有明显的心里难受的感觉,如胸闷、情绪低落、烦躁等。

2. 焦虑感。大学生出现心理问题的时候,都会出现焦虑的症状,在心理上,表现为担心、忧心忡忡;在生理上,表现为出汗、肌肉紧张等。

3. "我向"思维。大学生出现心理问题的时候,意识域狭窄,对外界的任何事情毫无兴趣,往往关注的只是自己,成天想的是"我"为什么会遇到这样的问题,"我"的心理问题如何解决,但又找不到答案,为此感到苦恼。

4. 生理机能紊乱。研究表明,心理健康与生理健康高度相关。大学生出现心理问题的时候,生理机能往往受到损伤,出现紊乱状态,轻者影响生理机能作用的正常发挥,认识和处理问题的能力下降,重者会导致生理疾病,比如,导致大脑功能紊乱和损坏心血管,出现高血压、心跳过速、心肌梗死或中风等,还会损坏内分泌系统、消化系统、免疫系统,导致多种疾病乃至癌症。

(三)大学生鉴别心理问题的方法

1. 感觉比较判断法。所谓感觉比较判断法就是与以前自己正常的感觉相比较,进而分析判断自己是否存在心理问题的方法。一般来讲,心理异常首先表现为个体感觉的不适。主要表现有四方面现象:一是紧张、有压力,对学习工作生活的兴趣降低,心情不愉快;二是生理机能系统失常,如心率加快、血压升高、疲劳、便秘;三是学习工作不顺利,对问题不能及时处理;四是生活规律被打破,如失眠。出现这些现象而且有痛苦感,就意味着心理可能出现问题了。

2. 自我测验法。所谓自我测验法是通过心理测验和评定量表评估自己心理问题的方法。心理测验来自心理学家的理论和研究,是比较集中和相对准确地了解自己心理状况的手段。心理测验的准确度依赖被试回答问题的客观性。被试回答问题比较客观,心理测试的准确度就高,反之则不然。因此,大学生在进行自我心理测试时一定要消除掩饰因素,以保证测试的准确性。

回答 1-4：

老师，我是不是心理有病？

不能简单认定陈燕患有心理疾病。心理疾病有严格的诊断标准。

三、大学生心理健康的自我维护

（一）坚持健康、文明的生活方式

生活方式是指人们在日常生活中遵循的行为规范，即习惯化了的生活方式。健康的心理与健康的身体密不可分。对大学生而言，健康的生活方式主要包括以下几个方面：一是合理作息，起居有常，早睡早起，充足睡眠；二是平衡膳食，坚持吃早餐，体重保持正常水平；三是科学用脑，实行时间管理，提高学习效率，劳逸结合，有张有弛，避免用脑过度；四是积极休闲，选择文明高雅的休闲娱乐方式，愉悦身心；五是适量运动，积极参加体育锻炼，不吸烟，不喝酒。大学生不文明的生活方式有沉溺网络、暴饮暴食、晚睡晚起、饮食不规律、不从事体育运动、抽烟、酗酒、做危险动作等。

（二）培养和完善人格

人格的健全是心理健康的重要组成部分，大学生应当正确评价客观事物，正确对待自己与他人；善于管理情绪，情绪反应适度，体验正常的情绪情感，主动适应社会环境与学校生活。

（三）投身实践活动，扩大人际交往，建立广泛的社会支持系统

大学生应当积极主动地参加各类实践活动，包括参加社团活动、兴趣小组、社会考察、生产实习、毕业实践、勤工俭学、参观学习等，在活动中全面提高自身素质，通过群体交往活动，理解人与人之间的关系，体验友谊与沟通的快乐，开阔视野，并寻找广泛的社会支持。当面临挫折与压力时，社会支持会帮助大学生走出沼泽地，走向开满鲜花的岁月。

（四）广泛阅读心理辅导书籍

阅读相关书籍能治疗由精神和情绪引发的疾病，如抑郁、焦虑、紧张、恐惧、偏执症等，这在国外已有报道。我国对阅读疗法的研究尚在起步阶段。大学生是一个文化层次高、自制力强、善于独立思考、有较强的自我解决问题能力的群体。因此，他们能带着心理问题自觉地、主动地到图书馆查阅心理咨询类书刊。图书馆是"一座心智的药房，存储着为各类情绪失常病人治病的'药物'"。我们通过与个别大学生的交谈了解到，凡是大学生常见的心理问题一般都能从书刊中找到解决的办法。调查表明，求助"人生哲理类书刊"解决心理困扰的前4位是就业压力、交际困难、人生目标不明确、遭受挫折；求助"小说类"解决心理问题的前4位是孤独、恋爱苦恼、厌学、焦虑；求助"休闲读物类"解决心理问题的前4位是焦虑、孤独、遭受挫折、当众讲话紧张。

（五）善于沟通，学会求助

每一个处于成长过程中的大学生，总会因遇到发展、适应、学习、人际交往等方面的问题而产生心理上的困扰。当我们遇到困惑时，一方面要利用所学的心理学知识进行心理的自

我调适;另一方面,我们也要学会求助,可以向家长、老师、同学倾诉和咨询,寻求帮助,还可以主动同学校心理咨询老师联系,获得专业的心理咨询帮助,防止由较轻微的心理困扰演变为较严重的心理问题和心理障碍。

【心理链接】

心理问题等级划分

从健康状态到心理疾病状态一般可分为 4 个等级:心理健康状态、不良状态、心理障碍、心理疾病。

1. 心理健康状态

心理健康状态与非健康状态的区分标准一直是心理学界讨论的话题,不少国内外心理学学者根据自己研究调查的结果提出了多种心理健康标准。笔者在临床心理学实践工作中,总结了前人的理论与经验,提出了一个简单便捷的评价方法。即从本人评价、他人评价和社会功能状况三方面分析:

(1)本人不觉得痛苦。即在一个时间段中(如一周、一月、一季或一年),快乐的感觉多于痛苦的感觉。

(2)他人不感觉异常。即心理活动与周围环境相协调,不出现与周围环境格格不入的现象。

(3)社会功能良好。即能胜任家庭和社会角色,能在一般社会环境下充分发挥自身能力,利用现有条件(或创造条件)实现自我价值。

2. 不良状态

不良状态又称第三状态,是介于健康与疾病之间的状态。不良状态是正常人群中常见的一种亚健康状态,它是由于个人心理素质(如过于好胜、孤僻、敏感等)、生活事件(和工作压力大、晋升失败、被上司批评、婚恋挫折等)、身体不良状况(如长时间加班劳累、身体疾病等)等因素所引起的。它的特点是:

(1)时间短暂。此状态持续时间较短,一般在一周以内能得到缓解。

(2)损害轻微。此状态对其社会功能影响比较小。处于此类状态的人一般都能完成日常工作、学习和生活,只是感觉到的愉快感小于痛苦感,"很累""没劲""不高兴""应付"是他们常说的词汇。

(3)能自己调整。此状态者大部分通过自我调整如休息、聊天、运动、钓鱼、旅游、娱乐等放松方式能使自己的心理状态得到改善。小部分人若长时间得不到缓解可能形成一种相对固定的状态。这小部分人应该去寻求心理医生的帮助,以尽快得到调整。

3. 心理障碍

心理障碍是因为个人及外界因素造成心理状态的某一方面(或几方面)发展的超前、停滞、延迟、退缩或偏离。它的特点是:

(1)不协调性。其心理活动的外在表现与其生理年龄不相称或反应方式与常人不同。如成人表现出幼稚状态(停滞、延迟、退缩);儿童出现成人行为(不均衡的超前发展);对外界刺激的反应方式异常(偏离),等等。

（2）针对性。处于此类状态的人往往对障碍对象（如敏感的事、物及环境等）有强烈的心理反应（包括思维及动作行为），而对非障碍对象可能表现很正常。

（3）损害较大。此状态对其社会功能影响较大。它可能使当事人不能按常人的标准完成其某项（或某几项）社会功能。如社交焦虑者（又名社交恐惧者）不能完成社交活动，锐器恐惧者不敢使用刀、剪等工具，性心理障碍者难以与异性正常交往。

（4）需求助于心理医生。此状态者大部分不能通过自我调整和非专业人员的帮助而解决根本问题，求助于心理医生的指导是必需的。

4. 心理疾病

心理疾病是由于个人及外界因素引起个体强烈的心理反应（思维、情感、动作、行为、意志）并伴有明显的躯体不适感，是大脑功能失调的外在表现。其特点如下：

（1）强烈的心理反应。可出现思维判断上的失误，思维敏捷性的下降，记忆力下降，头脑黏滞感、空白感，强烈自卑感及痛苦感，缺乏精力、情绪低落或忧郁，紧张焦虑，行为失常（如重复动作、动作减少、退缩行为等），意志减退，等等。

（2）明显的躯体不适感。由于中枢控制系统功能失调可引起所控制人体各个系统功能失调：如影响消化系统可出现食欲不振、腹部胀满、便秘或腹泻（或便秘—腹泻交替）等症状；影响心血管系统可出现心慌、胸闷、头晕等症状；影响内分泌系统可出现女性月经周期改变、男性性功能障碍，等等。

（3）损害大。此状态之患者不能或勉强完成其社会功能，缺乏轻松、愉快的体验，痛苦感极为强烈，"哪里都不舒服""活着不如死了好"是他们真实的内心体验。

（4）需心理医生的治疗。此状态之患者一般不能通过自身调整和非心理科专业医生的治疗而康复。心理医生对此类患者的治疗一般采用心理治疗和药物治疗相结合的综合治疗手段。在治疗早期通过情绪调节药物快速调整情绪，中后期结合心理消疗消除心理障碍并通过心理训练达到社会功能的恢复并提高其心理健康水平。

［摘自：石晓春，王浩. 大学生心理健康——快乐学习快乐生活［M］. 北京：电子工业出版社，2010：16-18.］

精神病行为界定

1. 出现古怪的想法（例如：夸大妄想、被害妄想、关系妄想、影响妄想、被控制感、疑病妄想和/或嫉妒妄想）。

2. 出现极不合逻辑的想法/语言形式（例如：言语中联想松弛；前言不搭后语、无连贯性、思维不合逻辑；含糊、抽象或重复言语；语词新作；持续言语或刻板言语）。

3. 言语中有迹象表明其知觉障碍加重（例如：幻觉，主要是幻听，但有时是幻视或幻嗅）。

4. 表现出严重的情感障碍（例如：情感迟钝、情感淡漠或情感平淡）。

5. 显示丧失自我意识（例如：自我界限的丧失、自我同一性丧失或明显的混乱状态）。

6. 意志力明显减退（例如：没有足够的兴趣、动力或能力自始至终地完成某个行为；终止有目标的活动，旷课，教学活动、课外活动的参与性下降）。

7. 在交往方面明显地退缩（与外界接触较少，头脑中充斥以自我为中心的念头和幻想，疏远室友、同学、朋友和/或家庭)。

8. 出现持续的精神运动性异常(对校园/外部环境的反应明显减少;各种紧张症的表现,例如:木僵、刻板、兴奋、特殊姿势、违拗、作态或扮鬼脸)。

9. 明显不能充分地料理自身躯体需要,可能会危及自身。

[资料来源:Helkowski C,Stout C,Jongsma A E,Jr. 大学生心理咨询指导计划[M].卢建平,梁巍,唐勇,译.北京:中国轻工业出版社,2006.]

【心灵修炼】

1. 什么是心理问题,心理问题的等级是如何划分的?
2. 日常生活中如何判断心理问题的发生?

【影视欣赏】

《心理医师》

《心理医师》是由美国 Ignite 娱乐制作的 110 分钟剧情影片(图 1-11)。该片由乔纳斯·帕特执导,凯文·史派西、马克·韦伯、柯克·帕尔莫、杰克·休斯顿等主演。该片讲述了病人全是知名人士的心理医生兼畅销作家亨利,表面风光的背后经常借毒品来逃避现实,接见病人前总要靠吸食大麻来麻醉自己。而纠缠在所有这些病人与麻烦之间的亨利医生也在各个病人治愈的过程中开始寻找新的人生之路。

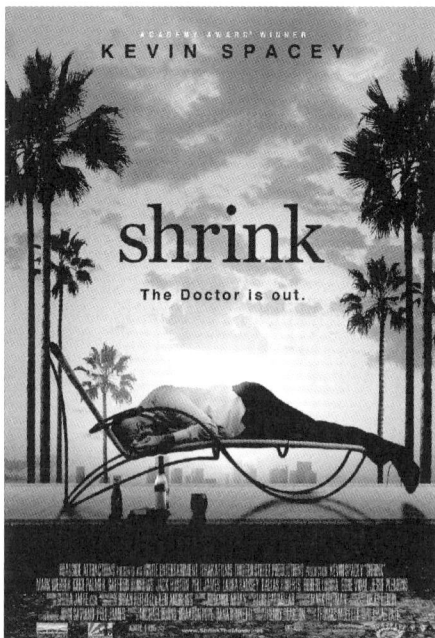

图 1-11　电影《心理医师》海报

https://baike. baidu. com/item/％E5％BF％83％E7％90％86％E5％8C％BB％E5％B8％88/8541834?fr＝aladdin.

http://www. ttmj. cc/play/30731－1－1. html.

专题二 我的大学我的家——环境适应

📖 学习目标

- **知识目标**
  1. 了解适应的概念
  2. 新生适应不良的表现和原因
  3. 了解自我调适和管理的内容
- **技能目标**
  1. 正确评估新生阶段的适应现状
  2. 掌握适应不良的调适技能
  3. 能够进行科学的自我管理

从中学到大学,无疑是激动和憧憬的。可是离开自己熟悉的家乡和父母,面对偌大的校园,陌生的老师和同学,复杂的教学楼以及完全不同的教学模式,却让部分大学新生并未收获"那人却在灯火阑珊处"的喜悦,反而多了一份"四顾茫然"的彷徨。新生能否在短时间内适应大学生活,实现由中学生到大学生的角色转换,对其心理是一次检验,对其成长是一次历练。

知识点 1 认识适应与适应不良综合征

【困惑与问题 2-1】

我是全哈佛最自卑的人

"我的家乡在阿肯色州,我是镇子里唯一来哈佛上学的人。当地的人都为我能到这里来上学而感到自豪,起初,我也十分庆幸自己能有这样好的机遇。但现在,我对自己的感觉越来越不好了,我真后悔到这里来上学。我觉得我是全哈佛最自卑的人。"大一新生丽莎对咨询师哭诉说。

丽莎在哈佛大学待得很辛苦。上课听不懂,说话带口音,许多大家都知道的事情她不知道,许多她知道的事情大家又都觉得好笑。她不明白自己为什么要到哈佛大学来接受这一切的羞辱。她好生怀念在家乡的日子,那里没有人会瞧不起她。她也曾写信给几个好朋友倾诉心中的苦闷,但朋友们都说在家乡的日子更无聊。

丽莎感到无比的孤独与困惑。她不明白为什么昨日的风采竟会这样快地消失,她不明白自己为什么与哈佛大学格格不入,她不明白自己这般活着到底是为了什么⋯⋯

[摘自:岳晓东.登天的感觉[M].合肥:安徽人民出版社,2011.]

问题:

丽莎遇到了什么心理问题?怎样才能帮助丽莎尽快适应大学生活?

【心理运动场】

经验分享:如何帮助自己度过新生适应期

[活动任务]

1. 阐述自己或身边同学遇到的适应困难问题,了解适应困难可能引起的身心改变。

2. 分享自己或同学应对各种适应困难的办法。

3. 搜集并观看大学生自己制作的视频,内容是"新生适应指南"。

[活动目标]　了解新生适应不良的普遍性以及可能诱发的身心改变,分享有效的应对策略。

[活动要求]　将学生每4～6人分成一个小组,分组讨论自己或身边同学身上出现的不适应状况以及有效的应对方法。各学习小组推选一名代表汇报本小组的讨论结果,并进行简要说明。

[活动考核]　班级心理委员与任课教师组成评委,对各学习小组的介绍进行评价,组员的表现情况由各组长评价。

[关键词]　大学新生　适应不良

【心海导航】

一、什么是适应

"适应"在心理学上一般是个体调整自己的机体和心理状态,使之与环境条件的要求相符合,这是个体与各种环境因素连续不断相互作用的过程。因此就"适应"而言,包含了个体、环境与改变三个基本组成部分。改变是"适应"的中心环节,现代意义上的"改变"不仅包括个体改变自身以适应环境,而且也包括个体改变环境使之满足自己的需要,从而达到个体和环境的和谐。

心理学家沃尔曼对适应进行了以下的定义和分类。

1. 定义:一种与环境融洽和谐的关系,包括满足一个人的绝大多数需要,并且拥有符合要求所必需的行为变化,以便一个人能与环境建立起一种融洽和谐的关系。

2. 分类:适应分为积极适应和消极适应。积极适应是一种健康的适应,它有两种含义:一是改变自己以顺应环境或顺应环境中的某些变革;二是不断地抗争和选择,从一个目标走向另一个目标,这是发展性适应。消极适应是一种不健康的适应,它以牺牲个体的发展为代价,甚至会导致某些不同程度的心理问题或疾病。

二、大学新生适应不良综合征

新生适应不良综合征,是指新生进入新的学校后,由于和周围环境不适应、不协调,由此在认知、情绪、行为等方面出现的一种迷茫、困惑、痛苦。

（一）新生适应不良的表现及其原因

1. 高职学生角色困惑

高职教育具有自身的特色，具体来说有以下三个方面的基本特征：培养目标定位于高技能、应用型人才；教学内容及考核突出实用性，淡化理论性；教学方式强调实际操作，注重实习、试验与实践。当高职新生用对传统大学的标准来理解和认识高职教育时，在入学初期会很难接受高职的教学模式和管理模式，并因此产生对学校环境的种种不满情绪，从而影响他们对大学新生活的顺利适应。

比如以下一段有关新生的访谈记录，反映了大部分新生的困惑和自我思考：

同学 A：我姐姐也是大学生，以前经常听她跟我讲她在大学怎样怎样，总是有大把的时间去做自己的事情，学校课排得少，老师管得也少，还总是鼓励我说好好学习，等你一上大学就自由了，再也不用一天到晚上课，没完没了地写作业、考试，等等，我当时听了特别向往。可现在上了大学感觉不是那个样子，课还是那么多，周一到周五每天都排满，还有很多老师布置作业，感觉跟在高中学习一样，挺紧张的，真是没想到，很失望。

另外也有很多同学谈到了现实和理想的差距，但是表示很快就能从失望中走出来并接受现实。

同学 B：我开始时也觉得跟以前听说的大学不太一样，有些失望，不过后来我跟我的同学打电话，他也是在一所高职院校，发现他们跟我们的情况差不多，都挺忙的，没有想象的那样轻松，我觉得可能我们上的大学就是这个样子吧，所以就慢慢接受了现状。

同学 C：我看到课程表的时候挺意外的，我们宿舍的人也都在议论，课安排得这么满，以后想出去做兼职什么的，都不好找时间。上了两周课后我发现这样也没啥不好的，本来我们学习的自制力都不太好，这样刚好可以督促一下我们的学习，也可以让我们的大学生活更充实，也不错。

2. 生活环境不适应

首先是从依赖心理到完全独立自主的不适应。在读大学之前，部分同学有着较强的依赖心理，他们的饮食起居完全由父母包办。比如有的同学进入大学后生活上"不能自理"；还有同学花钱没有计划，时常出现"经济危机"；有的不会管理自己的时间，或者习惯了中学时以学习和高考为第一要务的生活，面对丰富多彩、目不暇接的校园文化生活反而感到无所适从。

其次是理想与现实的落差太大导致的不适应。在进入大学前，许多同学想象的大学都是校园风景如画，教室宽敞明亮，宿舍温馨舒适，处处欢歌笑语，充满诗情画意。然而，进入学校后，这些同学却发现现实中的大学并非自己想象的那么完美，校园不漂亮，宿舍环境一般，教学条件也不够良好，图书馆藏书不丰富，致使一些学生感觉自己上的大学和预想的不一样，感到前途渺茫，怅然若失。

3. 学习环境不适应

首先，许多高职学生在当初高考后报志愿时，并没有做好心理准备，或充分了解所报学校和专业，因此入学后，对专业情况模棱两可，有的甚至不喜欢自己的专业。这就为以后的学习埋下了隐患。尤其是普通高中生进入高职院校后，与对口升学的中职生比较，缺乏对专业的了解,可以说专业知识几乎为零。因此,会出现学习方面的不适应现象。

其次,部分高职学生在中学时的学习基础并不好,当时还有高考的目标指引,有父母、老师的监督,然而读大学后,高考的目标实现了,新目标尚未确立,又远离了父母的束缚,部分学生往往会充分享受这份"自由",一发而不可收。逃课、泡网吧、打游戏的大有人在,完全忘记了自己是一名学生的身份。

再次,在学习方式上,中学是以"高考"为目标的应试教育与填鸭式教学,学科的内容、学习的进度相对固定,师生关系较为紧密。而大学更强调学习的独立性、自主性,上课时数明显减少,学生的自学时间大大增加。大量的课余时间需要自己进行科学合理的安排,使得多数新生常感到难以适应。

4．人际关系不适应

首先,是"熟人社会"向"生人社会"的转变。进入大学以后,离开了昔日的同学、好友和老师,来到一个新的环境,周围都是新同学、新老师,同时他们也都是"陌生人"。大家因为不熟悉、不了解对方而"陌生",又因为"陌生"而刻意地把自己暂时"封闭"起来,从而导致大家都有一种"凄凉"和"孤独"感。这种状态在绝大多数同学身上都曾有过,只是在不同的学生身上可能有不同的表现,有的持续时间长一些,有的持续时间短一些;有的表现得比较典型,有的不太明显。但有一个问题是肯定的,其实所有的同学初到一个新环境时都希望自己尽快结交到新朋友,而有的同学能做到,有的同学却做不到并因此而非常苦恼。

其次,是社团活动的冲击。从高中到大学在学习生活上会发生很多变化,其中最显著的就是自己自由支配的时间增多了,可以去参加一些社团活动、社会实践,甚至是外出游玩,等等。这些活动与学习相比群体参与性比较强,所以大家的社交时间和范围也会随之增加。对很多同学来说这可能是一种"解脱",但也有一部分同学可能因为长期习惯了高中时独来独往的学习生活,一时很难融入这种集体生活,并为此而苦恼和困惑。

再次,是同学间的竞争带来的心理改变。进入大学之后,同学们的奋斗目标从原来的"为了考一所理想的大学而一心备战高考"到"为了毕业能顺利就业而全面发展自己",这种竞争给同学们带来的压力虽然没有高考的压力大,但却客观而普遍存在着,并且在一定程度上影响着他们的社交活动。有的同学或是因为自卑而不好意思主动跟别人交往,或是因为羡慕别人而很渴望多交往一些朋友,从而多从别人身上学习一些东西。

5．对外面社会的向往和畏惧

进入大学以后,随着同学们知识面的拓宽,接收的信息日渐丰富,奋斗目标也逐渐多元化。学习之余有相当一部分同学希望能够提前接触社会,从而萌生外出兼职的愿望,借此来缓解家庭的经济压力;或者是为了开阔自己的视野,从多方面锻炼自己的能力;甚至是寻找就业和创业的机会。

上大学后,随着日常生活的丰富,消费项目也比高中多了很多,所以大家对经济问题开始敏感起来,一方面很渴望享受富足的物质生活,另一方面又羞于频繁向父母伸手。所以很多同学都会选择利用课余时间外出打工赚钱,提高自己的物质生活水平和经济独立性。除了对兼职的渴望之外,面对兼职他们也有很多困惑。比如兼职工作的机会是否适合自己,做兼职和学习如何能够两不耽误以及在兼职过程中的自我保护问题,等等。

另外,高考扩招后大学生就业难的压力,使一些刚迈进大学校门的大一新生就背上了沉重的思想包袱。"就业焦虑"已经不再是大学毕业生的"专利",也开始困扰着一些大学新生。他们中有的人因为对就业前途的悲观而产生消极的负面情绪,也有很多同学能正视就业压力而积极向上。当今大学生严峻的就业形势确实已经影响到他们整个大学的生活过程。

回答 2 - 1:

我是全哈佛最自卑的人

丽莎的表现是典型的"新生适应不良综合征"。具体地说,她现已跨入个人成长中的"新世纪",可她对已经过去了的"旧世纪"仍恋恋不舍。她习惯了做羊群里的骆驼,不甘心做骆驼群里的小羊。

针对丽莎的心态,应采取三个咨询步骤。

第一个步骤,帮助丽莎宣泄出她的不良情绪,调整她的心态,使她能够积极地面对新生活的挑战。

第二个步骤,竭力指导丽莎把比较的视野从别人身上转向自己,这是使她重建自信心的关键。

第三个步骤,采取具体行动。比如针对丽莎存在的问题,建议她联络学习课外辅导服务,制订切实可行的活动时间表,积极参加学生活动等。

(二)新生适应期常见的五种消极心理

从心理因素上来说,新生的适应不良还和以下心理因素有关。

1. 放松心理:经历过高考的学生对高中时期高度紧张的生活体验是终生难忘的。经过三年超负荷的拼搏,经过黑色六月的洗礼,大多数学生身心俱疲。进入大学后,相当一部分学生产生了放松心理,将之前绷紧的神经放松下来,同时产生了对学习的厌倦情绪。

2. 茫然心理:在高中,学生们的奋斗目标非常明确,就是考上一所理想的大学。在这个明确目标的指引下,每个学生的生活都是高效、专注、充实和快节奏的,个体的潜能被最大限度地挖掘出来。考入大学后,原来的目标实现了,新的目标尚未确立,出现了目标的缺失和理想真空。许多新生不知自己该干什么,空虚、无聊、茫然。另外,还有的学生在高中阶段就是缺乏明确目标的人,学习动力不足,凭借曾经的基础考上了高职院校,虽然迈上了人生的一个新阶梯,但是仍然没有新的起色,不考虑将来的发展和前途,混沌度日,无所事事。

3. 失落心理:这种心理的产生与两种因素有关:一是由于没有录取到理想的学校或专业,因为不想复读抱着权宜之计入学。入学后觉得心里别扭和沮丧,退学或转系的意念强烈。由于对录取学校所学专业不接纳、不认同,心理上的抵触情绪和失落感比较严重。二是有的新生入学前将大学生活过分理想化,把大学生活想象得浪漫、神秘和多姿多彩。入学后却发现并非完全如此。过高的期望值与现实生活反差较大,导致部分新生入学后出现情绪波动和失落。

4. 自卑心理:一是部分学生高考成绩不理想,没有进入本科院校,而只被录取到高职院校,自感矮人三分,自尊心受挫,不愿戴校徽,怕别人问起自己的学校;二是一些新生入学后发现,在高校,衡量个体价值和能力的不仅仅是学业成绩,个体的兴趣、才华、风度、交往能力等都是引起人们关注的重要品质。那些来自偏远贫困地区或者一心埋头苦读而很少注意全面素质发展的同学,深感自己在这些方面的劣势而滋生自卑心理。

5. 怀旧心理:进入高校后,生活、学习环境变化巨大。由于生活方式、习惯、环境的急剧变化,加上远离家乡、亲友和同伴,这对缺乏生活自理能力和人际交往技能的学生来说,无疑是个不小的挑战。尤其是某些年龄小、以自我为中心、依赖家庭惯了的女生,哭鼻子想家、闹情绪、人际关系紧张的事情时有发生,怀旧心理油然而生。

【心理链接】

趣味心理测试
——大学生心理适应性测试

在线心理测试 ↗

[测试要求] 本问卷共20题,每题有五个备选答案,请从中选择最适合你的一项。

1. 假如把每次考试的试卷拿到一个安静、无人监考的房间去做,我的成绩会更好一些。

A. 很对   B. 对   C. 无所谓

D. 不对   E. 很不对

2. 夜间走路,我能比别人看得更清楚。

A. 是   B. 好像是   C. 不知道

D. 好像不是   E. 不是

3. 每次离开家到一个新的地方,我总爱闹点毛病,如失眠、拉肚子、皮肤过敏。

A. 完全对   B. 有些对   C. 不知道

D. 不太对   E. 不对

4. 我在正式运动会上取得的成绩常比体育课或平时练习的成绩好些。

A. 是   B. 似乎是   C. 吃不准

D. 似乎不是   E. 正相反

5. 我每次明明已经把课文背得滚瓜烂熟了,可在课堂上背的时候,却总要出点差错。

A. 经常如此   B. 有时如此   C. 吃不准

D. 很少这样   E. 没有这种情况

6. 开会轮到我发言时,我似乎比别人更镇定,发言也显得很自然。

A. 对   B. 有些对   C. 不知道

D. 不太对   E. 正相反

7. 我冬天比别人更怕冷,而夏天又比别人更怕热。

A. 是   B. 好像是   C. 不知道

D. 好像不是   E. 不是

8. 在嘈杂混乱的环境里,我仍能集中精力学习、工作,并没有大幅度降低效率。

A. 对   B. 略对   C. 吃不准

D. 有些不对   E. 正相反

9. 每次检查身体,医生都说我"心跳过速",其实我平时脉搏很正常。

A. 是   B. 有时是   C. 时有时无

D. 很少有   E. 根本没有

10. 如果需要的话,我可以熬一个通宵,精力充沛地学习。

A. 完全同意   B. 有些同意   C. 无所谓

D. 略不同意   E. 不同意

11. 当父母或兄弟姐妹的朋友来我家做客的时候,我尽量回避他们。

A. 是   B. 有时是   C. 时有时无

D. 很少有   E. 完全不是

12. 出门在外,虽然吃饭、睡觉、环境等变化很大,可是我很快就能习惯。

A. 是   B. 有时是   C. 是与否之间

D. 很少是   E. 完全不是

13. 参加各种比赛时,赛场上越热烈,观众越加油,我的成绩反而越上不去。

A. 是   B. 有时是   C. 是与否之间

D. 很少是   E. 不是

14. 上课回答问题或开会发言时,我能镇定自若地把事先想好的一切都完整地说出来。

A. 对   B. 略对   C. 对与不对之间

D. 略不对   E. 不对

15. 我觉得一个人做事比大家一起干效率高些,所以我愿意一个人做事。

A. 是   B. 好像是   C. 是与否之间

D. 好像不是   E. 不是

16. 为求得和睦相处,我有时放弃自己的意见,附和大家。

A. 是   B. 有时是   C. 是与否之间

D. 很少   E. 根本不是

17. 当着众人和生人的面,我感到窘迫。

A. 是   B. 有时是   C. 是与否之间

D. 很少是   E. 不是

18. 无论情况多么紧迫,我都能注意到该情况的细节,不爱丢三落四。

A. 对   B. 略对   C. 对与不对之间

D. 略不对   E. 不对

19. 和别人争吵起来时,我常常哑口无言,事后才想起该怎样反驳对方。

A. 是   B. 有时是   C. 是与否之间

D. 很少是   E. 不是

20. 我每次参加正式考试或考核的成绩,常常比平时成绩高。

A. 是   B. 有时是   C. 是与否之间

D. 很少是   E. 不是

[计分规则]

(1)凡单号题项1,3,5,…,从 A 到 E 这五种回答依次计1、2、3、4、5分,如:很对(1

分），对（2 分），无所谓（3 分），不对（4 分），很不对（5 分）。

（2）凡双号题项 2,4,6,…,从 A 到 E 这五种回答依次计 5、4、3、2、1 分。

（3）统计一下你所选的各个字母的数目，然后根据每个字母的得分算出总分。

［结果解释］

81～100 分：适应性很强。

61～80 分：适应性较强。

41～60 分：适应性一般。

21～40 分：适应性较差。

0～20 分：适应性很差。

［资料来源：大学生心理适应性测量问卷含评分标准得分解释. http://www. docin. com/p－177248760. html.］

【心灵修炼】

1. 你认为人的一生要经历几次蜕变？

2. 你感觉到自己的成长和进步了吗？

【影视欣赏】

《致我们终将逝去的青春》

《致我们终将逝去的青春》是华视影视投资有限公司、中国电影股份有限公司出品的青春爱情电影（图 2－1），由赵薇执导，赵又廷、杨子姗、韩庚、江疏影主演。影片讲述了一群青春少年从大学校园的追爱之旅到步入社会的迷茫和抉择的故事。

图 2－1　电影《致我们终将逝去的青春》海报

https://baike. baidu. com/item/%E8%87%B4%E6%88%91%E4%BB%AC%E7%BB%88%E5%B0%86%E9%80%9D%E5%8E%BB%E7%9A%84%E9%9D%92%E6%98%A5/4547283? fr＝aladdin.

知识点2 提高认识,适应新环境

【困惑与问题2-2】

大学生在校创业撑起致富伞

完成一个梦想,需要多久?一年?十年?还是二十年?三年前,怀揣着对电商行业的无限憧憬,一个对于梦想拥有执着追求的青年走上了创业之旅。而今他,大学尚未毕业,已经成立了自己的公司,在淘宝网上和阿里巴巴电商交易平台开设工厂店铺经营雨伞,一年净赚30余万元。他就是今年21岁的浙江纺织服装职业技术学院雅戈尔商学院连锁经营管理专业的大二学生任成航。

"别看我年纪小,这可算是我的第3年创业了。"热情又幽默的任成航很快打开了话匣子。早在2015年,任成航因父亲叫他去朋友伞厂学习电子商务,开淘宝店的想法就这样萌生了。任成航说,父亲经营一家雨伞配件商铺,做生意多年,圈子却只局限于附近地市,这使他感到不满足。

2016年,任成航考上了浙江纺织服装职业技术学院雅戈尔商学院,特意选择了与电商有关的连锁经营管理专业。学校的电子商务人才培养基地,给任成航提供了一个环境幽雅,可以互相沟通交流,彼此学习的场所。大一初期,他一边学习,一边摸索,在淘宝网上开了"狼外婆文艺贩卖馆"淘宝店,店铺内遮阳伞、汽车反向伞、口袋伞等20多个品种,款式新颖,使用人群广,被不同群体的客户所接受并喜爱,现有一个皇冠的成绩。大二上学期,任成航在学校的帮助下,申请了阿里巴巴电商交易平台,开设工厂店铺,为企业、商家、个人提供个性化的定制服务,适应各种业务需求。

"要想在电子商务'杀'出重围,服务和品质是重要保证"任成航说,通过"线下门店+网上商城"的模式,现在订单量慢慢增多,许多顾客还会帮忙介绍生意。2017年,他的电商工厂店铺,平均每月打包发货2000件雨伞及配件,一年下来营业额达200万元,净赚30余万元。去年,他又开始筹备公司注册、宣传平台的搭建,历经六个月的精心筹备,2018年3月初上虞盛泽伞厂公司正式投入运营。

"经营一家网店,团队很重要。我们团队成员都是在校学生,作为年轻的我们敢想敢做。"任成航表示,现在他正在加强自己的团队建设,还在不断"招兵买马",团队成员已从最初的4人增加为11人,但依旧忙得不可开交。

"4月15日,北京一家服装店要为中国国际大学生时装周订制200把遮阳伞,但是我要读书,实在没有时间去企业订货,只能放弃订单。"任成航说。

未来,任成航还想在上虞办企业,生产雨伞,实行自产自销。"梦想总是要有的,万一实现了呢。"任成航说。

[资料来源:王国海,任成航:在校创业撑起"致富伞"[N].中国教育报,2018-11-20(10).]

问题:

为什么任成航能在大学里开启自己的创业之旅?

【心理运动场】

高职学生就业案例讨论

[活动任务]　将学生每4～6人分成一个小组,每个小组收集高职学生成功就业的案例。

[活动目标]　通过身边的榜样,使同学们认识到高职生的精彩,增强同学们对高职院校的认同感。

[活动要求]　以小组为单位,分组讨论案例中主人公成功的经验。各学习小组推选一名代表汇报本小组的讨论结果,并结合自身情况进行简要说明。

[活动考核]　班级心理委员与任课教师组成评委,对各学习小组的介绍进行评价,组员的表现情况由各组长评价。

[关键词]　心理调适　生涯规划

【心海导航】

适应新的群体和新的环境是一个全方位的行为,这种调适可以从三个方面着手:一是在学校层面上,应充分重视新生的适应性问题,并积极开展多种形式的学生活动和心理健康教育。对入校新生进行集体心理讲座,对同一反应的学生进行团体辅导或个体咨询,开展多种形式的心理健康教育宣传,进行新生心理健康状况测查。二是在家庭层面上,要尽量做到放开手脚,给孩子更多的独立空间,在生活、学习和交友方面,多一些鼓励和建议,但决策最终要孩子自己根据实际情况来做,而不是像中学时期凡事包办。三是在学生个体层面上,更应该积极主动调适不适应的状况,因为凡事内因是起决定作用的。学校、家庭及社会所起的作用相对于不适应的主体——学生来说,都是外部原因。作为学生个体,可以从以下几个方面进行调节。

一、正确认识高职教育与高职院校

(一) 我国高职教育现状

很多人都知道在大学中有"大专"和"本科"的学历层次差别,却很少有人知道在我国高等教育类别中有"高等职业教育"和"普通高等教育"的差别。那么究竟什么是高职? 它又有哪些不同于普通高等教育的特点呢? 在教育类型上,高职属于职业教育。与大家熟悉的传统的普通高等教育相比,高职教育在性质、类型、培养目标与教学特征等方面有很大的不同,具有高职教育自身的特色。在教育层次上,高职教育属于高等教育。与职业高中(简称职高)、中等专业学校(简称中专)、技工学校(简称技校)三类学校举办的职业教育相比,高职处于更高等级和层次,高职毕业生应当能够适应高新技术产业和科技含量高的职业岗位,具有较强的技术应用能力和创新能力。因此,我国高职教育是高等教育的重要组成部分。

当前,我国的高等教育正在从精英教育向大众化教育转变,可以说高职教育在这种转变中功不可没。自1999年高校扩招政策实施以来,我国加大了对职业教育的重视程度。"十五"期间,党中央、国务院共召开三次全国职教会议,进一步加强了职业教育工作。2014年在京召开的全国职业教育工作会议中,中共中央总书记习近平强调,职业教育是国民教育体系和人力资源开发的重要组成部分,是广大青年打开通往成功成才大门的重要途径,肩负着培养多样化人才、传承技术技能、促进就业创业的重要职责,必须高度重视、加快发展。

(二) 国外职业教育状况

各国也都采取措施积极发展职业教育。大家知道,德国产品的质量为世界所公认,由于产品工艺水平高,经久耐用,因而"德国制造"享誉全球,这与德国拥有众多高素质的产业技术工人密切相关。德国产业工人不仅能够把优美的设计变成精细的产品远销海外,而且具有良好的职业道德和素质,他们不会因销售对象的不同而放松对质量的控制。因此,人们在世界各地都可以放心地购买德国产品。而正是德国职业教育培育了优秀的产业工人。

德国的职业教育备受关注。在德国,职业教育受到关注的程度甚至高于普通教育和高等教育。究其原因,职业教育不仅涉及大多数人的利益,而且关系到国家的发展前景。

据经济合作与发展组织(OECD)2006 年的统计,德国大学毕业生占同龄人的比例为20.6%,而将近 80% 的年轻人接受的是职业教育,并以此走上工作岗位。在这 20.6% 的大学毕业生中,也还有相当大的比例属于德国高等专业学校的毕业生。也就是说,其学业仍属职业教育范畴。翻开德国联邦政府出版的《德国概况》一书,有这样一句话:"德国是一个原料缺乏的工业国家,它依赖的是受过良好教育的技术力量。"显然,这里提到的技术力量指的是技术工人、技术员,当然也包括专家。德国走的是一条技术立国的道路,其原料基本依赖进口。但是德国在进口同等数量的原料后,能加工出更多质量更好的产品,从而创造出更高的产值,这就是德国制造业获得竞争力优势的奥秘。

(三) 高职学生就业状况

从 2013 年开始,《中国高等职业教育质量年度报告》推出了高职培养质量"计分卡",选取高职学生毕业半年后的就业率、月收入、自主创业比例、理工农医专业相关度、母校总体满意度等 5 项关键指标来反映高职培养效果。

《2019 中国高等职业教育质量年度报告》显示:高职生毕业半年后就业率持续稳定在92%,毕业三年后月收入增幅达到 76.2%,毕业生本地就业率接近 60%,到中小微企业等基层服务的比例保持在 60% 以上,四分之一的毕业生到西部地区和东北地区就业,高职教育对于扩大就业和促进学生发展的作用日益显现。高职院校助力欠发达地区发展、乡村振兴以及脱贫攻坚,65 所职业院校发起成立全国职业院校精准扶贫协作联盟,引导院校教育扶贫取得成效。2018 年高职院校的全日制来华留学生规模达 1.7 万人,"一带一路"沿线国家成为招收留学生的主要生源地和境外办学的主要集聚地。595 个专业教学标准落地国(境)外。沿边境省份院校积极发挥窗口和桥梁作用,探索实践"国门高职"新模式。

二、确立学习和职业生涯规划目标

(一) 确立目标的重要性

目标为人们提供了行动的具体方向,有了一个明确的目标,就有了内在驱动力,可以促使人变得积极向上,从而更有利于克服各种心理问题和疾病。人们还可以根据目标集中力量,克服重重困难,不断地接近目标直至最后实现目标。在高中阶段,高考就是一个明确的目标,它像一盏明灯指引着学子完成艰辛的求学之路;高考之后,这盏明灯突然熄灭了,可能使得刚进入大学校门的学生们无所适从。因此,要消除新生的不适症状,除了要让学生了解高职院校的教学特色之外,最重要的就是要重新确立新的目标,在入学之初就做好生活学习规划,使其引领学生脚踏实地、充实而快乐地完成三年高职学业,成为高级实用型、技能型人才。

(二)确立目标的方法

简单地确立目标的方法就是可以问自己这样的问题,如"我来大学干什么""我在今后应该成为一个什么样的人",这样有利于角色定位,适应新环境。有的学生说,大学期间,我有非常明确的目标,那就是一定要创业成功。但实践的结果却是屡遭失败,于是痛苦、困惑常常缠身。也有的同学说,我在一年级就确定了自考的目标,结果是自考没考好,在校课程常常重修。由此看来,大学生不仅要有目标,而且一定要树立正确而且切合实际的目标。要想树立正确而且切合实际的目标,就要做好两个规划,一是大学生活学习规划,二是职业生涯规划,后者是前者的延伸和具体化,这两份规划越早做越好,甚至在刚刚踏入大学校门那天起就应该有这样的规划。

(三)确立目标的内容

那么如何做好这种规划呢?后面章节会有详细的解说,这里只简单地介绍其内容。

1. 大学生活学习规划

大学生活学习规划是指学生结合自身实际情况与大学环境等因素,为自己确立大学的学习、生活以及择业、就业的计划和打算。它是人生规划的一部分。大学生活学习规划是必要的,而且要从大一开始做。做好大学生活学习规划是我们充分利用大学黄金时期的先决条件。今天,如果我们不生活在未来,那我们将生活在过去。

2. 大学生职业生涯规划

职业生涯是指一个人一生连续担负的工作职业和工作职务的发展道路。职业生涯规划是指个人对今后要从事的职业、要去的工作组织、要担负的工作职务和工作职位等一系列发展道路而做出的设想和计划。一个人的事业究竟应该向哪个方向发展,可以通过职业生涯规划明确起来。

面对严峻的就业压力,作为大学生活学习规划重要组成部分的职业生涯规划也显得越来越重要。相当多的大学生对自己的发展规划并不明确,没有注重有计划地在大学生活中培养自己真正有发展潜力的素质,不能运用有关理论规划未来的工作与人生,从而严重影响了学生的提前准备和准确定位,甚至影响将来的生活和对社会的适应性。不少用人单位对刚毕业的大学生的印象是,大学生缺乏社会实践,解决实际问题的能力差,只学到书本知识而没有掌握学习方法,缺乏团队精神、人际沟通能力和自我认识。出现这种现象,可以说职业生涯规划的缺失是其中重要的一个因素。

作为大学新生,有资本、有时间去规划自己的人生,去设计自己未来的蓝图。要拿出笔和纸去设计我们的人生,规划我们的道路,虽然不是非常清晰,但至少有了目标与方向,也就有了动力。

有调查显示,90%以上的成功人士都对自己的未来有明确的期待,都有明确的人生目标;也有研究表明,进行生涯规划的职业人约有70%以上能够取得良好的工作绩效表现,并且有强烈的成就和成功体验。

回答 2 - 2:

大学生在校创业撑起致富伞

任成航之所以能在大学里开启自己的创业之旅,是因为他能很快适应大学生活,并且运用自己的专业优势,确立了明确的创业目标。

三、新生适应的调适技能

(一) 适应新的生活环境

新生入学首先面临的就是生活环境的变化。其实大学新生们第一个真正的考题是怎样独立生活,而他们的第一笔财富也就是学会独立生活。人总要学着自己长大,尽快适应生活环境的变化,相信自己已经是成年人。首先,要善于利用资源。例如,了解教室、图书馆、商店、电话亭在什么地方,食堂、澡堂什么时候开放,甚至学校有几个门等。这样,在解决各种问题的时候就更顺利、更节省时间。必要的时候,直接向高年级的同学或者老乡请教,他们都比较愿意把经验教训传授给新生,以帮助新生尽快适应校园生活。其次,放开手脚,大胆尝试探索,主动参与班级活动,有选择地参与社团工作。这样与老师、同学接触得越多,掌握的信息越多,锻炼的机会也越多,越容易培养自信心。最后,学会健康生活。新生要有足够的时间参与体育锻炼,合理地安排饮食和睡眠。食堂饭菜不可口可以调剂着吃,承担起自己照顾自己的责任。课余可以多阅读一些自己喜欢的书籍报刊,以读书为乐事,既可以排遣烦忧,愉悦性情,又可以获取知识,增长智慧,对身心的健康发展非常有利。

(二) 适应新的学习任务

新生的学习适应主要集中在专业认同、自我定位、学习方法三个方面。

1. 在专业认同方面

有些新生由于盲目填报志愿或者是专业被调剂的原因,在学习了一段时间后,有可能发现对专业提不起兴趣,看不到本专业发展的希望,自然对所学专业产生不认同感,落差较大,上课不能集中注意力,难以在学习上找到新的支撑点和成就感。大学生应该耐心摸索自己在专业领域里的兴趣点,并结合自己的能力和价值观,进行积极有效的学业生涯规划。另外,要明确我们需要做的以及我们能做的就是忠于自己的选择,并让这个选择更有价值。"选我所爱、爱我所选",不管喜欢与否,都要尽力学好,积极挖掘内在兴趣。

2. 在自我定位方面

高职学生主要有两部分生源,一是普通高中学生,二是对口招生学生。对于后者,自我定位比较容易,因为在高中阶段他们已经接触了专业的学习,只不过比高职内容相对简单而已。然而,对于普通高中学生生源的高职新生来说,自我定位就有些困难。因此,要在了解本专业培养目标和主要课程之后,确定自己的位置,找到学习的切入点。

3. 在学习方法方面

大学学习方式的改变也要求新生转变学习方法,提高自主安排学业的能力。学习方法是提高学习效率,达到学习目的的手段。著名教育学家钱伟长曾对大学生说过:一个青年人不但要用功学习,而且要有好的科学的学习方法。作为高职生,中学阶段有效学习方法的欠缺是其成绩不高的一个重要原因。进入大学之后,身份仍然是学生,要想改变原来的状况,就要在学习方法上下决心改变。要做到勤于思考,多想问题,而不是靠死记硬背。学习方法对头,往往能收到事半功倍的成效。在理论课程的学习中要把握住的几个主要环节是:预习、听课、复习、总结、记笔记、做作业、考试等,这些环节把握好了,就能为进一步获取知识打下良好的基础。

总之,作为高职院校,人才培养的目标就是打造高素质高技能人才,因此更注重学生动手实践能力的培养。所以,大学新生要做好心理准备,尤其是普通高中生源的学生,上大学之前基本上是坐在教室里听老师的满堂灌,很少自己动手做什么。因此,他们在实训实验课堂上,要在认真聆听实训老师讲解的基础上,细心观察老师的操作,然后敢于尝试,逐步做到敢动手、勤动手、会动手,训练提升自己的实践技能。

(三)适应新的人际关系

建立良好人际关系的关键是学会与人交往。交往中应坚持真诚、宽容、平等的原则,尊重他人,保持尊严,捍卫自己的合法权益,不做无谓的斗争,但也不要害怕冲突。

除此之外,掌握一定的交往技巧:学会换位思考;学会认真倾听;注重积极表达;把握交往的度;掌握人际交往的"黄金法则"。在人际交往过程中有一条黄金法则,那就是:用希望别人对你的态度去对待别人。意思很明显,就是你希望别人如何对待你,你首先要做到这样对待别人。比如你希望同学们尊重你,那么首先你必须做到尊重别人,你做到了,相信你身边的同学不会做不尊重你的事情。你希望朋友对你以诚相待,那么首先你必须做到对人家开诚布公,只有这样,你才会迎来真心相交的朋友。

(四)积极参加社团活动

社团组织是发挥大学生专长、培养大学生综合能力的重要场所,为大学生综合能力的发展提供了一个多彩的舞台。大学生可以在社团这个舞台上充分地锻炼和提高自己的综合能力,发挥和展现自己的才能。但是,如何在这个舞台上展示和发展自己的才华,如何让这个舞台成为自己大学生涯中的亮点,是每个莘莘学子都需要面对和思考的问题。

看看公告栏,会发现学校为了使大学新生尽快适应大学生活,准备了一系列迎新活动,如导师讲座、辅导员座谈会、观看校史展、迎新晚会……这些活动新生应当多多参加,在活动中能与校长、老师、学长以及同学沟通交流,增加师生之间、同学之间以及对学校的认识,能有效帮助新生认识新群体、新环境。除了学校举办的迎新活动,多参加课外活动也有助于新生尽快适应。如体育运动中的篮球、足球、羽毛球……运动会让人放松,心情舒畅。

【心理链接】

趣味心理测试
——大学生独立性测试

在线心理测试 ✍

[测试要求] 请仔细阅读下面的陈述,然后根据你的实际情况,选出一个最符合自己特征的字母。各个字母代表的含义分别是:A. 非常符合;B. 有点符合;C. 无法确定;D. 不太符合;E. 很不符合。

1. 我对父母的话都是百依百顺。 （　　）
2. 我从来不拒绝别人。 （　　）
3. 在观察或思考时,我总想从别人那里求证。 （　　）
4. 在学习中遇到难题,我总是喜欢马上向人求助。 （　　）
5. 我很难独自适应新的环境。 （　　）
6. 对老师说的话我一味照办。 （　　）
7. 遇到挫折后我常常要萎靡很长一段时间。 （　　）
8. 遇见新问题时,我老是手足无措,一筹莫展。 （　　）
9. 我十分在乎别人对自己的评价。 （　　）
10. 我从来没有担任过干部职务。 （　　）
11. 我不会做家务。 （　　）
12. 我对公益活动总是尽量躲开,不去参加。 （　　）
13. 我从没有尝试过勤工俭学。 （　　）
14. 我不喜欢一个人去旅行,担心没法照顾好自己。 （　　）
15. 在需要做决定时,我总是要别人帮我拿主意。 （　　）

[计分规则]

(1) A 到 E 这五种回答依次计 1、2、3、4、5 分。

(2) 统计一下你所选出的各个字母的数目,然后根据每个字母的得分算出总分。

[结果解释]

你的总分越接近 75 分,表明你的独立能力越强;你的总分越接近 20 分,表明你的独立能力越差,亟须提高。

[资料来源:大学生心理测评课件. http://www.doc88.com/p-7488843641315.html.]

【心灵修炼】

1. 你的梦想是什么?
2. 你是否在为实现梦想而坚持努力着?

【影视欣赏】

《五个扑水的少年》

《五个扑水的少年》是由矢口史靖自编自导,妻夫木聪、玉木宏等人主演的一部喜剧片(图2-2)。该片讲述了五个平凡普通却性格各异的高中少年,因为一次意外必须完成一场男子花样游泳表演。在各种奇奇怪怪的状况下,他们崩溃却努力地学习着,最终以出人意料的方式完成了极其特别的演出。效果惊喜热烈,青春逼人。

图2-2 电影《五个扑水的少年》海报

https://baike.baidu.com/item/%E4%BA%94%E4%B8%AA%E6%89%91%E6%B0%B4%E7%9A%84%E5%B0%91%E5%B9%B4/360822?fr=aladdin.

知识点3 进行科学的自我管理

【困惑与问题2-3】

社团达人的疑惑

某学院大三学生小尤,是一名不折不扣的"社团达人"。大学里,他参加了很多社团,比如青年志愿者服务团、校篮球队、街舞社等。他坦言:"我对时间几乎没有规划,因为社团的事情太多了,会有各种各样的社团活动,要写活动策划和报告,还要参加舞社训练和体育训练。"

"我的学习成绩很一般,因为我只有上课的时候会学习,有时候社团临时有事,我甚至不得不请假去完成活动。"他不好意思地说道。

除社团活动外,课余时间还会玩玩游戏:"平常忙完活动,累到不行,根本没心思学习,就会玩玩游戏放松自己。""每天忙是忙,但没有对时间进行合理的规划,花费了很多时间在不必要的事情上。有时候晚上玩完关游戏界面时,会突然有那么一刻,觉得自己在虚度光阴。"

问题:

小尤怎样才能摆脱自己的困境?

【心理运动场】

<h2 style="text-align:center">时间馅饼——我的24小时都去哪了</h2>

[活动任务]

步骤一:制作时间馅饼(5分钟)

教师指导语:每个人一天都有24小时,请大家以最近典型的一天为例,根据老师在黑板上列出的各项活动(学习、睡觉、社团活动、娱乐、阅读等),计算每项活动所用的时间,并在纸上画一个饼图,这就叫做"时间馅饼"。

步骤二:分享交流(5分钟)

小组同学分享一下自己的饼图,看看别人和自己的安排有什么不同,特别是你平常一直很羡慕的那位同学。

步骤三:制作最佳馅饼(10分钟)

请每位同学根据一日24小时设计规划自己的最佳"时间馅饼",其中包括学习、娱乐、休息……的时间。

思考:从今天的活动中你得到了哪些收获?对改善自己的时间管理和学习方法有什么打算?

每个小组推荐一个代表在班上进行分享,其他同学可以补充。

[活动目标] 引导学生对自身的时间管理有一个全面的认识,并学会发现学习的最佳方法,做时间的主人。

[活动要求] 将学生每4~6人分成一个小组,每个同学轮流发言。

[活动考核] 任课教师根据每组同学的制作和发言情况进行考核。

[关键词] 时间管理 消费管理

【心海导航】

一、学会时间管理技巧

(一)确立明确的目标

通过确定目标,可以为自己的目标确立一个行动路线图,具体可以分为长期目标和短期目标。比如很多同学大学三年的长期目标是创业、找到好工作、专升本、专业上获得认证等,短期目标可能是英语考级、竞选社团干部、兼职等。

目标对应的是长期和短期的规划。长期规划是以学年或学期为单位,列明每一年或每一学期要达到什么目标。短期规划包括月规划、周规划和日规划,是长期规划的层层细化,具体到要做哪些事。不积跬步,无以至千里,不积小流,无以成江海。只有做好了短期规划,才能真正实现长期规划。

但要注意的是目标不能太多,否则什么事都做不好、做不全,甚至开始怀疑自己,直至放弃。比如有同学就反馈说:刚开始列出我的一周计划时,满满的一张纸,看着这么多的目标,感觉自己真的很有激情,为自己的每一刻努力而喜悦;结果刚开始两天,就败下阵来;后来试着删除简化我的目标清单,就会发现,将目标瞄准一两件事后,越来越有自信并且工作状态更好,心有余力时,我再去给自己安排另外想做的事情。

(二) 激发动力,持之以恒

很多同学上大学之前或者大一刚开始时,踌躇满志,希望在大学期间有各种收获,制定了一个又一个目标。然而随着时光的流逝,不少同学注意力开始转移,制定的目标在执行的过程中,由于受环境以及自身约束力的影响,往往虎头蛇尾,不能很好地坚持。

其实每个人的每一天都有 24 个小时可以支配,每星期就有 168 小时,每个月就有……该如何去使用这些时间,选择权就在你的手上。要么浪费,要么节约。有同学这样分享了他时间管理的动力:

“假设每天比别人早起半个小时,一个月将节省多少时间?一年呢?再想想,十分钟能做什么事?看一篇短文、画一张简笔画、背十个英文单词……”

“对于现在的校园生活,我早起的几点感受:不用排队吃早餐,充分审视自己,静心计划清单,不被打扰地学习。刚开始的几天,早起的确难受,不过想想一天能做那么多事,能好好吃顿不用排队的早餐,能不被打扰地学习,你就会有动力早起。所以寻找每一分动力,让自己在每一天都领先别人吧!”

(三) 学习事件分类法则

大学生在校的时间,可以划分成学习时间(专业学习)、工作时间(参与社会工作,如班级、学生会或社团里的工作等)、休闲时间(休息、睡眠及体育活动)、家庭时间(与家人进行沟通交流)、个人时间(做自己感兴趣的事)、思考时间(独自思考某些问题)等。

大学生可以根据事情的性质来进行时间安排。事情有两种性质,一是紧急性——紧急或不紧急的事情;二是重要性——重要或不重要的事情。如表 2-1 所示。

表 2-1　时间管理的重要性与紧迫性

	紧急 ——————→ 不紧急	
重要 ↓ 不重要	A　危机 　　紧急状况 　　有限期压力的计划	B　学习新技能 　　建立人际关系 　　保持身体健康
	C　某些电话 　　不速之客 　　某些会议	D　琐碎的事情 　　某些信件 　　无聊的谈话

通常,A 区的项目亟待解决,需要快速高效地完成;B 区的项目虽然不紧急但很重要,所以它们应该被列入你的长远规划;C 区的项目需要及时完成,但当 A 区的事务过多时,可以适当地忽略或托别人来帮忙完成;D 区的事情可在空闲时再考虑实施或解决。同时还要注意,不要等待事情变成最重要最紧急的时候才去做,而是应该合理安排。

> 回答 2—3：
>
> ### 社团达人的疑惑
>
> 　　小尤需要改变自己的时间安排方式，将生活重心转移到学习上，减少玩游戏的时间。社团活动和上网本身是有正面意义的，但是人的惰性使得有人拿起手机就不由自主地开始刷朋友圈、刷微博，自制力强的人还是占少数。最好的方法就是平时尽量不带手机去图书馆和教室，每天给自己一个完整的、不被干扰的时间，专心致志地干一件事情直到完成。

二、提高自我理财能力

　　某理工大学的赵同学："大一时最头疼的不是学习也不是和同学的关系，而是不知如何管理自己的财务。"大学报到时，父母把她从外省送到这个学校，临走时给她在银行办了一张卡，存入四千元作为生活费，另外给她一千现金当作零花钱，可才两个多月，这些钱就所剩无几了，只得打电话向家里求援。她说，当时主要的开销不是吃饭穿衣，而是那些"奢侈的消费"，例如购买品牌化妆品，和同学校外请客吃饭等。随着对大学生活的适应才渐渐学会合理地进行会"财务支出"，认清哪些钱不能随心所欲地花。其实赵同学遇到的困惑是大一新生"心理断乳"的重要方面之一：计划消费，学会理财。

（一）记账越勤，理财越行

　　现在的大学校园中"月光族"越来越多，对付乱花钱最有效的办法就是记账。月初规划好当月开支，比如伙食标准、日常用品消费等。细心一些的同学可以每天临睡前花几分钟记一下当天的所有开支。一个月下来，就很清楚哪些钱花得不应该。

　　如果觉得把钱都放在钱包总会手痒，也可以考虑办一张银行卡，每周分批定量地取钱。

（二）信用卡不能随便办

　　现在信用卡热已经席卷大学校园，虽然透支额度一般只有几千元，但对大学生而言，仍旧是一个不小的诱惑。信用卡理财并没有错，但它也是一把双刃剑。大学生冲动地用信用卡消费，不但使得生活成本增加，而且一旦还不上钱，将影响你一生的信用记录。绝大多数大学生最好不要办信用卡，哪怕它积分购物再诱人，可羊毛终究出在羊身上。

　　除此之外，还有越来越多的同学通过向贷款平台借钱来满足自己的消费需求。中国高校传媒联盟面向 50 余所高校开展的问卷调查结果显示：62.77％的学生使用过网络分期贷款平台；兼职打工、透支下个月生活费、省吃俭用则成为最主要的还款来源；购买数码产品、衣服鞋帽、外出游玩成为大学生使用网络分期贷款的主要方向。除了利用网络分期贷款实现消费行为之外，还有一些大学生开始利用它们来完成自己的一些创业项目。因此，大学生使用网络贷款风险极大，同学们要合理规划自己的消费，坚持适度消费，坚决避免赶时髦、要面子的不合理超前消费，同时注重在此过程中对自身正当利益的维护，增强风险意识、权利意识与责任意识。

（三）想挣钱就学习

　　目前做家教、打零工的大学生越来越多。不少学生由于过于热衷于社会实践，导致多门功课不及格,甚至被退学。大学生想挣钱,倒不如多花时间在功课上,得个奖学金"名利双收"。与其在外奔波风吹日晒,不如坐在舒适的自习室学习,而且满腔热情地投入学习的一个直接好处,就是使你没有过多的时间去校外消费,无形中又帮你省了一笔巨大的开销。

(四) 用二手货是流行时尚

每当毕业生即将离校,校园里就成了"跳蚤市场",不少毕业生拿出自己的旧书本、旧用品甚至旧衣裤出售。用二手货成为当今大学校园的一大时尚。有些大学生在大学里几乎没有花什么书本费,都是从网上或高年级同学那里以 3～4 折的价格买来一些二手书,有朝一日等你成了毕业生,你也可以在那里把你的旧货卖个好价钱,让它们继续"发挥余热"。所谓"赠人玫瑰,手留余香"不正是这个道理吗?

(五) 创业靠的是积累

很多同学凭着热情开始创业,但最终不了了之。创业靠的不是冲劲而是积累。首先是知识的积累,比如开一家服装店,也需要积累,例如如何进货、如何与客户交流都是需要提前学习的。其次是资金方面的积累,也很更重要。积累是一种习惯,有些同学拿了奖学金要么换新电脑,要么出去旅游,有些同学却懂得把奖学金积累起来。有了积累,才有进一步投资的资本。

【心理链接】

趣味心理测试——你会管理自己的时间吗?

[测试要求] 本问卷共 10 题,每题有 5 个备选答案,请从中选择最适合你的一项。

1. 星期一上学的时候,老师通知你周五下午有一次重要的考试,你会:(   )

A. 取消放学后的简单休息,马上投入到复习中去。

B. 主要整理以往的笔记,辅助新同步练习。

C. 从周一到周四都在考虑这件事情,周五早上开始抽空复习。

D. 在自己情绪好的时候复习。

E. 想复习,但总是因为各种原因打断。

2. 你的记事本里写了什么内容?(   )

A. 下周的详细日程安排。

B. 要去的地方和要做的事情。

C. 自己的涂鸦和喜欢去的地方。

D. 用醒目的大字写着一些重要的事情。

E. 为每天要做的事情列出长长的单子,标出优先要做的。

3. 你约的朋友又迟到了将近一个小时,你会觉得:(   )

A. 不高兴——你是个很守时的人。

B. 没关系,你宁愿多看几本杂志也不想马上就回家。

C. 心情不好,一整天都会为此别别扭扭。

D. 很惊慌,觉得耽误了自己的学习时间。

E. 很庆幸自己出发前打了电话,知道他(她)还没到,你也推迟时间。

4. 在你的抽屉里:(　　)

A. 尽管像个垃圾堆,但你用起来效率很高。

B. 从来没有装满,里面的东西经常会丢失或用掉。

C. 堆满了没看完的复习资料。

D. 当你想找某样东西时,需要把整个抽屉翻个底朝天。

E. 堆得很满——为了证明你的作业真的很多。

5. 你的好朋友全家旅行,把他(她)的小狗托付给你照顾两天,你会说:(　　)

A. 让我问问爸爸妈妈,明天再答复你。

B. 这礼拜天我也可能要出去,但我会尽量挤出时间来。

C. 交给我好了,保证完成任务。

D. 没问题,即使你有很多事情,但真的到了交接的时候,你会迟到一个小时,然后再解释你迟到的原因。

E. 可以,然后让他(她)写清楚详细的时间安排,并请他(她)逐一解释。

6. 你做事延误了时间,是因为你:(　　)

A. 担心做的事不能百分之百完美。

B. 沉浸在空想里。

C. 在你进行下一步前,需要时间来把自己可能的选择一一澄清。

D. 感到不知所措。

E. 总是觉得时间充裕。

7. 你要招待 4 个朋友,你:(　　)

A. 自己很快地烧一些简单的菜,来节约时间。

B. 为了精益求精地做一道你的拿手菜,误了开饭时间。

C. 胡萝卜用完了,让第一个来的客人去买。

D. 忘记煮米饭,只好出去买面食。

E. 力求面面俱到——诚意邀请,准备好饭菜,也准备鲜花、蜡烛营造气氛,但结果都不太满意。

8. 对你而言,生活像:(　　)

A. 变戏法。

B. 马拉松。

C. 海滩。

D. 做游戏。

E. 一场战斗。

9. 你要写篇文章,可总是觉得没有一点灵感,你:(　　)

A. 先写别的作业。

B. 看看别人的文章。

C. 希望有人能够帮助自己完成这个作业。

D. 觉得厌烦,昏昏欲睡。

E. 把它放在一边,先玩会儿。

10. 下面哪种情况最令你恼火：（　　）

A. 平庸。

B. 不注意小节。

C. 把记事本放错地方。

D. 烧坏东西。

E. 缓慢、沉闷、毫无新意的日子。

[计分规则]

（1）按照表 2-2，根据你每题所选择的答案，计算每题的得分。

表 2-2　时间管理测试得分表

选项＼题目序号	1	2	3	4	5	6	7	8	9	10
A	5	5	3	5	5	3	5	1	5	3
B	3	1	2	3	1	2	3	5	3	2
C	2	2	1	2	2	5	2	2	2	5
D	4	4	4	4	4	1	4	4	4	1
E	1	3	5	1	3	4	1	3	1	4

（2）把你得到的 1 分、2 分、3 分、4 分、5 分的次数分别相加，然后对照下面的结论和建议。

[结果解释]

得 1 分最多的人：忙碌型。

得 2 分最多的人：白日梦型——你宁可迟到也不愿做时间的奴隶，从来搞不清小事要花多少时间，经常不能有始有终地完成计划。

得 3 分最多的人：完美主义者——追求尽善尽美，没有时间观念。把大量的时间花在细枝末节上。

得 4 分最多的人：紧张、刺激型。

得 5 分最多的人：把握时间型。

[资料来源：时间管理心理测试. http://wenku. baidu. com/link? url＝

gq3jQbTlRM_yylmvQlnwAgKJfalh80hgEF4SbcffAjGAY16BCF83g6EbclNOK3GNj

UDSfJLxfjbeug VbUie0cg73pG2rRJTIHW4qxz9arIW.]

【心灵修炼】

学习了上述内容，请制作一份自己的消费和时间管理计划。

【影视欣赏】

《歌舞青春》

《歌舞青春》是由肯尼·奥特加执导，扎克·埃夫隆、凡妮莎·哈金斯等人主演的一部喜剧片(图 2-3),于 2006 年 1 月 20 日上映。影片讲述了英俊帅气的校篮球队队长特洛伊与容貌甜美的优等转学生加布里埃尔共同成就歌唱梦想的故事。

图 2-3 电影《歌舞青春》海报

https://baike.baidu.com/item/%E6%AD%8C%E8%88%9E%E9%9D%92%E6%98%A5/20479?fr=aladdin.

https://v.qq.com/x/cover/s675cq18f4hfthm.html.

专题三　自我知多少——认识自己

- **知识目标**
  1. 了解自我意识的概念
  2. 了解自我意识的发展
  3. 自我意识的不良表现及改善方式
  4. 如何全面客观地认识自我
- **技能目标**
  1. 客观地观察、分析、探究自我
  2. 构建完善的自我意识，促进个人成长
  3. 掌握常见心理问题的应对方法

人生最重要的事情是认识自己。"认识自我"这句镌刻在古希腊特尔斐城阿波罗神庙里的碑铭，犹如一把千年不熄的火炬，表达了人类与生俱来的内在要求和至高无上的思考命题。在忙碌的学习、生活之余，我们静下心来，走进自己的心灵，倾听自己内心的声音，常常发现令我们困惑最多的不是别人而是自己。正确认识自我是个体发展最重要的前提，是心理成熟的标志，对心理健康起着重要作用。每个人在成长的道路上，都在不断深化对自我的认识，但不是每个人都能做到悦纳自己，实事求是"辩证"地看待自我。个体的人生不可复制，青春每人只有一次。自我发展的这种不可逆转性，要求每一位大学生都要认真审视自我，珍视自我，发掘心灵宝库，准确定位自己，为自身发展留下空间。当衡量自己的尺度不再仅仅是学习时，当大学生第一次从全方位来思索自己时，一个问题就开始弥漫在心间："我是谁？"

知识点1　认识自我意识

【困惑与问题 3－1】

纳喀索斯式的自我爱恋

21 岁的苏欣，是一名某高职院校的艺术系大二女生。苏欣一直认为自己天生丽质，冰雪聪明，因此特别热衷于玩自拍，喜欢每天在朋友圈晒自己的各种生活。只要有异性朋友点赞评论，苏欣就会在宿舍里向室友抱怨对她有意思的人多得烦人，也正因为她一直觉得自己是宿舍里最美最聪明的,她总爱在同学面前夸耀自己,同时不忘有意无意地通过贬低别人来抬高自己,总是看不起周围的同学,造成了她几乎没有可以交心的朋友。

问题:

苏欣没有朋友的原因在哪里?

【心理运动场】

初识自我

[活动任务] 了解什么是自我意识,高职生应该从哪些方面正确认识自己。

[活动目标] 了解自我,形成健康的自我意识。

[活动要求] 请在纸上回答:"我是谁?""我是一个什么样的人?""我想成为一个什么样的人?"写出尽可能多的句子。首先,在小组内进行分享;然后,各学习小组推选一名代表向大家展示。最后说明:这些问题以前想过吗? 对于每个问题,你所回答的第一点是什么?这些代表了什么?

[活动考核] 每个学习小组选派一名代表与任课教师组成评委,对各学习小组的展示情况进行评价。

[关键词] 自我意识 自我意识的组成

【心海导航】

一、自我意识的概念

自我意识是对自己身心活动的觉察,即自己对自己的认识,是人们对自身的活动、自身的状态和特点、自身与外部对象的关系的认识和评价。具体包括认识自己的生理状况(如身高、体重、体态等)、心理特征(如兴趣、能力、气质、性格等)以及自己与他人的关系(如自己与周围人们相处的关系,自己在集体中的位置与作用等),自我意识是个体关于自我全部的思想、情感和态度的总和。

自我意识是一个人在社会化过程中逐步形成和发展起来的,对自我以及自己与周围环境关系的多方面多层次的认知、体验和评价,可以说早在古希腊时期,哲人苏格拉底就提出了"认识你自己"的口号,这标志着人类自我意识的觉醒。法国哲学家笛卡尔最先使用了"自我意识"这一概念,提出了"用心灵的眼睛去注意自身"的精辟论断,揭示了对自我意识的发现的途径。

自我意识是人的意识发展的高级阶段,也是人类的"专利",是后天的产物。它的产生与发展,是人和地球上其他生物在心理上的最后分界线。曾经有学者指出,刚刚出生的婴儿不是人,只能算个 human being(人类),还没成为一个 person(个人),随着生理和心理的发育成熟,才成为一个真正意义上的人。

二、自我意识的组成

自我意识是个体通过观察、分析外部活动及情境、社会比较等途径获得的,是一个多维度、多层次的心理系统。自我意识可以从不同的角度进行分析：从内容上可以分为"生理自我、社会自我和心理自我"；从形式上可以分为"自我认识、自我体验和自我控制"；从自我观念维度上可以分为"现实自我、投射自我和理想自我"；从实践活动和认识活动维度上可以分为"主我(I)和宾我(me)"。

(一) 生理自我、社会自我和心理自我

1. 生理自我

生理自我是指个体对自己的生理属性的意识，包括对自己身体、生理状态（如身高、体重、容貌）的认识和体验，如"我是一个身体健壮的人"。它是一个人在与他人交往的过程中通过学习而逐渐形成的，它使一个人把自我和非我区别开来，意识到自己的生存是依托于自己的躯体的。生理自我是与生俱来的，我们只能接受它不能改变。随着自我意识的成长，我们逐渐对生理自我有一种明晰的看法与正确的认识，但由于青年时期的不确定性，有的学生对生理自我产生较高的心理关注，比如，女生关注自己是不是漂亮、迷人、有吸引力，关注自己的胖瘦高矮甚至脸上的雀斑；男生关注自己的体形与身体高度甚至生理器官、声音的吸引力等，这些都是因为大学生正处于青春期乃至青年初期，生理自我处于高度关注时期。

这一阶段的自我意识是以身体需要为基础的，随着年龄增大、身体发育、阅历提高以及社会地位的变化，大学生形成"成人化"的自我意识。因此，大学生对自己的容貌、身材等一些外形特征开始更多关注，并努力弥补一些缺陷。

2. 社会自我

社会自我是个体对自身与外界客观事物关系的认识、体验和愿望，包括个人对自己在客观环境及各种社会关系中的角色、地位、权利、义务、责任、力量等的意识。青年男女常用"我已经长大了"来表达自己的社会自我，期望社会给予积极的肯定与认可。生理自我、心理自我与社会自我是密切联系的、相互影响的，它们都包含着不同的自我认知、自我体验与自我控制，但由于比例和搭配的不同，构成了个体与个体自我意识之间的差异，也使得每个人都有自己的对人、对己、对社会的独特的看法和体验。

大学生在高校中积极开展、参与的各种社会化活动是大学生建立自我意识、实现自我意识的重要途径和平台。通过参加社团活动，使大学生自觉形成了"我是活动中的一分子"的观念。参加活动、服务同学、遵守校规校纪等教育活动的开展，不仅促进大学生社会义务的履行，同时也督促了他们责任意识的形成。通过参加社团活动、参与比赛等，大学生开始更多地关注自己的综合能力（如性格行为习惯、组织能力、交际能力、协调能力等）和知识储备等内在因素。在大学生通过参与社会化活动不断增强自我意识的同时，也有部分大学生存在盲目的自负行为，天真武断的判断性，甚至是轻率的反抗性。

3. 心理自我

心理自我是个体对自己的心理活动、个性特点、心理品质的认识、体验和愿望，包括对自己的感知、记忆、思维、智力、能力、性格、气质、爱好、兴趣等的认识和体验。心理自我在成长着，我们的情感、智力、能力、兴趣、情绪等都与日俱增，我们学会评价心理自我、体验心理自我，如初恋与失恋的体验、成功与失败的体验等。随着自我意识的发展，个体的社会角色渐渐浮出水面并占据重要位置，与此相应的责任感、义务感、角色感都在增长着。

进入大学阶段，大学生的想象力逐渐丰富，性生理方面日趋成熟，逻辑思维能力不断发展,大学生个体在心理、情绪、思维等方面都发生了较大的变化,这使得大学生的自我意识趋于主观化,在社会生活中逐渐形成了心理自我。进入大三后,大学生会从世界和社会角度对自己所处的地位进行探讨,为自己寻找到合适位置,探讨对自己有意义的人生观和价值观,形成一定的世界观、人生观和价值观。在整个心理自我阶段,大学生的整体心理水平有了一个较大的发展。

(二)自我认识、自我体验和自我控制

自我认识是主观自我对客观自我的评价,包括自我感觉、自我观察、自我印象、自我分析、自我评价等。自我认识解决"我是一个什么样的人"的问题。正确的自我评价,对个人的心理活动及其行为表现有较大影响。如果个体对自身的估计与社会上其他人对自己的客观评价距离过于悬殊,就会使个体与周围人们之间的关系失去平衡,产生矛盾,长此以往,将会形成稳定的心理特征——自满或自卑,这将不利于个人心理的健康成长。自我认识层面上还包含现实自我与理想自我的冲突。特别是青年大学生,他们的理想自我一般都比较完美,高于现实自我,在实际中就会出现对现实自我的不满意,表现出自卑甚至自弃。"认识你自己"是一个终生课题。

自我体验是主体通过对自身的认识而引发的内心情感体验,是主观的我对客观的我所持有的一种态度,如自信、自卑、自尊、自满、内疚、羞耻等都是自我体验。自我体验往往与自我认知、自我评价有关,也和自己对社会的规范、价值标准的认识有关,良好的自我体验有助于自我监控的发展。我们进行自我体验训练,就是让自己有自尊感、自信感和自豪感,不自卑,不自傲,不自满,随着年龄增长让自己懂得做错事感到内疚,做坏事感到羞耻。自我体验是在自我认识的基础之上产生的,自我认识决定自我体验,而自我体验又强化着自我认识,主要集中在"能否悦纳自己""对自我是否满意"等方面。自我体验的内容十分丰富,包括义务感、责任感、优越感、荣誉感、羞耻感等。

自我控制是自我意识的关键环节,是对自己行为和思想、言语的控制,以达到自我期望的目标。自我控制包括自我激励、自我暗示、自强自律,核心内容是"我将如何规划自己的人生"。自我控制是自我意识的最高阶段,其核心是:"我应该做什么?""我应该成为什么样的人?""我可以选择如何做?"我们经常讲的"自制力",其实就是自我控制的能力。学生通过主观能动性,选择认识角度,转变认知观念,调整自我认识评价体系,感受积极自我。心理学研究表明:成功的人都有较高的自我控制能力。但并非所有的自我控制都是积极的,有的学生对自己的要求非常高,自我控制能力强,而在实际中却因为主观或客观原因没能够达到期望值,容易对自我产生怀疑与否定。进行自我认识、自我体验的训练目的是进行自我监控,调节自己的行为,使行为符合群体规范,符合社会道德要求,通过自我监控调节自己的认识活动,提高学习效率。

(三)现实自我、投射自我和理想自我

现实自我是个体从自己的立场出发,对自己当前总体实际状况的基本看法,是个体对自己受环境熏陶炼铸,在与环境相互作用中所表现出的综合的现实状况和实际行为的意识,是自我现实的、社会存在的真实反映。

投射自我又称镜中自我,是指个体想象自己在他人心目中的形象或他人对自己的基本看法。它与现实自我可能存在差距,也就是说,自己对自己的看法和想象中别人对自己的看法往往是有差距的。但是,投射自我对于现实自我的形成起着重要的作用,人们总是把他人对自己的看法和评价作为重要参考,来形成自我概念。

理想自我指个体经由理想或为满足内心需要而在意念中建立起来的有关自己的理想化形象。理想自我的内容尽管也是客观社会现实的反映,包括对来自他人和社会规范要求以及它们是否满足个体需要的反映,但这些内容整合而成的理想自我却是观念的、非实际存在的东西。现实自我和理想自我的形成与社会环境的影响密切相关。现实自我产生于自我同社会环境的相互作用,理想自我则产生于这种相互作用中他人和社会广泛的要求内化后在个体头脑中整合形成的自我的理想形象。

理想自我是现实自我努力的方向,由于人们总是按照理想自我来塑造自己,而且由于一般人,特别是青年人往往以为理想中的自己就是现实的自己,因此,现实自我总是带有不可摆脱的理想自我的痕迹。在正常情况下,当理想自我的形成建立在理智认识或他人和社会规范的自觉内化之上时,理想自我可以在现实自我和社会环境之间起积极的调节作用,指导现实自我积极地适应和作用于社会环境。这时,理想自我、现实自我和社会环境的要求可以在新的水平和方向上达到协调一致,自我得到健康发展。

(四) 主我与宾我

美国社会科学家 G. 米德将自我分为两个方面:主我(I)和宾我(me)。主我作为知者的自我,是个体活动的觉察者,是自我中积极的感觉、知觉、思考的部分。如"我在唱歌""我在思考问题"中的我。宾我是作为被知者的自我,是关于自己是谁、是什么样的人的想法。平时我们说"我认为我是一个开朗活泼的人",句中开头的"我"就是主我,即对自己身心活动的觉察者;后面的"我"就是宾我,即被觉察到的自己的身心活动。

回答 3-1:

纳喀索斯式的自我爱恋

古希腊神话中有一个有关纳喀索斯的故事。纳喀索斯是河神和仙女的儿子,长得异常俊美。女神厄科向他求爱,遭到拒绝,后幻化为回声女神。诸神不满纳喀索斯而对他进行惩罚,使他爱恋自己在水中的倒影,最后憔悴而死,成为水仙花神。苏欣对自我的陶醉,虽然远没有达到纳喀索斯那样的程度,但从其行为来看,明显具有过强的自恋心理。

苏欣的自我意识中,兴趣点往往都在自己身上,与外界交往,也只是在求证自我的魅力指数。对于自己的任何性情、身体器官、容貌等过分在意,同时因为对自我认识存在偏差,就容易只看到自己的优点而忽视别人的意见,把自己的意志强加在别人身上,从而造成不能与人和睦相处。

三、自我意识的作用

自我意识具有能动性,是个性形成的调节机制,对个性发展起着重要的调控作用。具体来说,自我意识有以下作用。

（一）提高认识能力，促进身心和谐

人的认识活动不论感觉、知觉、记忆、想象、思维等，都由于自我意识的存在而更加自觉、合理、有效。人不仅能对外部世界的对象进行感觉、知觉、记忆、想象和思维，还能对自己的这些认识过程本身进行认知，即对这些过程加以分析、监督和调整。通过对自身认识过程的认知，人就有可能发现原有认识活动的不足，可能选择和运用更好的认知策略，从而使认知活动更加完善、有效。

（二）诠释不同经验，丰富内心世界

诠释经验的方式取决于一个人的自我意识。不同的人可能会获得完全相同的经验，但每个人对这种经验的解释却可能有很大的不同，如果某位大学生自认为能力一般，那么当他取得较好的学习成绩时，便会认为取得了相当大的成功，从而产生满足感；而同样的成绩对于一个自认为能力超常、非常聪明的同学来说，不仅没有满足感，相反会因没有达到自己的要求而产生挫败感。

自我意识使人的经验日益丰富，也使人的感情世界丰富多彩。自我意识使人们意识到"自我"的独一无二、与众不同，才会逐渐产生"孤独"之感；他们体验到自尊的需要，才会产生与自尊感相联系的"羞耻感""腼腆感"。由于他们发现了一个自己的内部世界，他们才时常感到"内在"自我和"外在"行为的种种不符或冲突，从而产生"苦闷""彷徨"等新的情感。

（三）促进意志发展，影响自我预期

意志以人确定的行为目的为开端。个体意志力的表现同动机的性质和力量密切相关。社会意义丰富的动机通常比社会意义贫乏的动机更能支持人的意志行为。但社会意义的丰富与否，是要通过行为者的个体意识从主观上加以认定的。自我意识不仅影响人们现实的行为方式，而且还影响人们对未来事情发生的期待。人们对自己的期望是在自我意识的基础上发展起来的，并且与自我意识相一致，其后续行为也取决于自我意识的性质。研究表明，学习困难生的学习成绩落后并不是孤立存在的现象，深层的原因是其整个行为动力系统都出现了角色偏离，落后的学习成绩正是学习困难生自己"期待"的结果。

（四）调节外界环境，促进人格发展

在社会生活中，人不是消极被动地接受外界的影响，而是积极主动地应对社会现实中的一切影响，并自主地调节、驾驭外界的条件为我所用。自我意识使人们对客观环境具有一定的选择性，人们总是选择感兴趣的、符合自己需要的事去做。自我意识对人格发展起到反馈和调节作用。现实中，人们总是不断反思自己，不断领悟，朝着对自己有益的方向来发展人格。

【心理链接】

乔哈里窗口理论

美国心理学家约翰和哈里提出了关于人的自我认识的窗口理论，被称为乔哈里窗口理论。他们认为人对自己的认识是一个不断探索的过程。因为每个人的自我都有四部分：公开的自我、盲目的自我、秘密的自我和未知的自我（见表3-1）。公开的自我，也就是透明真实的自我，这部分自己很了解，别人也了解；盲目的自我，别人看得很清楚，自己却不了解；

秘密的自我,是自己了解但别人不了解的部分;未知的自我,是别人和自己都不了解的潜在部分,通过一些契机可以激发出来。

　　一个人公开的自我的部分愈大,其自我认识就愈正确,自我评价愈全面,心理就愈健康,愈有利于自身发展。大学生应如实地展示自我,并主动地征求他人的意见,留心观察和分析他人对自己的态度,力求缩小盲目的自我的部分,力争全面认识自我;同时按照自己的本来面目展示自己,决不有意掩饰自我,以缩小秘密的自我的部分。企图以假象求得别人的好感,那将造成沉重的心理负担,不利于自我成长。

表 3－1　乔哈里关于自我的划分

	自知	自不知
他知	公开的我	盲目的我
他不知	秘密的我	未知的我

［摘自:王英杰.大学生心理健康教育[M].北京:北京航空航天大学出版社,2009:49.］

【心灵修炼】

　　你是不是不够自信呢? 不妨了解一下:

　　第一步:在一张纸上列出你的缺点,并且为每点给出三条理由;

　　第二步:在另一张纸上列出你的优点,同样为每点给出三条理由;

　　第三步:检查你所列出来的优点和缺点,合并那些说的是同一个特点的条目。

　　做完之后,对照一下。你还有那么多缺点吗?

【影视欣赏】

《心灵捕手》

　　《心灵捕手》是一部励志剧情电影(图 3－1)。影片由格斯·范·桑特执导,罗宾·威廉姆斯、马特·达蒙等主演。影片讲述了一个名叫威尔的麻省理工学院的清洁工的故事。威尔在数学方面有着过人的天赋,却是个叛逆的问题少年,在教授蓝勃、心理学家桑恩和朋友查克的帮助下,威尔最终把心灵打开,消除了人际隔阂,并找回了自我和爱情。

　　https://baike. baidu. com/item/%E5%BF%83%E7%81%B5%E6%8D%95%E6%89%8B/13086? fr=aladdin.

　　https://v. qq. com/x/cover/mhl665xf8ina3t2/k0024erhg9j. html.

图 3－1　电影《心灵捕手》海报

知识点2   了解自我意识的产生和发展

【困惑与问题3-2】

"矛盾"的小玲

　　小玲是一名高职院校机电学院的学生,但是这可不是她想报考的学校和专业,原本可以上本科的她因为志愿填报失误而阴差阳错地来到了这所高职院校。因此,当别人问她在哪所大学就读的时候,她会觉得羞于启齿而含糊其辞,在中学同学面前也很少谈起她的大学生活,大学寒暑假期间的几次高中同学聚会,她总是托辞兼职很忙而没有去参加。然而在她的高职生涯中,由于努力,她不仅是一名学生干部,还每年都能获得学校的奖学金。在老师和同学的眼里,小玲就是一名成绩优异、性格开朗、工作能力强的优秀学生,而她却不这么认为,她觉得这只是自己一种无奈的选择。别人越赞扬她,她的内心越不安。她觉得这个优秀的她不是真实的自己,她觉得自己从来没有真正融入这个班级,也从来没有真正认同过现在所读的这所学校,自卑的"我"才是真正的"我",而那个外在的"我"不过是个假象而已,从来也不曾存在过。

　　问题:

　　小玲的自我意识正确吗?

【心理运动场】

探寻自我意识成长

　　[活动任务]　了解自我意识的发展。

　　[活动目标]　了解人类自我意识的发展阶段及特点,掌握青年大学生自我意识的特点。

　　[活动要求]　以小组为单位,观察、记录并总结幼儿、童年、少年各个不同发展阶段自我意识的典型现象,总结归纳青年人自我意识形成的最显著特点,并制作成PPT。各小组选派一名代表做介绍,并结合自身谈一谈在少年和青年阶段,自我意识觉醒对个人成长的影响。

　　[活动考核]　每个学习小组选派一名代表与任课教师组成评委,对各学习小组的汇报进行评价。

　　[关键词]　自我意识　自我意识的产生和发展

【心海导航】

一、自我意识的产生

　　一个人自我意识的形成经历了一个发生—发展—成熟的不断分化和统一的过程,每一次分化和统一都使自我意识不断走向成熟。一般来讲,婴儿期是自我意识的发生阶段,童年期至少年期是自我意识进一步发展的阶段,青年期则是自我意识迅速发展并趋向成熟的阶段。

（一）新生儿

在降生之初，新生儿是没有自我意识的，甚至不能意识到自己同外界事物的区别，不能区分自己和非自己的东西，生活在主客体未分化的状态。婴儿经常吸吮自己的手指头，这是因为他把自己的指头当作母亲的乳头。从个体的发展来看，新生儿对自己的身体和外界分不清，新生儿吮吸自己的手就像吮吸奶嘴一样，只有简单的感觉，没有意识。

（二）婴儿期

七八个月的婴儿开始出现自我意识的萌芽，婴儿开始发现自身与外界不是一回事，即能意识到自己的身体，听到自己的名字会明确做出反应。两岁左右的儿童，开始掌握第一人称代词"我"的使用，这在自我意识的形成过程中是一个飞跃。

一周岁左右，儿童开始把自己的动作与动作的对象区分开来，当他手中抓着玩具的时候，他不再把玩具当作自己的手的一部分。这时，儿童初步意识到自己是动作的主体，但这种意识只是同个别活动相联系的，还没有把自我作为一个整体与外界事物区分开来。

一周岁后，儿童逐渐认识了自己的身体以及身体的各个部位，也意识到了自己身体的感觉。不过，他是把自己作为客体来认识的，他学会使用自己的名字，并且像称呼其他东西一样地称呼自己。这时，在儿童的头脑中，只有"这是豆豆的嘴巴""华华饿了"，而不会出现"这是我的嘴""我饿了"这样的概念。大约在两周岁以后，儿童逐渐学会使用代词"我"。通常是先掌握物主代词"我的"，然后才学会用第一人称代词"我"来代表自己，用别的词表示其他事物，从而为个体的自我意识的产生创造了条件。

（三）儿童期

儿童的自我意识虽已建立，但比较简单，属于初级阶段，他们越来越明显地把自己看成主体，要求自主地通过其行为作用于外界，与外界互相作用，并使自我意识不断得以发展。但这一时期的行为是一种以自我为中心的行为，他们以自己的身体为中心，从自己的想法和情感出发去认识外部世界，并把自己的情感投射到外部世界。

三周岁左右的儿童，自我意识有了新的发展。当做错事时，儿童会感到羞愧；当碰到矛盾时，会产生疑虑。看到自己喜欢的东西（如玩具），就想独自占有。如果母亲对别的孩子表现出关心与喜爱，儿童会产生强烈的嫉妒感。他们要求自立，经常说"我要……"这句话。这一时期自我意识已经有了一定的发展，但其行为是以自我为中心的，因而这一时期被称为"自我中心期"，它是自我意识早期的形态。

（四）少年期

少年期自我意识的"眼光"朝向外界以及外界事物与自己的关系。这段时期，是个体接受社会教化影响最深的时期，也是角色学习的重要时期。个体接受正规教育，通过在游戏、学习、劳动等活动中不断地练习、模仿和认同，逐渐习得社会规范，形成各种角色观念，如性别角色、家庭角色、同伴角色、学校中的角色等，并能有意识地调节控制自己的行动，道德心理开始发展。虽然青春期的青少年开始积极关注自己的内部世界，但他们主要是根据别人的观点去评价事物、认识他人，对自己的认识也趋从于权威或同伴的评价。这一时期是个体自我意识的客观化时期。

（五）青年期

青年大学生处于自我意识的飞跃阶段，开始以自己本身作为自己认识的对象，即"眼光"

朝内,越来越细致地观察自身的内在世界,比如"我是谁?",给自身提出了问题,开始通过内省、反思、与他人比较等来真正认识自己。

这个时期是自我意识发展的关键期。其间自我意识经过分化、矛盾、统一趋于成熟。此时个体开始清晰地意识到自己的内心世界,关注自己的内在体验,喜欢用自己的眼光和观点去认识和评价外部世界,开始有明确的价值探索和追求,强烈要求独立,产生了自我塑造、自我教育的紧迫感和实现自我目标的驱动力。这一时期是自我意识的主观化时期。青年的世界观、人生观、价值观的形成是自我心理成熟的标志。

青年期被称为"第二次诞生"的时期,是自我意识迅速发展和确立的阶段。从青春期以后到成年的大约 10 年时间里,个体的自我意识开始迅速发展,并逐渐趋向成熟。

二、高职学生自我意识的发展

高职学生在大学期间自我意识的发展延续着青少年时期自我意识的发展过程。在我国,由于中学阶段学生的主要任务是学习、应对考试,对个人发展的评价通常只重视课程学习,自我探索的任务往往延后到大学阶段,这也是很多大学生在进入大学后开始迷茫、困惑的原因。进入大学之后,评价标准不再是单一的课程成绩,而是包含课程成绩以外的许多方面,大学生们不得不开始全方位地思考和评价自己。

(一)自我意识开始分化且迅速发展,自我矛盾开始出现

进入大学以后,随着身体的成熟、人际关系的扩大和认识能力的发展,随着学习、生活方式的改变和心理意识的发展,高职学生的自我意识产生了明显变化,出现了理想自我和现实自我的分化,并且迅速发展,导致矛盾冲突日益明显。高职学生对自己的生活充满信心,对未来抱有希望,而现实往往不是他们所想象的,于是就出现了所谓"理想自我"和"现实自我"的矛盾,这种矛盾分化,使得高职学生越来越多地注意到"我"的许多细节,发生自我意识的改变,经过自我体验,表现出各种激动、焦虑、喜悦或不安的情绪。当理想自我占优势时,往往会认为自己事事不如人,从而产生较强的自卑感,甚至放弃努力,形成自我怜悯或伤感的心理状态。相反,当现实自我占优势时,往往表现出较强的虚荣心和自我陶醉感,特别在乎他人对自己的评价,担心暴露自己的缺点。另外,高职学生的自我意识中投射自我的成分明显增强,人际关系也因此变得更为复杂,同学之间的矛盾也日益增多,常常会产生自己不被别人所理解的想法,常常要求别人理解自己,呼吁理解万岁。

(二)自我意识矛盾日益突出,但调控能力相对较弱

由于自我意识的分化,"主体我"和"客体我","理想我"和"现实我"之间的种种矛盾开始出现,随着自我意识的进一步发展,这种矛盾也越来越突出。在这种矛盾心理的作用下,高职学生对自己的评价也常常是矛盾的,对自己的态度也是波动的,对自己的调控常常是不自觉、不果断的。面对自我意识中的种种矛盾,高职学生开始通过各种活动来重新认识自己,自觉或不自觉地在调节矛盾中完善自我。他们常常会问自己,"我聪明吗?""我长得漂亮吗?""我的性格如何?""我是受欢迎的人吗?""我有什么能力和特长?""我应该成为什么样的人?""我应该怎样度过一生?"等。经过一段时间的矛盾冲突和自我调节后,高职学生的自我意识会在新的水平和方向上趋于一致,达到暂时的自我统一。新的自我意识矛盾又会产生,需要高职学生不断地自我调控和自我探究。

(三) 自我意识的矛盾转化不断进行,且渐趋稳定

自我意识在"矛盾—统一——新矛盾—新统一"的发展转化过程中,不断发生重大变化。高职学生由刚进校时的"依赖性"和"盲目性",渐渐转变为"想入非非",到毕业前渐趋沉稳。正是这种矛盾转化,使得高职学生的自我意识发生了明显的飞跃,个体之间出现了差异,自我意识也逐渐趋向成熟。

回答 3-2:

"矛盾"的小玲

小玲的自我意识是不准确的,主要在于她的"现实自我""投射自我"和"理想自我"发生了冲突。如果这种矛盾与冲突不能及时加以调适,则会导致自我的分裂,从而带来一系列的心理问题。

【心理链接】

埃里克森人生发展八阶段理论

埃里克森认为,人的自我意识发展持续一生,他把自我意识的形成和发展过程划分为八个阶段,这八个阶段的顺序是由遗传决定的,但是每一阶段能否顺利度过却是由环境决定的,所以这个理论可称为"心理社会"阶段理论。每一个阶段都是不可忽视的。

他的人格终生发展论,为不同年龄段的教育提供了理论依据和教育内容,任何年龄段的教育失误,都会给一个人的终生发展造成障碍。它也告诉每个人你为什么会成为现在这个样子,你的心理品质哪些是积极的,哪些是消极的,多在哪个年龄段形成,给你以反思的依据,如表 3-2 所示:

表 3-2 人的心理发展分为八个阶段

阶段	年龄	发展的危机	发展顺利者的人格特征	发展障碍者的人格特征
婴儿期	0～1.5 岁	信任感与怀疑感	与看护者之间的依恋与信任关系建立,有安全感	面对新环境会焦虑不安
幼儿前期	1.5～3 岁	自主感与羞怯感	能按社会要求表现自主控制行为	缺乏信心,行动畏首畏尾
幼儿后期	3～6 岁	主动感与内疚感	尝试完成新事情,行动有方向,开始有责任感	行为畏惧退缩,缺少自我价值感
学龄期	6～12 岁	勤奋感与自卑感	具有求学、做事、待人的基本能力	缺乏生活基本能力,充满自卑感
青春期	12～18 岁	自我同一与自我混乱	有了明确的自我意识与自我追寻的方向	生活无目的、无方向,时常感到彷徨迷失
青春后期	18～25 岁	亲密感与孤独感	与人相处有亲密感,能建立亲密的关系,为事业定向	与社会疏离,时感寂寞孤独
成年期	25～65 岁	关心下代与自我关注	热爱家庭关怀社会,有责任心,有义务感	不关心别人与社会,缺少生活意义
老年期	65 岁以上	完美感与失落感	愉快接受自己,可以面对、接受死亡,安享余年	悔恨旧事,消极失望

摘自豆丁网 http://www.docin.com/p-1835315259.html.

https://baike.baidu.com/item/%E5%9F%83%E9%87%8C%E5%85%8B%E6%A3%AE%E4%
BA%BA%E7%94%9F%E5%8F%91%E5%B1%95%E5%85%AB%E9%98%B6%E6%AE%B5%E7%
90%86%E8%AE%BA/1579352? fr＝aladdin.

【心灵修炼】

1. 你对自己了解吗？你能否全面描述一下自己？
2. 根据自己的特点和所处的环境,思考一下自己如何完善自我意识。

【影视欣赏】

《神秘巨星》

《神秘巨星》是由阿德瓦·香登自编自导,阿米尔·汗、塞伊拉·沃西、梅·维贾、拉杰·阿晶领衔主演的励志喜剧电影(图3-2)。该片讲述了印度少女尹希娅突破歧视与阻挠,坚持追寻音乐梦想的故事。

图3-2　电影《神秘巨星》海报

https://baike.baidu.com/item/%E7%A5%9E%E7%A7%98%E5%B7%A8%E6%98%9F/
22081922? fr＝aladdin.

https://www.iqiyi.com/v_19rre31w14.html? vfm＝2008_aldbd&fv＝p_02_01.

知识点3　完善自我意识

【困惑与问题3-3】

小江的选择

小江,因用卑鄙的手段盗取同学银行卡上的钱而进了监狱。可小江声称自己并不难过,因为她是有意这样做的,目的是让自己对未来彻底绝望。她之前一直都认为自己是一个非常不错的人,无论是外表还是能力,她都认为自己是周围人中的佼佼者,心存宏伟的抱负。

可是进入大学后,她的梦想一次次被击碎:学生干部落选了,各类比赛失利了,连人际关系也很紧张。她相信身边那些"远不如她"的人都是用了卑劣的手段才取得了暂时的成功,于是她开始自我放弃,经常旷课。最后她成了全系学习成绩最差的学生,无法正常毕业。盗窃是因为痛恨那个她认为各方面都不如她却比她"混"得好的同学,于是,她以自我毁灭的方式结束了痛苦的挣扎。

问题:

谈谈你对这一事件的看法。

【心理运动场】

"我是谁"(又称 WAI 技法)

[活动任务] 进一步探讨较为完善的自我意识。

[活动目标] 完善自我意识。

[活动要求] WAI 技法(WAI technique)是指"我是谁?"(英文"who am I",简称 WAI)这样的问题自问自答,因其形式上是自由书写 20 种回答,故也被称为 20 句测验(Twenty Statements Test)。要求被试者针对"我是谁?"这样的问题,用 20 种相异的回答,说明头脑中浮现的关于自己的想法。以小组为单位活动:

第一步:给每位成员发几张白纸,请每组成员写出三个"我"——理想中的我,现实中的我,别人眼中的我。然后请愿意分享自我的同学读出自己的三个"我",同组的人给予回应,帮助该名同学共同探索和纠正对自我的认识,促进个人的成长。

第二步:将表 3-3 分别交给五个熟悉你的人看,请他们根据对你的了解进行选择。

表 3-3 自我认识

朴实的	单纯的	成熟的	有才华的
内向的	爱发脾气的	助人的	温和的
固执的	律己的	随便的	有信用的
冒险的	乐观的	勇敢的	独立的
刻苦的	慷慨的	热情的	腼腆的
顺从的	不服输的	有同情心的	外向的
自私的	快乐的	有进取心的	幽默的
认真的	爱表现的	懒惰的	有毅力的
果断的	谨慎的	可靠的	合群的

第三步:每个人尽可能地全面总结并定义"我是谁?",并在小组内分享。最后,由各组组长在全班同学面前用一句话,简要介绍本组各位组员的特点。

[活动考核] 每个学习小组选派一名代表与任课教师组成评委,对各组长对本组组员的简短介绍进行评价。

[关键词] 自我意识 自我意识的完善

【心海导航】

一、自我意识的不良表现

（一）主观自我与客观自我之间的矛盾

主观自我与客观自我的统一是个人对客体的认识与个人愿望的统一，是个人与社会的统一，是"自我同一性"的形成，更是良好的自我意识的标志。但是，由于自我的结构是多种多样的，每个人所处的社会环境存在着很大的差异，主观自我与客观自我并不总是存在着统一。

大学生的主观自我与客观自我的矛盾相对突出。作为同龄人中能够接受高等教育的人，大学生对自我有较高的积极评价，但由于他们远离社会，缺乏社会经验，在校园浓郁的学术与文化氛围中生存成长，对社会缺乏切肤的实际体验与客观认识。另外，社会上对当今大学生予以"重理论轻实践、重专业轻基础、重科学轻人文"的评价，并随着高等教育大众化进程的推进，适龄青年接受高等教育机会的增加，社会对大学生的评价更趋客观。大学生回归本位，身上光环的消失使他们产生失落感。

（二）理想自我与现实自我的冲突

在现实生活中，理想自我与现实自我总是存在一定差距的，合理的差距能够使人不断进步、奋发有为。但是，如果差距过大，则有可能引起自我的分裂，导致一系列心理问题。青年时期的大学生成就动机强烈，他们为自己设定了一个美丽的"理想自我"，也对大学生活进行了理想化的设定。但当他们进入大学，现实与心中的理想形成了巨大的反差，一时间找不到自己生活的方位。对理想自我的渴望与对现实自我的不满构成了这一时期大学生自我意识发展的重要特点。

许多大学生都有较强的上进心，他们希望通过努力来实现自身的价值。但在追求上进时，困难、挫折在所难免，不少大学生常常出现情绪波动。在困难面前望而生畏，消极退缩，虽然退缩但又不甘放弃，心中依然想追求理想和奋发向上，内心极为矛盾。自我意识的矛盾冲突一方面会使学生感到焦虑苦恼、痛苦不安，可能影响到他们的心理发展和心理健康；另一方面也会促使他们设法解决矛盾，来实现"理想自我"与"现实自我"的统一。但是由于个人的社会背景、生活经验、智力水平、追求目标等方面的差异，自我意识的统一也会出现个别差异。

这是大学生自我意识发展中最突出、最集中的矛盾。大学生对未来充满信心，最富有理想。他们积极地进行自我设计，以适应已经发生的或即将发生的一切。美好的愿望成了激励大学生前进的巨大动力，造就了大学生热情、乐观、向往真理的素质。然而，大学生一般都是从家门到校门，很少接触社会实际。因此，大学生在思考人生和社会问题时容易浪漫化、抽象化和理想化。一旦现实与其理想不符便产生对现实的不满，或者偏颇过激，或者悲观厌世。这种不满、矛盾，是青年心理特征的反映。不满、矛盾虽然会给大学生带来苦恼，但正是这种苦恼激发了大学生奋发进取的积极性。但如果理想与现实迟迟不能趋近，则会导致一些心理问题。

（三）独立与依附的冲突

美国心理学家埃里克森从人格发展上概括出大学生所处阶段的主要矛盾是亲密与孤独

的矛盾。一方面,大学生生理与心理的成熟使他们渴望独立,以独立的个体面对生活、学习与工作中遇到的问题,但由于长期的校园生活使他们应有的社会阅历与经验相对匮乏,当遇到突发事件时,却又盼望亲人、老师、同学能够替自己分忧;另一方面,大学生心理上的独立与经济上的不独立也形成了明显的反差。他们在迫切希望摆脱约束、追求自立的同时,却又不可能真正摆脱家长、老师的支持和帮助。特别是对于某些独生子女来说,由于长期受到父母的溺爱,这种独立与依赖的矛盾就表现得非常突出。

过分的依附使大学生缺乏对客观事情的判断能力与决断能力,显得优柔寡断,缺乏主见;而过分的独立又使部分学生陷入"不需要社会支持"及"凡事都要靠自己"的认识误区,采取我行我素、孤傲自立的行为方式,但在遭遇挫折时又会出现不知如何寻求帮助的情况。

大学生的独立意识迅速发展,他们希望能在思想、生活、学习、经济等各个方面独立,摆脱家庭与学校、父母与老师的管教和束缚,自主地处理自己遇到的一些问题。但是,由于大学生在校阶段经济上几乎完全依赖于父母,尽管渴望独立,而事实上却不能完全独立,另外,由于缺乏社会经验,能力不足,当面临不熟悉的情景和问题时,常会感到无从把握,对自己缺乏信心,希望得到具体的指导,加上过去长期养成的依赖习惯,从而出现大学生独立意识与依附心理的矛盾。

(四) 交往需要与自我闭锁的矛盾

大学生迫切需要友谊,渴望理解,寻求归属和爱。他们有强烈的交往需要,希望能同知心朋友倾吐对人生、生活和学习的看法,盼望能有人分担痛苦、分享快乐。但是,大学生由于自我认识的加深,少儿时期天真直率的性情逐渐被成熟、稳重、多虑的性情所替代,因而在与他人接触时不愿敞开心扉,把自己封闭起来,有不少人也因此常产生一种莫名的孤独感。然而,比起闭锁性而言,青年期更本质的特征是开放性。闭锁性是青年人渴求交往但又不能得到满足而产生的一种心理状态。

(五) 自负与自卑的冲突

自信是一种健康的心理,是健全自我意识与成熟人格的标志。但是,大学生由于自我意识尚在发展过程中,心理尚未完全成熟,不可能对自己有正确的认知,因而对自己的认知往往会出现自信上的偏差:自卑或自负。自负是一种过度的自信,拥有这种心理的人,缺乏自知之明,往往以为自己对而别人错,把自己的意志强加在别人身上,不能与人和睦相处。自卑是一种自我否定,表现为对自己缺乏信心,对自己不满和否定,拥有这种心理的人总以为自己存在着缺陷、不足与失误,因而遇事总会胆怯、心虚、逃避、退缩,缺乏主见。自负与自卑总是密切相关的,自负表现强烈的人往往也是极度自卑的人。与其他群体相比,大学生体现出较高的自尊与自信,他们渴望成功,不甘落后,对成功的渴望与预期高,特别是当小小的成就来到身边时,很容易表现出骄傲自大、唯我独尊、以自我为中心,相当自负,好像世界尽在手中。当遭遇失败与挫折时,有时甚至是小小的失利如考试、恋爱失败等,他们便开始怀疑自己的能力,进而产生自我否定、自我怀疑甚至自暴自弃,陷入强烈的自卑之中。这些都与大学生自我认知不良、自我定位不准确有关。

"当意识中的自我概念与实际上的经验产生分歧时,个体就会经历不协调状态。这是一种紧张和内在混乱的状态,人在这种状态下,自己可能并未意识到,但是易于显露出焦虑不安。因此,心理治疗的宗旨就是把不协调的自我转变为协调的自我。这是成为一个机能健全的人的关键。"①一般来说,自我意识能积极统一的,则往往心情舒畅,生活如意,容易成功;自我意识消极统一的,即不惜牺牲理想自我而趋同现实自我以达到统一的,则往往胸无大志,悲观失望,难有作为;自我意识无法统一的,则往往内心苦闷,心事重重,无所适从。因此,正确认识自己、评价自己是建立良好自我意识的基础,对于积极促进平衡、协调而统一的自我意识的建立具有建设性的作用。

回答 3 - 3:

小江的选择

小江这个看起来荒谬可笑的犯罪动机,发人深省,由于盲目的自我悦纳,造成自负的心理状态,无法找准自己的努力方向,更无法切合实际地制订自己的人生目标,对实现目标过程中的困难与挫折估计不足,缺乏充分的心理准备。正如中国心理卫生协会王建中教授指出的,现今高职高专学生普遍存在的心理问题有:自我定位不准,挫折承受力较差,一旦遇到较大的压力,容易产生过激行为。

二、健全自我意识的标准

自我意识对人的心理健康起着很重要的作用,它制约着人格的形成和发展,在人格的优化中发挥着强大的动力功能。健全的自我意识是心理健康的重要标准,是人类自身内在的一种成功机制,在人才发展中发挥着重要作用。健全的自我意识有如下标准:

1. 自我意识健全的人,应该是一个有自知之明的人。既知道自己的优势,也知道自己的劣势,能正确评价自我和发展自我。"人贵有自知之明",全面而正确的自我认知是健全自我意识的基础。

2. 自我意识健全的人,应该是自我认识、自我体验和自我控制协调一致的人。自我意识的形成经历着发生、发展、成熟的不断分化和统一的过程,在这过程中自我认识、自我体验和自我控制也逐步协调一致。

3. 自我意识健全的人,应该是积极自我肯定的、独立的并与外界保持一致的人。积极地肯定自己、悦纳自己是发展健全自我的核心和关键。

4. 自我意识健全的人,应该是理想自我与现实自我统一的人。有积极的目标意识和内省意识,积极进取、永无止境。

三、自我意识完善的途径

(一) 正确的自我认知

"人贵有自知之明",全面而正确的自我认知是培养健全的自我意识的基础。自我认知是从多方位建立的,既有对自己的认识与评价,也有来自他人的评价。我们不妨认真仔细地想一想,用尽量多的形容词描述自己,要忠实于自己的内心。在此基础上,进行第二步——

---

① 黄训美.大学生心理保健[M].北京:人民出版社,2001:95 - 96.

描述他人眼中的我：父母眼中的我、同学眼中的我、老师眼中的我、恋人眼中的我、兄弟姐妹眼中的我，你再寻找这些描述中共同的品质，将其归类。你描述的维度越多，你越会找到比较正确的自我。

例如，这是一位大二学生的自我描述：

我是一个内向、坚强、上进、自信、有理想、懂事、好学、乐于助人、嫉恶如仇、争强好胜、渴望成功与优秀、有一点自私、妒忌心强、自制力弱、说些小谎的大学男生。

在父母眼中：我是一个懂事、有些害羞、不用父母操心、上进的、不乱花钱、有些懒惰的大男孩。

在兄弟姐妹眼中（只有一个妹妹）：我是妹妹心中可以依靠与信赖的大哥，是一个诚实守信、爱护妹妹的好哥哥。

在同学眼中：我是一个大方、乐于助人、受人尊敬、好人缘、有些懒散、追求自由的人。

在老师眼中：我是一个默默无闻、成绩优秀、自律、品学兼优的学生。

在恋人眼中：我是一个懂得爱、有责任感、守时守信、有幽默感、坚强的好男人。

这是一个学生的自我描述，也是自我认知的一部分，当自己将这些描述清晰地整理出来时，你可以与你的同学、家人、朋友、恋人沟通，听取他们对你自己评价的认同度，这也是自我过滤的过程。先将自己的优点列出，并得到大家的认同，再写出自己的弱点，请大家帮助分析，这些澄清的过程也是自我认识不断深化的过程。

（二）客观的自我评价

一个人必须在正确的自我认知基础上，正确地自我悦纳、积极地自我体验、有效地自我控制。

自我悦纳是自我意识健康发展的关键所在。自我悦纳首先要接纳自己、喜欢自己、欣赏自己、体会自我的独特性，在此基础上体验价值感、幸福感、愉快感与满足感；其次是理智与客观地对待自己的长处与不足，冷静地看待得与失。在生活中注重自我，自我意识是将注意力集中在自我的一种状态。积极的策略是：关注你自己的成功，并将优势积累起来，每个人身上都有着无数的闪光点，重点在于寻找你自己的闪光点，并将其构成亮丽的人生风景线。

（三）积极的自我提升

自我提升是个体在认识自我、悦纳自我的基础上，自觉规划行为目标，主动调节自身行为，积极改造自己的个性，使个性全面发展以适应社会要求的过程。自我提升是个体自我教育最重要的方式，它实际上是一个合理确立理想自我、努力提高现实自我的过程，也就是一个主动改变现实自我以达到理想自我的过程。

1. 树立正确的理想自我。理想自我是在自我认识、自我认可的基础上，根据个人情况和外界环境、社会需要确立的。大学生要积极探索，树立正确的人生观、价值观和世界观，从个人与社会的联系中认识个体的价值和意义。

2. 努力改进现实自我。提升自我不能纸上谈兵，应该在现实中不断寻找机会锻炼提高。实现自我是一个长期的过程，必须坚持不懈，持之以恒，才能使现实自我不断地向理想自我靠拢，并最终实现自己的人生目标。这一过程，就是大学生努力完善自我的过程。

3. 积极获得自我统一。自我统一意味着"主体自我"和"客体自我"的统一，自我认识、自我体验和自我调控的统一。在获得自我统一的过程中，大学生要分析和确认"理想自我"，然后与"现实自我"相对照,最后有针对性、有计划地解决两者之间的矛盾,缩小差距,最终获得统一。

(四)关注自我成长

加强自我修养,不断进行自我塑造,达到完善自我、超越自我的境界是健全自我意识的终极目标。大学生都有很大的抱负和远大的理想,但凡事必须从小事做起,从行动开始。所以自我修养、自我塑造首先应该根据社会的需要和个人的特点,在自我协调的基础上行与知并重。心理学家马斯洛指出:"音乐家必须去创作音乐,画家必须作画,诗人必须写诗。如果他最终想达到自我和谐的状态,他就必须要成为他能够成为的那个人,必须真实地面对自己。"因此,他在设计人的需要层次时,认为"自我实现"是人的最高需要。

人的一生是一个不可逆转的过程,要提高人的社会价值,使人生更有意义,就必须善于认识自己、设计自己、安排自己、控制自己,使个人的发展与社会的进步相协调。大学阶段是自我意识发展的重要阶段,自我的发展需要不断的自我反思、自我监控。要了解昨天的"我",认识今天的"我",追求明天的"我"。

【心理链接】

趣味心理测试
——你的自控力如何?

在线心理测试 ☑

[测试要求] 根据自己的实际情况作答。符合自己情况的画"√",不符合的画"×"。

1. 经常不能完成自己制订的学习目标。 ( )

2. 每个月的生活费你总是毫无计划地在几天内就花完了。 ( )

3. 从来没有制订过长过一年的努力计划,或者制订了但从未坚持到底过。 ( )

4. 对你所交的大多数朋友,你的父母表示颇不以为然。 ( )

5. 常常去幻想那些不切实际的东西,并深深地沉溺其中。 ( )

6. 你是个很好说话的人,劝服你不是件很难的事。 ( )

7. 常常因为上网、打游戏之类的事而影响正常的学习。 ( )

8. 朋友经常用"冲动""情绪化"这些字眼来描述你。 ( )

9. 你时常处于接二连三的麻烦中。 ( )

10. 你的保证和诺言已经不太被人相信了。 ( )

11. 你认为未将贵重物品收藏稳妥的人,罪过与偷盗那些东西的窃贼几乎相同。 ( )

12. 经常做出令自己后悔的事。 ( )

13. 清晨起来发现自己有点感冒,再看天气阴沉沉的,寒风吹个不停,这时你会干脆待在寝室里暖暖和和地享受一天,不去上课了。 ( )

14. 你常常和同学打牌至深夜,以至于第二天上课时哈欠连天,头昏昏欲睡,你因此暗下决心,再也不打牌了,但不久受到邀请,你又欣然参加。 ( )

15. "这是最后一次了""从明天开始再也不会这样了"是你的口头禅。 ( )

[计分规则]
每题画"√"计1分,画"×"计0分。各题得分相加,你的总分是_____。

［结果解释］

0～4分：你具有相当强的自制力，能够有效地控制和调节自己的行为。你的理智常常占上风，对"我想做"与"我应该做"的关系把握得很清醒。

5～15分：你一再地做了诱惑的俘虏，你的设想和计划常常半路夭折，以至于你对自己不抱什么幻想。你自我解嘲，内心深处则鄙视自己。你的生活淹没在悔恨之中，对前途你看不到一点希望。

［资料来源：崔玉环，秦爱君.成长成才心理素质教育指导［M］.北京：教育科学出版社，2012：7，59.］

【心灵修炼】

1. 现在你对自己的认识上有什么误区？
2. 根据自己的基础和所处环境，思考一下如何完善自我意识。

【影视欣赏】

《叫我第一名》

《叫我第一名》是由彼得·沃纳执导，Thomas Rickman 等编剧，吉米·沃尔克、特里特·威廉斯、多米尼克·斯科特·凯伊、莎拉·德鲁等主演的励志传记轻喜剧(图 3-3)。影片讲述了患有妥瑞氏症的布莱德克服病症并且努力实现成为老师的梦想的故事。

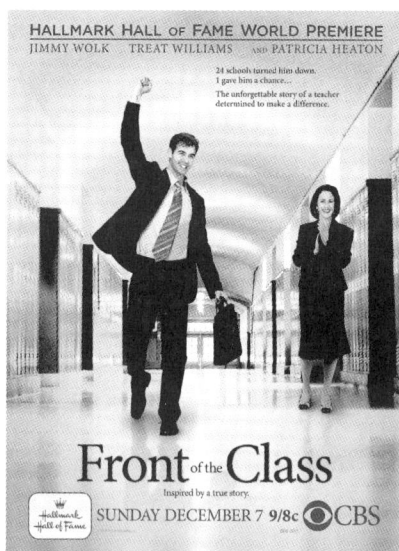

图 3-3　电影《叫我第一名》海报

https://baike.baidu.com/item/%E5%8F%AB%E6%88%91%E7%AC%AC%E4%B8%80%E5%90%8D/1940179.

http://www.jlmjjs.com/mc/v795/1-1/.

专题四　竖起成熟的标尺——健全人格

📖 学习目标

- **知识目标**
  1. 了解人的气质类型
  2. 熟悉自己的性格
  3. 明白健全人格的含义
- **技能目标**
  1. 学会塑造良好的性格
  2. 熟悉人格障碍,并能自觉塑造健全人格

马斯洛说:"心若改变,你的态度跟着改变;态度改变,你的习惯跟着改变;习惯改变,你的性格跟着改变;性格改变,你的人生跟着改变。"这段话揭示了这样一个道理:良好的人格对人一生的成长有重要的影响。性格、气质、能力、兴趣、价值观等都是人格的重要组成部分,它们共同形成了个体独特的人格特质。认识和发现自己的人格特质、塑造自己的健康人格,人生的命运就掌握在自己手中。健康的人格是学业顺利、事业成功、家庭幸福的关键。

知识点1　认识人格

【困惑与问题4-1】

小何怎么了?

某师范院校外语系大三学生小何,因与同寝室其他五名同学关系紧张,要求休学,而家长和老师都不同意,致使他近两个月以来,夜不能寐、经常失眠、上课精力不集中,成绩下降。他认为自己的事情不能自己做主,活着还有什么意思,不如死了好。

小何因自己身材矮小,相貌平常,内心具有自卑感,但他不允许他人因身材看不起自己,为给矮个子正名,他收集过世界上很多身材矮小的伟人的事迹,来说明矮子聪明,例如,拿破仑身高只有168cm,鲁迅只有158cm。并声称高个子四肢发达,头脑简单。他自恃聪明,固执己见,很难接受别人的意见。原来他很崇拜父亲,热爱母亲,相信母亲。一次老师来家访,反映他在学校打坏玻璃,并要求赔偿。其母将此事告诉其父,他为此受到父亲惩罚,于是他对母亲产生报复心理。一次他告诉父亲,自己亲眼看见母亲与一位乡政府干部的不轨行为,

由此导致父母离婚。父母离婚给家庭带来了伤害,他由不信任母亲、父亲,到不信任老师和同学,认为世界上没有可以相信的人,只能相信自己。例如,他悔恨自己听了老师的话,进了师范院校而选择了自己不喜爱的专业。他嫉妒同寝室其他五人经常在一起说笑及相互帮助,又怀疑他们专门孤立自己。一天,天气很冷,他回寝室吃药。药已入口,却发现自己暖壶中没有水,一看其他五个壶,都装着满满的开水。于是他认为他们组成了小集团,为了报复他们,他将五个暖壶的内胆都打破了。对于写了求爱信后被拒,他扬言长得漂亮的人是绣花枕头,外表好看,实际是草包,犹如说高个子四肢发达、头脑简单一样。

[摘自:偏执型人格障碍案例分析. https://wenku. baidu. com/view/61accf77a2161479171128f2. html? from=search]

问题:

小何怎么了? 他的问题有哪些行为特征? 怎样自我调节?

【心理运动场】

人格分析

[活动任务] 理解什么是心理学中的人格。

[活动目标] 初识人格,了解人格的特征,以及人格与身心发展的关系。

[活动要求] 以小组为单位,每个同学研究一下小组内其他成员的个性特征,把你的认识记下来,对每个人可选择一种或多种(3～5种)特征,制作成PPT并代表学习小组加以介绍。每个人都写完后,教师按顺序找出其中一人,请其他人说出对他的分析。最后由他本人发表对别人评价的感受及自我的分析。

[活动考核] 每个学习小组选派一名代表与任课教师组成评委,对各学习小组的汇报进行评价。

[关键词] 人格　身心发展

【心海导航】

一、人格的基本理论

(一)人格的内涵及相关人格理论

有一句格言,"人与人之间差别不多,但差别很大。"这句话几乎总结了人格心理学家的观点。他们希望了解,什么东西使你与坐在你身旁的人不同。为什么有人交朋友不费吹灰之力,有人却形单影只? 为什么有人容易陷入抑郁之中? 我们能否预测出,什么人会升至公司高位,什么人事业难成? 为什么有人性格内向,有人活泼开朗? 回答是——你的人格。那么心理学中的人格指的是什么呢?

人格(personality)一词源于古希腊语"persona",最初指古希腊戏剧演员在舞台演出时所戴的面具,与京剧中的脸谱类似。而后指演员本人,一个具有特殊性质的人。现代心理学沿用 persona 的含义,转义为人格。其中包含了两个意思:一是指一个人遵从社会文化习俗要求而表现出的言行,即一个人的外在表现,就像舞台上根据角色的要求而戴的面具;二是指一个人由于某种原因不愿展现的人格成分,即面具后的真实自我,这是人格的内在特征。

在心理学中,人格主要指人的个性,是人们相对稳定的个性心理特征和具有独特个性心理倾向的总和,它反映了一个人总的心理面貌,是在长期的社会生活实践中形成、发展起来的。我国的《大百科全书·心理学卷》中就有人格即个性的提法。在心理学中,人格是探讨个体与个体差异的领域。个性心理特征是一个人身上经常表现出来的本质的、稳定的心理特点,包括气质、性格和能力;个性心理倾向性是指一个人所具有的意识倾向和人对客观事物的稳定态度,它包括需要、动机、理想、兴趣、信念和价值观等。其中,个性心理特征是人格的重要组成部分。

人格心理学的理论主要有精神分析论、社会认知论、人本主义论、生物学论以及人格特征论等。

1. 精神分析论

根据心理动力学,精神分析学家弗洛伊德指出人格可分成三个层次,即意识、前意识及潜意识,他还提出人格结构中的本我、自我和超我来解释以上三个层次。

2. 社会认知论

社会认知论的提出者是心理学家班都拉,他指出人的行为不但受个人控制,亦受环境和外在社会因素影响,即"相互决定论"。他提出个人自我效能的高低会影响他适应生活及克服障碍的能力,而根据社会学习理论,个人的观察学习能力亦对性格形成和发展有所影响。

3. 人本主义论

以马斯洛为首的人本主义认为个人有五种天生的需求层次,而满足这些需求的行为就是从学习得来的。人格受先天遗传、后天学习等各种因素互相影响。

4. 生物学论

生物学论认为人格的特质会通过遗传影响子女,亦关乎脑袋的生理构造,并非只受个人经验影响。心理学家艾辛克认为人格可分为三大维度,即外向与内向、神经过敏症倾向和精神症状倾向。

5. 人格特征论

人格特征可解释为特定的人格元素,用以描述一个人的感觉、思考及表现方式。人格特征可从行为中推论出来,具有相当的统合性与持久性。从古至今,心理学家对于人格分类都有着不同的见解,而近期一些心理学家就组织了一套被广泛使用的人格大五模型。此模型列出了五种普遍的人格特征,包括外向性、神经质性、和善性、严谨自律性和开放性。[①]

(二)人格的特征

人格是构成一个人的思想、情感及行为的特有的统合模式,是"稳定的""内部的""一致的""区别于他人的"心理品质。因此,人格具有以下特征:

1. 独特性。个体的人格是在遗传、环境、教育等因素的交互作用下形成的。不同的遗传、生存及教育环境,形成了各自独特的心理特点。正如高尔顿·奥尔波特说的:"人的鲜明特征是他独有的。过去不曾有,将来也不会有一个人和他一模一样。"每一个人都是与众不同的个体,这就是人格的独特性。

---

① 360 百科 https://baike.so.com/doc/6723456-6937582.html.

2. 稳定性和可塑性。人格的稳定性是指那些经常表现出来的特点,是一贯的行为方式的总和。个体在不同的生活情景中表现出大体一致的心理品质,就是人格的稳定性。而在行为中偶然发生的、一时性的心理特征和心理倾向,并不能代表个体的人格特征。俗话说,"江山易改,秉性难移",就是指人格的稳定性。人格是相对稳定的,但并不意味着它在人的一生中是一成不变的。每个人的人格都可能随着生理的成熟和现实环境的改变或多或少地发生变化,这是人格可塑性的一面,正因为人格具有可塑性,才能培养和发展人格。儿童的人格在形成过程中易受环境影响发生较大的变化,可塑性较大;成年人的人格比较稳定,可塑性较小,但也并非不能改变。因此,人格是稳定性和可塑性的统一。

3. 统合性。人格是由多种成分构成的一个有机整体,包含在人格中的各种心理特征相互交融、相互影响,形成内在统一的一致性。人格统合性是心理健康的重要指标,当个体的人格结构在各方面彼此和谐统一时,他的人格就是健康的。反之,则可能出现适应困难,甚至出现人格分裂。

4. 功能性。人格决定着一个人的生活方式,甚至决定着一个人的命运和成败。当面对失败和挫折时,性格坚强的人能发奋拼搏,积极生活;性格懦弱的人会一蹶不振,消极生活。这就是人格功能性的表现。

二、人格与大学生的身心发展

人格由气质、性格等多种因素构成,诸因素的相互作用构成了一个人的人格。人格是人的心理行为的基础,它在很大程度上决定了人如何面对外界的刺激做出反应以及反应的方向、速度、程度、效果;进一步说,人格会影响人的身心健康、活动效率、潜能开发以及社会适应状况。因此,重视人格的整合与塑造,既是身心健康的需要,又是自我发展、自我实现的需要。

(一) 人格对生理状况的影响

心身医学的研究已表明,许多生理疾病都有相应的人格特征模式,这种人格特征在疾病的发生、发展过程中起到了生成、促进、催化的作用。例如,哮喘患者多有过分依赖、幼稚、暗示性很高的人格特征;偏头痛患者多有刻板、好胜、嫉妒心强、刻意追求完善的人格特征;具有矛盾、强迫性、吝啬、听话、抑郁特征的人容易得结肠炎、胃溃疡等疾病。

大学生优化人格,整合、塑造健全人格的目的不仅仅是为了避免身心疾病,更重要的是发挥人格的最佳作用,达到自我实现。

(二) 人格对成才状况的影响

近年来,人们已逐渐形成一种共识,影响大学生成才的除了智力因素外,更主要的是非智力因素,或者说"情商"。情商包含了丰富的人格因素,如独立性、自信心、勤奋、踏实、坚韧、恒心、创造性以及乐观、合作精神等。一些天资聪慧、富有才华的人,终其一生碌碌无为、一事无成,很大程度上与人格素质的欠缺有关。

(三) 人格对适应状况的影响

一个性情开朗、乐观、热情大方、善于交际、诚恳忠实的人,往往比较容易获得群体和他人的悦纳,也比较容易获得帮助,从而创造出一种和谐的环境,有利于自己心理愉悦、施展才华。研究表明,大学新生入学后的适应不良,往往与人格素质有关;在双向选择、自主择业的高校毕业生就业市场上,那些具有乐群性、有恒性、独立性、世故性、自律性等人格特质的毕业生,获得的就业机遇相对较多。

(四) 人格对个体思想品德的影响

人格与一个人的思想品德不仅相互影响、相互制约,而且相互包容。一些良好的人格特征同样也是良好的思想品质,比如对现实的态度(对他人、集体和对工作的态度)既是大学生思想品质的重要内容,也是大学生人格素质的具体体现。塑造大学生健全人格的过程,也是培养思想品质的过程,两者相辅相成,互相促进。

回答 4－1:

小何怎么了?

小何可能患有偏执型人格障碍。

偏执型人格的人,其行为特点常常表现为:极度的感觉过敏,对侮辱和伤害耿耿于怀;思想行为固执死板,敏感多疑、心胸狭隘;爱嫉妒,对别人获得成就或荣誉感到紧张不安,妒火中烧,不是寻衅争吵,就是在背后说风凉话,或公开抱怨和指责别人;自以为是、自命不凡,对自己的能力估计过高,惯于把失败和责任归咎于他人,在工作和学习上往往言过其实;同时又很自卑,总是过多过高地要求别人,但从来不信任别人的动机和愿望,认为别人存心不良;不能正确、客观地分析形势,有问题易从个人感情出发,主观片面性大;如果建立家庭,常怀疑自己的配偶不忠,等等。持这种人格的人在家不能与家人和睦相处,在外不能与朋友、同事融洽相处,别人只好对他敬而远之。

建议运用认识领悟法和行为训练法进行自我调适。

认知疗法是根据人的认知过程影响其情绪和行为的理论假设,通过认知和行为技术来改变求助者的不良认知,从而矫正不良行为的心理治疗方法。建议小何正确认识与舍友的关系,回想自己对待舍友及其他同学的态度。认识到与人交往和建立友谊是双向的。要想得到同学的关怀和帮助,自己也必须有一定的情感投入。想休学是由于与同寝室同学的人际关系紧张而想逃避现实。

行为训练法主要是使用强化疗法(操作条件疗法):用强化手段去增强某些适应性行为。建议小何主动与同学搞好关系,多做一些有利于集体的事情,把每周做的好事记下来并了解同学们的反映如何? 谈谈自己有什么体会? 这样,当他在日常行为中体会到自己的行为所带来的效果,就会让他逐渐树立正确的交往原则,改善与同学的关系,逐步纠正自己的偏见,克服狂妄自大、多疑、嫉妒等心理障碍。

三、当代大学生人格发展的基本特点

1. 能正确认知自我。首先是能自我认可,基本上能接受一切属于自我的东西,从而形成对自己积极的看法;其次是自我客体化,对自己的所有与所缺都比较清楚和明确,理解现实自我与理想自我之间的差别。大多数人都有明确的奋斗目标和愿望,并为之努力。

2. 智能结构健全而合理。具有良好的观察力、记忆力、思维力、注意力和想象力,没有认知障碍,各种认知能力能有机结合并发挥其应有的作用。

3. 对社会环境的适应能力较强。当代大学生对外部世界有着浓厚的兴趣,有着广泛的活动范围和许多爱好,人际交往范围扩大,积极参与各种形式的社会实践。同时,能容忍别人与自己在价值观与信念上存在的差别,能根据实际情况看待事物,而不是根据自己的主观愿望来看待事物。

4. 富有事业心。能把事业看成生活的重要组成部分,在事业上有较强的进取心和责任感;具有竞争意识,具有开放性的思想观念,少有保守思想;喜欢创造,勇于创新,甘愿冒险,独立性强,富有幽默感,态度务实。

5. 情感饱满适度。情绪上稳定性与波动性、外显性与内隐性并存,情感丰富多彩,积极的情绪、情感体验在学习、生活中占主导。

这些特点表明,我国大学生人格发展状况基本良好,大学生在人格教育方面具有良好的自觉性。

【心灵修炼】

1. 心理学中的人格指的是什么?
2. 大学生人格发展存在哪些特点?

【影视欣赏】

《自闭历程》

《自闭历程》由米克·杰克逊执导,克莱尔·丹妮丝、朱莉娅·奥蒙德、凯瑟琳·哈拉等主演(图4-1)。该片根据美国畜牧学家坦普·葛兰汀的人生经历改编,讲述了她如何战胜自闭症成为学者的历程。

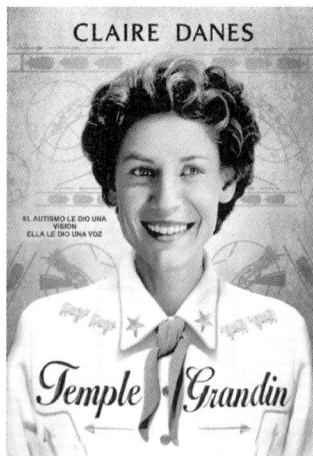

图4-1　电影《自闭历程》海报

https://baike.baidu.com/item/%E8%87%AA%E9%97%AD%E5%8E%86%E7%A8%8B/9453133? fr=aladdin.

https://v.qq.com/x/cover/pquw8wnl9kh9fg9.html.

知识点2 认识你的气质

【困惑与问题4－2】

气质与行为反应

　　苏联心理学家做过一个实验,故意让四个不同气质的人去看一场戏,以观察其反应。四人到戏院时,戏已经开演了。按照戏院规定,演出开始后,观众一般不能再入场擅自走动。检票员建议大家暂时在大厅休息等候,待第一场结束后,中间休息时再进去。胆汁质的人性急,当时就与检票员吵了起来,并不顾阻拦强行闯了进去;多血质的人机灵,趁着检票员没注意,悄悄溜到了楼上,恰巧有空位,就坐下来看戏;黏液质的人性情沉稳,做事有耐心,从不越雷池一步,此时正按照检票员的要求,耐心地在大厅等候,直到第一场结束休息时才进去;抑郁质的人感到十分沮丧,再也提不起看戏的兴致,转身回家去了。

　　[摘自:个性完善篇.http：//www.docin.com/p-321519055.html.]

问题:

①气质是与生俱来的还是后天形成的? 有好坏的分别吗?

②气质对性格有影响吗?

【心理运动场】

趣味心理测试——你的气质类型

　　[测试要求]　下面60道题,可以帮助你大致确定自己的气质类型。在回答这些问题时,要实事求是,平时怎样想的、怎样做的,要如实填写。请根据自己的情况,选出一个最符合自己的字母。各个字母代表的含义分别是:A. 很符合;B. 比较符合;C. 介于符合与不符合之间;D. 比较不符合;E. 完全不符合。

　　1. 做事力求稳妥,一般不做无把握的事。　　　　　　　　　　　　　　(　　)

　　2. 遇到可气的事就怒不可遏,想把心里话全说出来才痛快。　　　　　(　　)

　　3. 宁可一个人干事,不愿很多人在一起。　　　　　　　　　　　　　(　　)

　　4. 到一个新环境很快就能适应。　　　　　　　　　　　　　　　　　(　　)

　　5. 厌恶那些强烈的刺激,如尖叫、噪音、危险镜头等。　　　　　　　(　　)

　　6. 和人争吵时总是先发制人,喜欢挑衅。　　　　　　　　　　　　　(　　)

　　7. 喜欢安静的环境。　　　　　　　　　　　　　　　　　　　　　　(　　)

　　8. 善于和人交往。　　　　　　　　　　　　　　　　　　　　　　　(　　)

　　9. 羡慕那种善于克制自己感情的人。　　　　　　　　　　　　　　　(　　)

　10. 生活有规律,很少违反作息制度。　　　　　　　　　　　　　　　(　　)

　11. 在多数情况下情绪是乐观的。　　　　　　　　　　　　　　　　　(　　)

　12. 碰到陌生人觉得很拘束。　　　　　　　　　　　　　　　　　　　(　　)

　13. 遇到令人气愤的事,能很好地克制自我。　　　　　　　　　　　　(　　)

14. 做事总是有旺盛的精力。 （　　）

15. 遇到问题总是举棋不定,优柔寡断。 （　　）

16. 在人群中从不觉得过分拘束。 （　　）

17. 情绪高昂时,觉得干什么都有趣;情绪低落时,又觉得什么都没意思。 （　　）

18. 当注意力集中于一事物时,别的事很难使我分心。 （　　）

19. 理解问题总比别人快。 （　　）

20. 碰到危险情境,常有一种极度恐怖感。 （　　）

21. 对学习、工作、事业怀有很高的热情。 （　　）

22. 能够长时间做枯燥、单调的工作。 （　　）

23. 符合兴趣的事情,干起来劲头十足,否则就不想干。 （　　）

24. 一点小事就能引起情绪波动。 （　　）

25. 讨厌做那种需要耐心、细致的工作。 （　　）

26. 与人交往不卑不亢。 （　　）

27. 喜欢参加热烈的活动。 （　　）

28. 爱看感情细腻、描写人物内心活动的文学作品。 （　　）

29. 工作学习时间长了,常感到厌倦。 （　　）

30. 不喜欢长时间谈论一个问题,愿意实际动手干。 （　　）

31. 宁愿侃侃而谈,不愿窃窃私语。 （　　）

32. 别人总是说我闷闷不乐。 （　　）

33. 理解问题常比别人慢些。 （　　）

34. 疲倦时只要短暂的休息就能精神抖擞,重新投入工作。 （　　）

35. 心里有话宁愿自己想,不愿说出来。 （　　）

36. 认准一个目标就希望尽快实现,不达目的,誓不罢休。 （　　）

37. 学习、工作一段时间后,常比别人更疲倦。 （　　）

38. 做事有些莽撞,常常不考虑后果。 （　　）

39. 老师讲授新知识时,总希望他讲得慢些,多重复几遍。 （　　）

40. 能够很快地忘记那些不愉快的事情。 （　　）

41. 做作业或完成一件工作总比别人花的时间多。 （　　）

42. 喜欢运动量大的、剧烈的体育运动或参加各种文艺活动。 （　　）

43. 不能很快地把注意力从一件事转移到另一件事上去。 （　　）

44. 接受一个任务后,就希望能把它迅速完成。 （　　）

45. 认为墨守成规比冒风险强些。 （　　）

46. 能够同时注意几件事物。 （　　）

47. 当我烦闷的时候,别人很难使我高兴起来。 （　　）

48. 爱看情节起伏跌宕、激动人心的小说。 （　　）

49. 对工作抱认真严谨、始终一贯的态度。 （　　）

50. 和周围人的关系总相处不好。 （　　）

51. 喜欢复习学过的知识,重复做能熟练做的工作。 （　　）

52. 希望做变化大、花样多的工作。　　　　　　　　　　　　　（　　）

53. 小时候会背的诗歌,我似乎比别人记得更清楚。　　　　　　（　　）

54. 别人说我"出语伤人",可我并不觉得如此。　　　　　　　　（　　）

55. 在体育活动中,常因反应慢而落后。　　　　　　　　　　　（　　）

56. 反应敏捷、头脑机智。　　　　　　　　　　　　　　　　　（　　）

57. 喜欢有条理而不甚麻烦的工作。　　　　　　　　　　　　　（　　）

58. 兴奋的事情常使我失眠。　　　　　　　　　　　　　　　　（　　）

59. 老师讲新概念时,常常听不懂,但是弄懂了以后很难忘记。　（　　）

60. 假如工作枯燥无味,马上就会情绪低落。　　　　　　　　　（　　）

[计分规则]

回答A计2分,回答B计1分,回答C计0分,回答D计-1分,回答E计-2分。然后将每题得分填入表4-1相应的"得分"栏内,最后计算每种气质类型的得分总数。

表4-1　气质类型计分表

胆汁质	题号	2	6	9	14	17	21	27	31	36	38	42	48	50	54	58	总分
	得分																
多血质	题号	4	8	11	16	19	23	25	29	34	40	44	46	52	56	60	总分
	得分																
黏液质	题号	1	7	10	13	18	22	26	30	33	39	43	45	49	55	57	总分
	得分																
抑郁质	题号	3	5	12	15	20	24	28	32	35	37	41	47	51	53	59	总分
	得分																

[结果解释]

1. 如果某类气质得分明显高出其他三种,均高出4分以上,则可定为该类气质。如果该类气质得分超过20分,则为典型;如果该类得分在10~20分,则为一般型。

2. 两种气质类型得分接近,其差异低于3分,而且又明显高于其他两种,高出4分以上,则可定为这两种气质的混合型。

3. 三种气质得分均高于第四种,而且接近,则为三种气质的混合型,如多血—胆汁—黏液质混合型或黏液—多血—抑郁质混合型。

[说明]

多血质,相当于高级神经活动强而平衡灵活型,表现为活泼、敏感、好动、反应迅速、喜欢与人交往、注意力容易转移、兴趣容易变换。

胆汁质,相当于高级神经活动强而不平衡型,表现为直率、热情、精力旺盛、情绪易冲动、心境变换剧烈。

黏液质,相当于高级神经活动强而平衡不灵活型,表现为安静、稳重、反应缓慢、沉默寡言、情绪不易外露,注意力稳定但又难于转移,善于忍耐。

抑郁质,相当于高级神经活动弱型,表现为孤僻、行动迟缓、体验深刻、多愁善感、善于觉察别人不易觉察到的细小事物。

https://wenku.baidu.com/view/f251fc04ddccda38376bafd2.html.

https://www.wjx.cn/xz/35793714.aspx.

https://baike.baidu.com/item/％E6％B0％94％E8％B4％A8％E7％B1％BB％E5％9E％8B/5837829？fr＝aladdin.

【心海导航】

一、气质的本质与生理机制

气质是一个很古老的概念。早在古希腊医学家恩培多克勒(Empedocles,约前 483—前 423)的四根说中,就已经有了气质学说的萌芽。古希腊医生希波克拉底(Hippocrates,前 460—前 377)把四根说进一步发展为四液说。

从现代的观点来看,用四种体液来解释气质类型是没有科学依据的。但四种气质类型的用语一直沿用至今,为学者们探索气质的本质提供了一个参照系。例如,巴甫洛夫运用动物条件反射实验的方法,建立了高级神经活动学说。这一学说科学地揭示了气质的生理机制,得到了广泛的认同。巴甫洛夫根据神经过程的强度、均衡性和灵活性,把动物和人类的高级神经活动类型划分为四种:兴奋型、活泼型、安静型和抑制型,与之相对应的气质类型分别是胆汁质、多血质、黏液质和抑郁质(表 4－2)。

表 4－2　高级神经活动类型及特征

神经类型	气质类型	强度	均衡性	灵活性	行为特点
兴奋型	胆汁质	强	不均衡	灵活	攻击性强,易兴奋,不易约束,不可抑制
活泼型	多血质	强	均衡	灵活	活泼好动,反应灵活,好交际
安静型	黏液质	强	均衡	惰性	安静,坚定,迟缓,有节制,不好交际
抑制型	抑郁质	弱	不均衡	惰性	胆小畏缩,消极防御反应强

英国心理学家艾森克利用情绪稳定性和内外倾向性这两个维度作为坐标轴,构成了一个直角坐标系,涵盖了各种人格特质,如图 4－2 所示。每个维度上不同表现的结合,又构成了四种不同类型的人格,正好与希波克拉底的四种气质类型相吻合。对应情况如下:

外向——情绪不稳定(胆汁质);

外向——情绪稳定(多血质);

内向——情绪稳定(黏液质);

内向——情绪不稳定(抑郁质)。

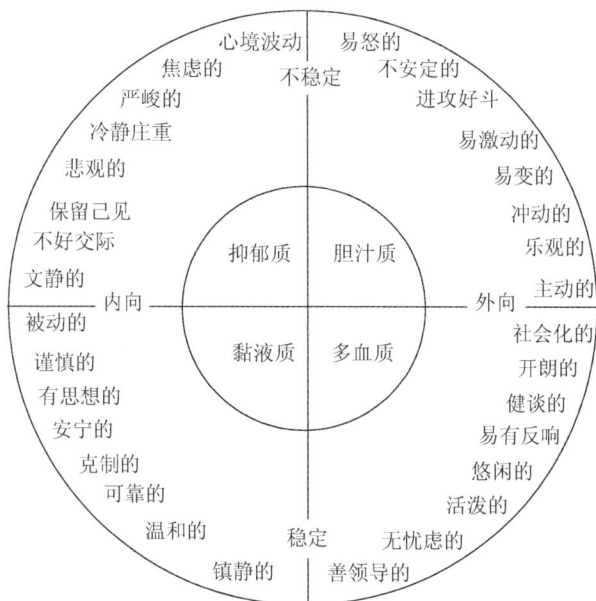

图 4-2 从两个维度来分析的人格结构

气质是人格的基础之一,是人格结构中比较稳定的并与遗传素质联系密切的成分。在平常生活中,我们常听人说"某人稳重、文静、办事慢条斯理""某人爽快、泼辣、手脚麻利",就是指人的气质表现。气质这种心理活动的特征,主要表现在心理活动的强度、均衡性、稳定性和灵活性及心理倾向性和指向性上,如情绪体验的快慢、强弱,思维的灵活性,动作的灵敏或迟钝等,它为人的全部心理活动染上一层浓厚的色彩。

显然,气质与人格是有区别的。其主要区别是:

1. 气质是由生物因素决定的,是不可改变的;而人格本质上是由个人的生活经验所形成的,会因见识和新经验而发生改变。

2. 气质在人的早期就已呈现出来,而人格出现得比较晚。

3. 在动物身上也能观察到气质,而动物是没有人格的。

4. 气质是从人的情绪、言谈举止中流露出来的,不涉及行为的具体内容;而人格特征可能与行为的具体内容有关(如学业特质焦虑等)。

5. 受较高级认知过程控制的行为与人格有关,而与气质无关。

回答 4-2:

气质与行为反应

①气质是与生俱来的,是先天的,是体质和遗传的自然表现,无好坏之分。

②气质与性格相互渗透、彼此制约,有联系又有区别。

二、大学生气质类型的表现特点

目前,心理学上大多仍沿用希波克拉底的气质分类方法,将气质分为多血质、胆汁质、抑郁质和黏液质四种类型。

（一）多血质

这类人活泼好动,反应迅速,情绪发生快而易变,思维语言迅速而敏捷。如《水浒传》里的浪子燕青,他聪明过人,灵活善变,使枪弄刀、弹琴吹笙、结交朋友等无所不会。具有这种气质的人总是像春风一样"得意扬扬",富有朝气。

多血质的大学生易于适应环境的变化,性情活泼、热情,喜怒哀乐皆形于色,善于交际,在群体中相处自然,精神愉快,待人亲切,与人交往有自来熟的本事,但交情粗浅,缺少知心好友。他们积极参加学校一切活动,在学习和工作上肯动脑筋、主意多,常表现出较强的工作能力和办事效率,但表现散漫,有始无终;对外界事物兴趣广泛,不机械刻板、循规蹈矩,但易于浮躁,注意力易转移。他们的语言表达能力强而且富有感染力,一件平淡无奇的小事能被他们描绘得无比精彩。他们对各种环境的适应力强,教育的可塑性也很强。这种人的弱点是缺乏耐心和毅力,稳定性差,见异思迁,要注意在刻苦钻研、自始至终、严格要求等方面的心理修养。

（二）胆汁质

这类人精力旺盛,直率、热情、开朗,行动敏捷,情绪易于激动,心境变换剧烈。如《水浒传》里的黑旋风李逵,他脾气暴躁,气力过人,忠义烈性,思想简单,行为冒失。具有这种气质的人就像"夏天里的一团火",有股火爆的脾气。这种人的情绪爆发快,"一点就着",但是难持久,如同一阵狂风、一场雷阵雨,来去匆匆。

胆汁质的大学生有理想、有抱负,有独立见解,反应迅速,行为果断,表里如一;不愿受人指挥,而喜欢指挥别人;一旦认准目标,就希望尽快实现,遇到困难也不折不挠,但往往比较粗心。日常活动带有强烈的情绪色彩,情绪高时,学习、工作热情高,肯出大力;反之,什么事都不感兴趣。学习和工作带有明显的周期性特点,能以极大的热情和旺盛的精力投入学习和工作,但一旦精力消耗殆尽时,便会失去信心,情绪顿时转为沮丧而心灰意冷。学习的理解能力和接受能力很快,但不求甚解。积极参加各项课外活动,喜欢每一项新的活动,甚至喜欢倡导一些别出心裁的事,尤其喜欢运动量大和场面热烈的活动;活动效率高,想干的事未完成,饭可不吃,觉可不睡;说话喜欢与同学争辩,总想抢先发表自己的意见,喜欢在公开场合表现自己,坚信自己的见解;喜欢看情节起伏、激动人心的小说和电影,不爱看表现日常生活题材的作品。其不良表现是粗枝大叶,缺乏自制力,鲁莽冒失、粗暴、急躁、易生气、易激动。这种类型的人要注意在耐心、沉着和自制力等方面的心理修养。

（三）抑郁质

抑郁质的人孤僻,行动迟缓,情感体验深刻,善于察觉别人不易察觉到的细小事物。如《红楼梦》里的林黛玉,多愁善感,聪颖多疑,孤僻清高。这种气质给人以秋风落叶般的无奈、忧愁的感觉。这种人情绪体验深刻、细腻而持久,主导心境消极抑郁,孤僻离群,多愁善感,给人以温柔怯懦的感觉。

抑郁质的大学生喜欢安静独处,难以忍受或大或小的神经紧张,厌恶那些强烈的刺激。他们的感情细腻而脆弱,常为区区小事引起情绪波动;自己心里有话,宁愿自己品味,不愿向别人倾诉。性情孤僻,喜欢独处,不爱表现自己,对出头露面的工作尽量摆脱;与人交往时显得腼腆、忸怩,在陌生人面前害羞,当众讲话常表现出惊慌失措。善于领会别人的意图,在团结友爱的集体中,很可能是一个容易相处的人;遇事三思而行,犹豫不决,优柔寡断,做事情总比别人花费时间多,细心谨慎,稳妥可靠;对力所能及的工作能认真负责地完成。在困难面前常怯懦、自卑和优柔寡断,当学习或工作失利时,会感到很大的痛苦;爱看感情细腻、富有描写心理活动的小说和电影。这种人易形成伤感、沮丧、忧郁、深沉、悲观等不良心理特征,要注意在豁达、自信等方面的心理修养。

(四) 黏液质

黏液质的人安静、稳重,反应迟缓,沉默寡言,情绪不易外露,注意力持久难于转移,善于忍耐。如《水浒传》里的豹子头林冲,沉着老练,身负深仇大恨,尚能忍耐持久,几经挫折,万般无奈,终于逼上梁山。这种气质就像冬天一样无艳丽的色彩装点而"冰冷耐寒",但也缺乏生气。

黏液质的大学生不爱活动,安静稳重,无论环境如何变化,都能保持心理平衡,很少发脾气,表情平淡,情感不易外露;凡事深思熟虑,力求稳妥,一般不做无把握的事情,有较强的自我克制能力,表现出外柔内刚;他们与人交往适度,较少主动搭话,朋友少但却知心。不爱抛头露面和夸夸其谈;接受能力差,但学习、工作有板有眼,踏实肯干,课堂上守纪律,静坐听讲不打扰别人;思维灵活性略差,但考虑问题细致而周到;学习认真严谨,始终如一;严格恪守既定的生活秩序和制度。善于自制,善于忍耐;兴趣爱好稳定专一、有毅力。他们平时总是四平八稳的,所以有时火烧眉毛也不着急。这种人的弱点是过于拘谨,不善于随机应变,有墨守成规、因循守旧的表现,也或有萎靡迟钝、消极、怠惰等一些不良品质。

总之,每一种典型的气质类型,既有其积极的一面,又有其消极的一面,不能简单地断言哪一种好,哪一种不好。气质不能决定一个人的成就,任何人只要经过自己的努力都能在不同的实践领域中取得成就。

当然,并非所有人的气质都是典型的单一的某种类型,多数人是几种类型兼有的混合型,如胆汁质—黏液质混合型、胆汁质—多血质混合型,等等。至于个人属于哪一类的气质,通过气质类型的测试就可知道。

据一项关于我国大学生气质类型的调查表明,大学生中混合型气质占 65.93%,单一型气质占 34.07%。总的趋势是多血质类型的人数最多,共占 56.32%;其次为黏液质,占 24.18%;第三为胆汁质,占 13.73%;抑郁质最少,仅占 5.77%。文、理科学生比较,理科学生中黏液质多,文科学生中胆汁质、多血质、抑郁质较多。男、女生比较,男生中属于胆汁质、多血质较多,女生中黏液质较多。

【心灵修炼】

1. 什么是气质?
2. 典型的气质类型有哪些?

【影视欣赏】

《告别昨日》

电影《告别昨日》是二十世纪福克斯公司出品的电影,由彼得·叶茨执导,丹尼斯·克里斯托弗、丹尼斯·奎德、丹尼尔·斯特恩、杰基·哈利等出演(图 4-3)。该片讲述了四个高中毕业的好友面对未来抉择时,其中的戴维决定成为一名自行车手的故事。

图 4 - 3　电影《告别昨日》海报

https://baike. baidu. com/item/％ E5％ 91％ 8A％ E5％ 88％ AB％ E6％ 98％ A8％ E6％ 97％ A5/
3645253？ fr＝aladdin.

https://list. youku. com/show/id_z9edff126b90011e0bf93. html.

知识点 3　了解你的性格

【困惑与问题 4 - 3】

烦恼的小何

小何,女,21 岁,大三在读。父母在她小学的时候因感情不和而离异,之后她随母亲生活。小何性格独立,若看到富家子弟生活不能自律、铺张浪费会非常气愤。

小何在学校对同学友善、热情,乐于跟朋友交往。但又喜欢张扬,个性很强,很难接受朋友的建议,认为自己是正确的问题会和别人争执不休。不能接受男友独自做自己感兴趣的事。遇到一些事情很容易焦虑,如看到有人掉了东西,会马上检查自己的钱包是否还在。有时还喜欢搞一些恶作剧,自己乐在其中,而周围的人却苦恼不已,尽管自己也意识到不对,可就是无法克服。为此小何很烦恼。

问题:

小何该怎样解除自己的烦恼?

【心理运动场】

趣味心理测试
——性格内外向测试

在线心理测试 📝

[测试要求]　根据自己的实际情况加以回答。符合自己情况的画"√",不符合的画
"×",难以回答的画"○"。

1. 在人群面前不好意思。　　　　　　　　　　　　　　　　　　　　　　　　　　　　(　　)

2. 对人一见如故。 （　　）

3. 愿意一个人独处。 （　　）

4. 好表现自己。 （　　）

5. 与陌生人难打交道。 （　　）

6. 开会时喜欢坐在被人注意的地方。 （　　）

7. 遇有不快的事情，能抑制感情，不露声色。 （　　）

8. 在众人面前能爽快地回答问题。 （　　）

9. 不喜欢社交活动。 （　　）

10. 愿意经常和朋友在一起。 （　　）

11. 自己的想法不轻易告诉别人。 （　　）

12. 只要认为是好东西立即就买。 （　　）

13. 爱刨根问底。 （　　）

14. 容易接受别人的意见。 （　　）

15. 凡事很有主见。 （　　）

16. 喜欢高谈阔论。 （　　）

17. 会议休息时宁可一个人独坐也不愿同别人聊天。 （　　）

18. 决定问题爽快。 （　　）

19. 遇到难题非弄懂不可。 （　　）

20. 常常未等别人把话说完，就觉得自己已经懂了。 （　　）

21. 不善于和人辩论。 （　　）

22. 遇到挫折不易丧气。 （　　）

23. 时常因自己的无能而沮丧。 （　　）

24. 遇到高兴事极易喜形于色。 （　　）

25. 常常对自己面临的选择犹豫不决。 （　　）

26. 不大注意别人的事。 （　　）

27. 好把自己同别人比较。 （　　）

28. 好憧憬未来。 （　　）

29. 容易羡慕别人的成绩。 （　　）

30. 相信自己不比别人差。 （　　）

31. 注意别人对自己的看法。 （　　）

32. 不大注意外表。 （　　）

33. 发现异常现象容易想入非非。 （　　）

34. 即使有亏心事也很快遗忘。 （　　）

35. 总把家里收拾得干干净净。 （　　）

36. 自己放的东西常常不知在哪里。 （　　）

37. 做事很细心。 （　　）

38. 对于别人的请求乐于帮助。 （　　）

39. 十分注意自己的信用。 （　　）

40. 热情来得快，消退得也快。 （　　）

41. 信奉"不干则已，干则必成"。 （　　）

42. 做事情更注意速度而不是质量。 （　　）

43. 一本书可以反复看几遍。 （　　）

44. 不习惯长时间看书。 （　　）

45. 办事大多有计划。 （　　）

46. 兴趣广泛而多变。 （　　）

47. 学习时不宜受外界干扰。 （　　）

48. 开会时喜欢同人交头接耳。 （　　）

49. 作业大都整洁、干净。 （　　）

50. 答应别人的事情经常会忘记。 （　　）

51. 一旦对别人有看法不易改变。 （　　）

52. 容易和人交朋友。 （　　）

53. 不喜欢体育运动。 （　　）

54. 对电视节目中的球赛尤有兴趣。 （　　）

55. 买东西前总要估量一番。 （　　）

56. 不惧怕从来没做过的事情。 （　　）

57. 遇有不愉快的事情可以生气很长时间。 （　　）

58. 自己做错事，容易承认和改正。 （　　）

59. 常常担心自己会遭遇失败。 （　　）

60. 容易原谅别人。 （　　）

［计分规则］

题号为单数的题目，画"√"计 0 分，画"×"计 2 分，画"○"计 1 分；题号为双数的题目，画"√"计 2 分，画"×"计 0 分，画"○"计 1 分。最后将各题的分数相加，其和就是你的性格倾向指数。

［结果解释］

0～30 分：典型内向。

31～50 分：偏内向。

51～70 分：外向与内向混合型。

71～90 分：偏外向。

91～120 分：典型外向。

［说明］

性格内向者沉郁、安静、处事谨慎、优柔寡断、富有想象、动作缓慢、应变能力较弱、不善社交；性格外向者开朗、活泼、善交际、感情外露、不拘小节、独立性强、易适应环境、易轻信、易冲动。

性格的内外向是人的最基本的性格特征，其各有优缺点，并不能说明孰优孰劣，所以测试后，你把握了自己性格的脉搏后，充分发挥其优势，尽量摒弃其劣势。尽管性格的内外向是很难改变的，但在环境的作用下也会有潜移默化的改观。

https://www.wjx.cn/xz/86734865.aspx.

https://baike.baidu.com/item/％E6％80％A7％E6％A0％BC％E8％89％B2％E5％BD％A9％E6％B5％8B％E8％AF％95/1965731？fr＝aladdin.

【心海导航】

一、性格的含义

"性格(character)"一词源于希腊语,意为雕刻的痕迹。这个概念强调个人的典型行为和由外部条件决定的行为。我国心理学界倾向于把性格定义为个人对现实的稳定的态度和与之相适应的习惯化了的行为方式。性格是一个人个性特征最突出的外在表现,是人与人之间差异的主要方面。在文学家的笔下,一个个鲜活的人物形象就是通过刻画人物的性格特征表现出来的,如哈姆雷特的优柔寡断,葛朗台的吝啬贪婪,林黛玉的多愁善感,诸葛亮的足智多谋,等等。

性格是人的稳定的个性心理特征,它是在外界环境特别是社会环境的影响下,个人生活实践时所形成的特有的行为模式,贯穿在人的全部行为活动中。例如,某同学热情诚恳、处处与人为善,遇事坚毅果断、深谋远虑。这种对人、对事的稳定态度和习惯化了的行为方式所表现出来的心理特征,就是该同学的性格。而那些在一时情境下的行为表现则不能视为是他的性格。比如该同学处理事情一向很果断,偶尔表现出优柔寡断,那么优柔寡断就不能看作是他的性格特性,而果断才是他的性格特征。同样地,也不是任何一种行为方式都可以表明一个人的性格特性,只有习惯化了的行为方式,才能表明其性格特性。例如,一个人在某种特殊情况下,一反机敏之常态,表现为行动呆板,我们就不能把呆板看作是此人的性格特征。总之,作为性格的态度和行为方式,总是比较稳固的、习惯性的,甚至在不同的场合都会表现出来。

性格具有一定的稳定性,但也不是一成不变的,它同样具有可塑性,一个人生活环境的重大变化,也会给他的性格带来显著变化。

性格是个人社会行为的特征,主要包含:性格的意志特征,如目的性、主动性、果断性、坚持性、自制力等;个人对社会、对集体、对他人的态度中所表现出来的性格特征,如善交际、孤僻、正义感、正直、诚实、狡诈、虚伪、同情心等;个人对自己的态度中所表现出来的性格特征,如自信、自强、自尊、自负、自卑等;个人对待学习、工作、劳动的态度中所表现出来的性格特征,如勤奋、懒惰、认真细致、马虎、粗心大意、首创精神、诚实、墨守成规、勤俭节约、挥霍浪费等。性格特性取决于特定的文化模式和社会环境。

二、性格和气质的关系

性格和气质有着互相渗透、彼此制约的联系,但二者又有区别。人格中的气质是先天的,是体质和遗传的自然表现,很难改变,无好坏之分;人格中的性格是后天的,是社会文化模式的刻印,有可能改变,有好坏之分。

(一)气质和性格的联系

1. 从气质对性格的影响上来看

①气质会影响个人性格的形成,因为性格特征直接依赖于教育和社会相互作用的性质

和方法。气质作为性格形成的一种变量在个体发生的早期阶段就表现出来,从而会影响父母或其他人的不同行为反应,形成不同性质的个体与社会环境的交互作用。

②气质可以按照自己的动力方式渲染性格特征,从而使性格特征具有独特的色彩。例如,同样是乐于助人的性格特征,多血质者在助人时往往动作敏捷,情感明显表露于外,而黏液质者则可能动作沉着,情感不表露于外。

③气质还会影响性格特征形成或改造的速度。例如,要形成自制力,胆汁质的人往往需要做极大的努力和克制,而抑郁质的人则比较容易形成,用不着特别抑制自己就能办到。

2. 从性格对气质的影响上来看

性格也可以在一定程度上掩盖或改变气质,使它服从于生活实践的要求。例如,侦察兵必须具备冷静沉着、机智勇敢等性格特征。在严格的军事训练中,这些性格特征的形成有可能掩盖或改造胆汁质者易冲动和不可遏止的气质特征。

总之,气质和性格是密切联系的。在日常生活中,甚至在心理学文献中,都很难把气质和性格这两类心理特征严格区分开来。这是因为人具有生物社会性。人的发展是生物因素和社会因素交互作用的结果。我们不能排除生物因素来看待性格的形成和发展,也不能排除社会因素来看待人的气质。不过,为了研究工作的需要,把气质和性格适当加以区分还是有必要的。

(二) 性格和气质的区别

气质更多地体现神经类型基本特性的自然影响,是神经类型在行为、活动中的直接表现;而性格更多地受社会生活条件的外来影响,是在神经类型的基础上形成的暂时联系系统。气质的可塑性较小,变化较慢;性格的可塑性较大,较之于气质更易改变。气质类型无所谓好坏之分,性格类型则有好坏之分。气质表现的范围狭窄,局限于心理活动的强度、速度等方面;而性格表现的范围广泛,它几乎囊括了人的心理的所有方面的特点。所以,某些气质特征和某些性格之间不存在对应关系。不同气质类型的人可能会形成相同的性格特征,相同气质类型的人也可能会形成不同的性格特征。

(三) 性格是人格的核心

这首先是因为性格具有社会评价的意义,人们可以对某种性格特征的社会价值进行评判。例如,诚实或欺诈、仁慈或冷酷、勇敢或怯懦、勤奋或懒惰、认真或敷衍、宽容或尖刻等。以上性格特征无论在任何社会条件下,都具有明确的积极或消极的价值取向。相比之下,气质就不具有直接的社会评价意义,而且对个人而言,也难以确定其绝对的高低或好坏。因为每个人的气质类型在面临不同的环境或行为活动时,都会表现出有利或不利的一面。因此,一个人个性的优劣主要从性格上体现出来。另外,性格还制约着气质的发展方向和表现形式,如勤奋造就天才,懒惰荒废才华;又如认真的性格会使原本脾气急躁的胆汁质的人忍耐琐碎、细致的工作,而敷衍的性格也会使原本沉静、稳重的黏液质的人做起工作来丢三落四、差错不断。因此,人与人的个性差异首先是性格的差异,而不是气质类型的差异。要具备健康的人格,最重要的是培养良好的性格。

回答 4－3：

烦恼的小何

　　小何既然已经意识到自己性格方面存在的问题,就应该学会正确分析自己的性格,学会自我监督,并且重视在生活实践中磨练自己,从而成为具有良好性格特征的人,让自己更加优秀。

三、性格的类型

　　性格的类型是指一类人身上所共有的性格特征的独特结合。与人的气质一样,性格也是有差异的,瑞士心理学家荣格按照个体心理倾向把性格分为内倾型和外倾型两种类型。一般认为,外倾是一种客观的心态,内倾是一种主观的心态。这两种心态彼此排斥。一个人可能在某些时候是外倾的,而在其他时候是内倾的。但是,在一个人的一生中,通常是其中的一种心态占据优势。如果是客观的倾向占据优势,即可认为这个人的性格是外倾的;如果是主观的倾向占据优势,即可认为这个人的性格是内倾的。

　　性格外倾(外向型)的人,心理活动倾向于外部,经常对外部事物表示关心。他们性情开朗活泼,爱社交,自由奔放,当机立断,动作快,不拘小节,对周围一切事物都很感兴趣,容易适应环境的变化,但是也容易做出轻率的举动。《西游记》中的孙悟空和猪八戒就是典型的外向型性格的人。

　　性格内倾(内向型)的人,很少向别人显露自己的喜怒哀乐,他们常常沉浸在自我欣赏和陶醉之中,孤僻,缺乏自信,易害羞,说话紧张,不愿抛头露面,做事深思熟虑,缺乏实际行动,较难适应环境的变化。《西游记》中的唐僧和沙僧就是典型的内向型性格的人。

　　心理学家对外倾性强和内倾性强的人进行了长期的研究,结果表明:长期苦恼的人倾向于内倾;领导品质与外倾性格呈正相关;内倾性和外倾性与智力水平无关;外倾性强的人,他们的手部运动、语言反应和决断简单事物的能力,要优于内倾性强的人。一般来说,外倾性强的人适于培养成开拓型的人才,成为实业家或领导管理人才;内倾性强的人适于培养成学术型人才或从事精细的工作,如会计师、实验人员等。心理学研究还表明,性格类型的心态特征和气质一样,不能成为一个人事业和社会价值的决定因素。唐代诗人李白具有外倾性格特征,而杜甫则具有内倾性格特征。对此,《沧浪诗话》云:"子美不能为太白之飘逸,太白不能为子美之沉郁。"但这并不妨碍他们都成为大诗人。

四、塑造良好性格

(一)受大学生欢迎的性格特征

　　大学时期,正是一个人性格发展定型的阶段,一方面,他们的性格已相对稳定和成熟;另一方面,又具有一定程度的可塑性,这就为性格的进一步完善创造了有利条件。因此,学会分析自己的性格,并着力培养和优化自己良好的性格,是大学生心理素质提高的关键。总的来说,受大学生欢迎的性格特征,包括以下几个方面:

　　1. 勤奋刻苦,锐意进取,从不被难题所吓倒。

2. 开朗、乐观向上、富有朝气、充满信心。

3. 顾全大局,乐于助人但不炫耀自己。

4. 富有幽默感,脸上经常挂着笑容。

5. 克制、谦让,彬彬有礼而不蛮横粗野。

6. 温和、善良、随和,从不咄咄逼人、自命不凡。

7. 能与人娓娓而谈,但也能很好地倾听别人的谈话。

8. 真诚厚道,从不背后讲别人坏话,不拨弄是非。

9. 直率坦荡、表里如一,信守诺言,给人可信赖感。

10. 善于控制自己的情绪,从不暴跳如雷。

11. 社交能力强,善于与各种类型的人打交道。

12. 雷厉风行,高效快捷地做事,不夸夸其谈。

(二) 大学生塑造良好性格的途径

良好的性格是我们一生成败的关键。大学的学习环境和社会对大学生的期望与尊重,使每一个大学生都有自我塑造良好性格的强烈愿望,但是怎样才能塑造良好性格呢?

1. 确立积极向上的人生观

人的性格归根到底要受世界观、人生观的制约和调节。大学生有了坚定的人生目标与生活信念,性格自然就会受到熏陶,就会表现出积极、乐观、坦荡、自信等良好的性格特征;反之,如果失去了人生目标和生活的勇气,性格也会变得孤僻和古怪。因此,大学校园应该通过开展多种教育活动使大学生形成积极向上的世界观和人生观。大学生自身也要有意识地培养自己正确的世界观和人生态度。

2. 正确分析自己的性格

人贵有自知之明,对自己的性格特征进行科学的分析与评价才能使自己不断地进行性格的学习与磨炼,不断形成良好的性格。每个人通过遗传和受自己的生活环境影响形成了不同的性格,其性格往往不是单纯的,有人甚至是复杂的,所以应认真分析自己的性格属于何种类型,在较复杂的性格中哪一类占主要地位,哪些占次要地位。要搞清楚自己所属类型的性格中哪些是好的,哪些是不好的,好的自然应该保持,不好的自然要改造更新,这既是对性格进行自我分析的过程也是重新认识自我的过程,是性格不断完善与发展的重要环节。

3. 加强自我监督和他人监督

在对自己的性格有了清醒认识后,接下来就是逐步落实的过程。性格既已形成,就有一定的稳定性,所以不是想改就改,一改就能改掉的,反复和重走旧路都是正常的。这就要求我们加强自我监督,在犯毛病时,注意及时纠正。一发脾气就想:"哦,又要犯老毛病了。"一有拖拉的念头就想:"不行,我要重塑自我"。过一段时间或做完一件事情的时候,要进行自我检查,看自己是否真的改掉了性格中的毛病,这也是自我监督的有效方法。久而久之,性格中不好的因素就会改掉,有意培育的好的因素就会生长起来,这样就会完成自我性格的重塑。

借助他人监督也是重塑自我的有效措施,你不妨要求周围的人——家长、朋友、同学、老师等监督自己,一旦老毛病重犯,让他们及时提醒一下。过一段时间之后,主动征求他们的意见,旁观者清,虚心听取他们的意见是非常必要的。只要我们能够认真做到自我监督和他人监督,大学生性格的重塑将会很快完成。

4. 重视在实践中磨炼性格

大学生的实践活动丰富多彩,不仅有学习活动,还有各种社团活动,这些活动不仅丰富了他们的生活经验,更重要的是培养和锻炼了他们的性格。在这些活动中,大学生的智慧得到发挥,情感受到熏陶,意志得到锻炼;在活动中他们学会了关心社会,学会了与人共处,学会了承担责任。所以,大学期间,同学们应尽可能多地参加各种活动,在社会实践中磨炼自己的性格,在不断的、反复的碰撞中养成良好的行为习惯,从而塑造出良好的性格。

【心理链接】

缺陷也能造就成功

在众多的海洋生物中,鲨鱼算是一种奇怪的动物,虽然它生活在海水里,但它却没有鱼类所共有的一种特殊器官——鳔。

鳔,俗称"鱼泡""鱼铃铛",它是一种可以胀缩的气囊。大家都知道,鱼之所以能够自由沉浮,依赖的正是鳔的这种功能。当鱼需要上浮时,鳔就膨胀,当鱼需要下沉时,鳔就收缩。不仅如此,鳔还具有呼吸、感觉以及发声的功能。鳔的重要性可想而知。要是鱼没有鳔,不但会造成呼吸困难,而且还会因为重力的作用而下坠。

然而,作为海洋霸主的鲨鱼就没有这一器官。身体的缺陷往往会造成致命的打击,尤其是在恶劣的海洋环境中生存,但这一原则并不适用于鲨鱼。几千年来,鲨鱼不仅没有从海洋中消失,反而成了海洋中的强者,一代代繁衍生息。可能有人会问,鲨鱼是靠什么来维持自己的生存和生活的,它们制胜的法宝又是什么呢?

先祖早就说过,勤能补拙,后天的努力往往能够弥补先天的不足或缺陷。作为"低等"动物的鲨鱼,它们同样明白这个道理,要想在残酷的海洋环境中生存,要想胜过那些有着得天独厚优势的其他鱼类,就得付出上百倍乃至上千倍的努力。

通过不断摸索与实践,鲨鱼终于找到了另一种自由沉浮的方法——依靠肌肉运动。尽管这种方法能够达到自由沉浮的目的,但鲨鱼必须不停地游弋,一刻也不能放松,因为一旦停下来,它们就会掉到水底,还会面临缺氧的危险,从而导致死亡。

对于鲨鱼来说,没有鳔是不幸的。然而,事物总是具有两面性,上帝在关上一扇门时,往往会为你打开一扇窗。人们做梦也想不到,正是这种先天的缺陷,成就了鲨鱼的霸业。因为不停地运动,鲨鱼的皮肤变得特别坚硬,能够有效地抵挡外物的攻击;因为不停地运动,鲨鱼的肌肉变得十分发达,尾部强健而有力,能够向猎物发起闪电般的袭击;因为不停地运动,鲨鱼消耗的能量特别巨大,这就需要补充大量的食物,于是鲨鱼练就了超强的本领,它们有很强的感知能力,能够通过水中的气味和磁场辨别猎物;因为不停地运动,鲨鱼的牙齿可以无限制地增长和再生,三百多颗尖牙成了它们征服海洋的利器……

结果,拥有得天独厚优势的其他鱼类成了鲨鱼口中的食物,而最不适合海洋生存的鲨鱼却成了王者。由此可见,先天的缺陷并不可怕,可怕的是不能正视自己的缺陷。如果你拥有鲨鱼的勤奋、坚毅与勇敢,你就会克服自身的不足,将缺陷转化为优势,从而在激烈的竞争中立于不败之地。

https://wenku.baidu.com/view/ab71aad200f69e3143323968011ca300a7c3f648.html.

【心灵修炼】

1. 如何养成良好的性格？
2. 请你对自己的人格进行分析，并制订人格完善的方案。

【影视欣赏】

《火柴人》

《火柴人》是由美国华纳兄弟影片公司发行的剧情片(图4-4)。该片由雷德利·斯科特执导,尼古拉斯·凯奇、山姆·洛克威尔、艾莉森·洛曼等联袂出演。影片改编自埃里克·加西亚的同名小说,讲述了罗伊和弗兰克的骗子生涯的故事。2003年9月12日,影片在美国上映。

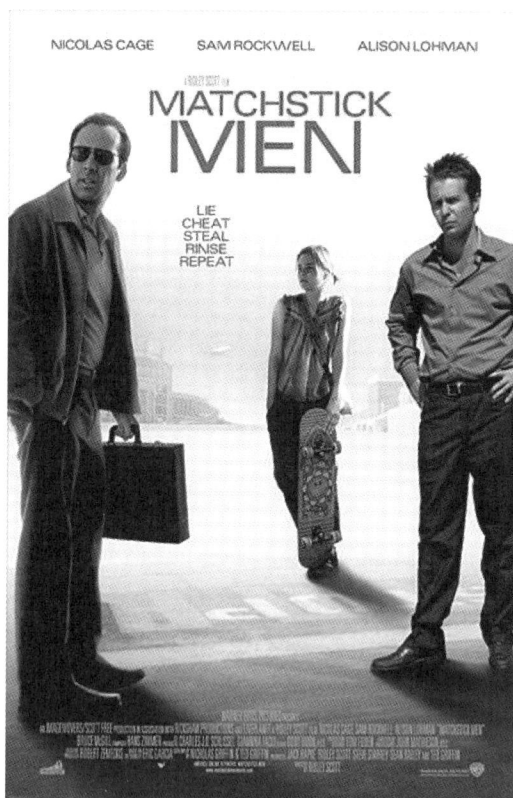

图4-4　电影《火柴人》海报

https://baike.baidu.com/item/%E7%81%AB%E6%9F%B4%E4%BA%BA/3841471? fr=aladdin.

https://www.iqiyi.com/v_19rra8ove0.html? vfm=2008_aldbd&fc=828fb30b722f3164&fv=p_02_01.

知识点4　培养健全的人格

【困惑与问题4-4】

孪生姐妹人格研究

　　美国的有关专家曾对一对孪生姐妹女大学生进行了观察研究。这对双胞胎姐妹外貌相似,先天遗传素质完全相同,家庭生活环境和所受教育的情况也相同,因为这对姐妹一直在同一所小学、中学和大学接受教育。然而在遗传、教育和环境如此相同的条件下,姐妹俩在性格上却很不相同。姐姐善于说话与交际,自信主动,果敢勇敢;而妹妹却相反,缺乏独立自主意识,说话办事总是随同姐姐。有关专家找她们交谈时,总是姐姐先回答,妹妹只是表示赞同,不爱说话,或稍作补充。总之,姐妹俩的性格明显不同。这是为什么呢?

　　[摘自:樊富珉,费俊峰.青年心理健康十五讲[M].北京:北京大学出版社,2006:122.]

问题:

①是什么原因导致了孪生姐妹俩性格的不同?

②大学生的性格还能不能改变?

【心理运动场】

趣味心理测试
——了解你自己的人格

在线心理测试 ✍

　　[测试要求]　本测验可以帮助你了解自己的人格健康状况,请你根据自己的实际情况认真作答,符合自己情况的画"√",不符合的画"×"。第6题为选择题,请选出最符合自己的选项。

1. 当你站立时,为了舒服,你总是爱把胳膊放在椅背上。　　　　　　　　(　　)

2. 你有咬手指或手指甲的习惯。　　　　　　　　　　　　　　　　　(　　)

3. 当你与人交谈或倾听别人谈话时,你喜欢不停地用手指击打桌面。　　(　　)

4. 当你站立时,你喜欢双臂抱肩。　　　　　　　　　　　　　　　　(　　)

5. 开会时,你总是不断改变姿势,以求坐得更舒服些。　　　　　　　　(　　)

6. 当你谈话时:　　　　　　　　　　　　　　　　　　　　　　　　(　　)

A. 你感到抑扬顿挫,眉飞色舞,手舞足蹈;B. 你感到有些紧张;C. 你把手轻轻地放在衣兜里。

7. 聚会时,不论你想不想吸烟,你总爱点上一支。　　　　　　　　　　(　　)

8. 参加宴会时,你总是把眼睛盯在一盘或附近几样菜上。　　　　　　　(　　)

9. 看到别人把大拇指藏在手心,拳头紧握时,你会害怕。　　　　　　　(　　)

　　[计分规则]

　　第6题回答A计2分,回答B计1分,回答C计0分。其余8题,画"√"计1分,画"×"计0分。

[结果解释]

0～3分：人格健康，不论在什么情况下，都能沉着、坚定、稳重。你的举止表现说明你是一个沉着老练、遇事不慌、自信、自强、分寸得当、自制力强的人。这种自我控制能力是健康人格的重要特点。

4～7分：人格健康状况欠佳。表面上看，你很平静，但常常失去平衡。高兴时，你信口开河，夸夸其谈；不高兴时，你冷眼相看，袖手旁观，情绪变化大。对你来说，至关重要的是学会自我控制，从而达到人格结构的稳定与健全。

8～10分：人格健康问题严重。你很不沉着，如果不学会自我控制、坚定信心，你在哪里都无法安定，总不舒服，也许你自己还不以为然，可在别人看来却很刺眼。关键问题是要达到内心的平衡、和谐和安定，同时注意与周围的环境相适应。

[资料来源：大学生人格与心理卫生.http://www.docin.com/p－11550387.html.]

【心海导航】

一、人格健康的标准

(一)人本主义心理学家卡尔·罗杰斯有关"心理健全的人"的解释

"好的人生，是一种过程，而不是一种状态。它是一个方向，而不是一个终点。"罗杰斯认为人的本性就是要努力做到因满足个人生活而保持乐观态度。他把达到这一目标的人称为心理健全的人(The Fully Functioning Person)。

心理健全的人是什么样的？罗杰斯界定了他们的几个特征：

1. 坦诚地对待自己的经历。与其陷入常规的生活模式，他们似乎更愿意投身于生活。他们的目的是体验生活，而不是过日子。

2. 心理健全的人愿意相信自己的感觉，如果他们觉得一件事是对的，就可能会去做。他们对别人的需要感觉敏锐，但不会屈从于社会行为标准的要求。心理健全的人与其他人相比，不太屈从于社会期待的角色要求。这并不是说心理健全的人是反叛的。相反，他们也可能走一条传统的路，上大学、找工作、结婚和建立家庭，但前提是这些选择都是遵从他们自身的兴趣、价值观和需要的。

3. 心理健全的人与其他人相比，能深刻而敏感地体会自己的情感，包括积极和消极情感。因此，心理健全的人能接受和表达他们的愤怒或者做其他事情使自己摆脱某种情绪。也正因为这种敏感性，心理健全的人能经历更丰富的生活。

(二)人格健康的主要特征：

人格健康通常指人格结构中的各个方面得到协调、充分的发展；能有效地适应变化着的社会生活环境以利个体身心的发展；对身心健康、潜能发挥以及生活的诸多方面产生积极有效的影响；体现了人性与社会性的协调，并代表着人类社会发展的积极方向。人格健康的主要特征表现在：

1. 对现实更敏锐的洞察力和具有更和谐的关系；

2. 对于自我、他人以及人性的客观现实的高度接受；

3. 思想、感情以及行为具有更大的自发性；

4. 以问题为中心；

5. 高度的自主性；

6. 离群独处的需要；

7. 欣赏的时时常新；

8. 更多的神秘体验；

9. 宽厚的社会感情；

10. 深沉而精粹的私人关系；

11. 民主的性格，尊重别人的意见；

12. 强烈的道德感；

13. 寓于哲理的善意的幽默感；

14. 更富有创造性，不墨守成规。

二、大学生常见的人格发展缺陷及调适

这里所说的人格发展缺陷是介于健康人格与病态人格（即人格障碍）之间的一种人格状态，表现为人格发展的不良倾向。在大学生心理咨询中发现，大学生中有相当一部分人存在着不同程度的人格发展缺陷，常见的主要有自卑、懒惰、拖拉、粗心、鲁莽、急躁、悲观、孤僻、多疑、抑郁、狭隘、冷漠、被动、骄傲、虚荣、焦虑、自我中心、敌对、冲动、脆弱，等等。这些都是不健康的心理因素。它们不仅影响活动效率，妨碍正常的人际关系，同时还会给人蒙上一层消极、阴暗的色彩。因此，大学生应了解并掌握一些常见人格发展缺陷的特征及调适方法。

（一）自卑

自卑感是对自己不满、鄙视、否定的情感。进入大学后，有些大学生发现山外有山，人外有人，尤其是当学习、社交、文体方面显露出某些不足时就会陷入怀疑自己、否定自己之中，产生自卑心理。因此，自卑往往是自尊心受挫的结果，没有自尊心也就不会有自卑感，过强的自卑感往往又以过强的自尊心表现出来。有些大学生敏感脆弱，经不起批评，原因就在于此。

对于大学生来说，首先要正确认识自己，悦纳自己。人有所长也有所短，有所短也有所长，不要为自己的所短而感到自卑。其次要进行自信心磨炼，将目标定得小些，切合实际些，多积累成功的愉悦体验。再次要确立合理的评价参照系和立足点，若以强者为标准则可能自卑，因而寻找适合自己的评价标准就显得很重要。俗话说人比人，气死人，理性的比较方式是多与自己做纵向比较而不是一味地与他人做横向比较。有了足够的自信心，自卑感就会悄然而退。

（二）害羞

害羞在大学生中并不少见。比如不敢在大众场合发表意见，害怕与陌生人打交道，路上见到异性同学会手足无措，见到老师会难为情，说话感到紧张，等等。

害羞是一个人自我防御心理过强的结果，他们常常过于胆小被动，过于谨小慎微，过于关注自己，自信心不足。他们特别注意自己在别人心目中的形象，总觉得自己时时处在众目睽睽之下，于是敏感拘束，一句话要在喉咙口反复多次，一件事总要左思右想，为此搞得神经紧张、坐立不安。

害羞之心人皆有之，但过分的害羞，不该害羞时害羞，尤其当害羞成了一种习惯，则是有害的，它会导致压抑、孤独、焦虑等不良心理状态，还会阻碍人际交往，影响一个人才能的正

常发挥。因此可通过有意识的调节来改变：

1. 要增强自信心。许多害羞者在知识才能和仪表方面并不比别人差。研究表明，害羞的女大学生自以为长得不美，但不相识的男生凭照片都认为她们与那些社交活跃的女生一样动人。因此要正确评价自己，多看到自己的长处。

2. 放下思想包袱，不要过于计较别人的议论。每个人都会说错话、做错事，这并没什么大不了的，没有完美的人和事。即使有人议论也是正常的，俗话说"哪个人后无人说"，没必要太看重。"走自己的路，让别人去说吧！"这会使自己变得更洒脱。

3. 要有意识地锻炼自己。胆量和能力都是锻炼的结果，要敢于说第一句话，迈第一步。上课、开会时尽量坐到前排去；走路时抬头挺胸，把速度提高四分之一；主动大胆地和别人尤其是陌生人、异性、老师讲话；与人说话时，正视对方的眼睛；在高兴时，开怀大笑，等等。

（三）怯懦

怯懦主要表现为缺乏勇气和信心，害怕可能面临的挫折和困难，在挫折、困难面前常常望而却步，甚至不战而败。有些大学生过去经历一帆风顺，因而特别害怕失败。"只能成功，不能失败"的非理性意念是造成一些大学生怯懦的认知因素。

有些大学生由于胆怯，不敢与人讲话，不敢抛头露面，也不敢表明自己的态度，甚至不敢向老师提问题。有些大学生由于软弱不敢冒风险，不敢担重任，不敢与坏人坏事做斗争，不敢坚持自己正确的观点。但越是这样回避矛盾、躲避失败，越是容易体验到强烈的挫折感。

在挑战与机遇并存的现代社会，怯懦者会失去很多成功的机会，并可能成为落伍者。积极迎接挑战，争做生活的强者才是明智的选择。改变怯懦的最好办法是要敢于抓住机遇，积极锻炼，不怕失败，不怕丢面子，不怕担子重，多给自己鼓励和加压，在生活的词典中去掉"不敢"二字。

（四）懒惰

青年大学生本应是充满朝气和活力、开拓进取的群体，但事实并非如此。懒惰是不少大学生为之苦恼并难以克服的一种人格发展缺陷，是意志活动无力的表现，懒惰是影响大学生积极进取、张扬青春活力的天敌。

处于懒惰状态的大学生也常以此感到内疚、自责、后悔，但又觉得不能自拔，心有余而力不足，这主要是因为他们往往想得多而做得少，缺乏毅力。要克服懒惰，应充分认识到其危害性，自己对自己负责，振作精神，起而行之，从日常小事做起，并努力做到不给自己找借口，不原谅自己的偷懒，力争今日事今日毕，多与人交往，多关心外部世界，多参加有益身心的社会活动，而做到这一切，有一个坚定而有价值的理想是非常重要的。

（五）狭隘

受功利主义影响，大学生中的狭隘现象有增无减。凡事斤斤计较、耿耿于怀、好嫉妒、好挑剔、容不得人，等等，都是心胸狭隘的表现，即日常说的"气量小"。心胸狭隘往往影响人际关系，伤害他人感情，也常给自己带来烦闷、苦恼，影响自己的情绪和在他人心目中的形象，因此，于人于己有百害而无一利。狭隘人格多见于内向者。

克服狭隘，一要胸怀宽广坦荡，一切向前看。正如歌德所言，比海洋更广阔的是天空，比天空更广阔的是心灵。二要丰富自己，一个人的视野越开阔，就越不会陷入狭隘之中，这就是所谓的"站得高，看得远"。三要学会宽容，宽以待人。

（六）拖拉

拖拉是不少大学生的通病。拖拉是指可以完成的事而不及时完成，今天推明天，明天推后天，春天不是读书天，夏日炎炎正好眠，秋多蚊虫冬又冷，一心收拾待明年。导致拖拉的原因，一是试图逃避困难的事，二是目标不明确，三是惰性作怪。拖拉一方面耽误学习、工作，另一方面并没有使人因此而轻松些，相反往往会导致心理压力，引起焦虑，让人总觉得有事情没完成，干别的事也难以安心，还会贻误时机。

改变拖拉，首先要充分认识其危害性，找到自己拖拉的原因，下决心改变；其次要科学安排时间，凡事有轻重缓急，要一件一件完成，还要讲究科学的学习和工作方法；再次要敢于做不合心意或者需要花大力气的工作，必须完成的事，与其拖着、欠着，还不如及早动手干，完成后会有一种如释重负的感觉，会有一种欣喜感、满足感、成就感，而拖拖拉拉只会带来疲倦、松垮及焦虑。

（七）抑郁

抑郁是大学生常见的情绪困扰，是一种人们感到无力应付外界压力而产生的消极情绪，常伴有厌恶、痛苦、羞愧、自卑等情绪体验。抑郁人皆有之，对于大多数人来说，抑郁只是偶尔出现，时过境迁，很快会消失；但那些性格内向、多疑多虑、不爱交际、生活中遭遇意外挫折的人更容易长期处于抑郁状态，甚至导致抑郁症。

大学生抑郁的主要表现是：情绪低落，郁郁寡欢，闷闷不乐，思维迟缓，兴趣丧失，缺乏活力，反应迟钝，干什么都打不起精神，体验不到快乐。抑郁在低年级大学生中更为普遍。所谓的周末综合症在很大程度上就是抑郁。

要避免抑郁或从抑郁中解脱出来，就需要正确地评价自己，看清自己的长处，建立自尊，增强自信；调整认知方式，建立理性认知，不把事物看成非黑即白；扩大人际交往，多与人沟通，多交朋友。如果抑郁情绪较严重，应寻求心理咨询帮助。

（八）焦虑

焦虑是个体主观上预料将会有某种不良后果产生或模糊的威胁出现时的一种不安感，并伴有忧虑、烦恼、害怕、紧张等情绪体验。在这个紧张刺激不断增多、竞争不断增强的社会里，每个人都可能处于一定的焦虑状态。适度的焦虑对于保持生命活力是必要的，这里所说的焦虑主要是指不适当的高度焦虑。

被焦虑困扰的大学生常表现出烦躁不安、思维受阻、行动不灵活、身体不舒服等症状。大学生焦虑主要集中在考试和人际关系比较差（或自认为差）、自尊心过强等情况下。

不适当的高度焦虑对身心健康是不利的。为此，应增强自信，相信车到山前必有路，总会有办法的；应不怕困难、磨炼意志。无所谓的担忧正是焦虑之本质，应当机立断，积极行动。总之，凡事尽最大的努力，把注意力从担心失败转移到积极行动、争取成功上来。

（九）虚荣

可以说，虚荣心普遍存在于每一位大学生身上，这是正常的，但一旦过分，则会有害无益。

虚荣心往往与自尊心、自卑感联系在一起，没有自尊心，就没有虚荣心。没有自卑感，也就不必用虚荣心来表现自尊心，虚荣心是自尊心和自卑感的混合物。

虚荣心强的大学生一般性格内向、情感脆弱、多愁善感，虽然自惭形秽，却又害怕别人伤害自己的尊严，过分介意别人的评论与批评，与人交往时总有一种防御心理，不允许有稍微侵犯，且常会千方百计地抬高自己的形象，他们捍卫的往往是虚假的、脆弱的、不健康的自我,以致无暇来丰富、壮大真实的自我。

防止或改变过强的虚荣心,首先,要对其危害性有清醒的认识,有勇气有决心改变自己;其次,应当努力认识自己,了解自己的长处与短处,扬长避短;再次,要树立自信、健康的荣誉心,正确表现自己,不卑不亢;最后,不为外界的议论所左右,正确对待个人得失。

(十) 自我中心

随着自我意识的发展,大学生越来越感到自己内心世界的千变万化、独一无二,他们越来越多地把关注的重心投向自我,尤其是那些有较强自信心、自尊心、优越感、独立感的学生,就比较容易出现自我中心倾向。当这种倾向与一些不健康的思想意识(如个人主义、自私自利思想)和心理特征(如过强的自尊心、唯我独尊等)结合时,就会表现出过分的、扭曲的自我中心。过多自我中心的人往往以自我为核心,想问题、做事情,从"我"出发,不能设身处地进行客观思考,颐指气使,盛气凌人,不允许别人批评,"老虎屁股摸不得"。这种人往往见好就上,见困难就让,有错误就推,总认为对的是自己、错的是别人,因而他们常不能赢得他人的好感和信任,人际关系多不和谐。

克服过分自我中心的途径包括:第一,树立健康的人生观,自觉地将自己和他人、集体结合起来,走出自己的小天地;第二,恰当地评价自己,既不低估也不高估,既不妄自菲薄,也不自高自大;第三,尊重他人,只有尊重和信任才能获得友谊;第四,设身处地地从他人的角度思考问题,将心比心,真诚地关爱他人,从而做到"我爱人人,人人爱我"。

回答 4-4:

孪生姐妹人格研究

①原因是:原来,父母在她俩中认定一个是姐姐,另一个是妹妹。从小到大姐姐就被责成要照管妹妹,对妹妹的行为负责,做妹妹的榜样,带头执行长辈委派的任务。这样一来,姐姐从小就形成了独立、自主、善交际、较果敢的性格,而妹妹却养成了顺从姐姐的习惯。

②能改变。个体在后天社会环境条件下,经过自身努力和社会、学校教育的积极影响,可以使性格逐步发生改变和优化。

三、大学生健全人格的塑造

(一) 认识自我,优化人格整合

认识自我是改变自我的开始,为了有效地进行人格塑造,就应该充分了解自己的人格状况,深刻理解这种要求实现的动机,明确人格塑造的目标、内容、途径、方法。

人格塑造也就是为了实现优化人格整合,以达到人格的健全。人格整合的基本含义是:随着个体心理的成熟,人格的各个方面逐渐由最初的互不相关,发展到和谐一致状态的过程。优化人格整合,一要择优,二要汰劣。择优即选择某些优良的人格特征作为自己努力的目标,如自信、勇敢、勤奋、坚毅、善良、正直等。汰劣即针对自己人格上的缺点、弱点予以纠正,比如自卑、胆怯、抑郁、冷漠、懒惰、任性、自我中心等。当然,择优与汰劣往往是同步进行的。

(二) 努力学习科学文化知识

荣格有句名言:"文化的最后成果是人格。"丰富知识的过程,就是完善人格的过程。事

实上,有不少人格发展缺陷源于无知,如无知容易使人自卑、粗鲁,而丰富的知识则使人自信、坚强、理智等。

各学科的全面发展是人格健全发展的智力基础,因为各学科的知识同处于一个庞大的系统中,其间既相互联系,又能在各自的发展中相互迁移、相互促进。可以说,有了智力基础,人格发展的速度与质量才有保证。对此,培根的论述很深刻:"读史使人明智,读诗使人灵秀,数学使人周密,科学使人深刻,伦理学使人庄重,逻辑修辞之学使人善辩,凡有所学,皆成性格。"受应试教育影响,许多理工科大学生缺乏人文知识,文科大学生缺乏科学精神,这对于人格的健全发展是不利的,当代大学生应做到科学与人文并重。

(三)积极参加实践活动,从小事做起

实践是人格发展的必由之路。无论是知识的获取、能力的形成,还是意志的磨炼都离不开实践。诸如一个人的勤奋、坚韧、乐观、细致等人格特征都是长期实践锻炼的结果。大学生应积极参加各种有益身心健康的实践活动,如近年来校园内兴起的青年志愿者活动对于大学生人格的发展与塑造就很有意义。

一个人的一言一行往往是其人格的外化,反过来一个人日常言行的积淀成为习惯就是人格,例如个人有刷牙、梳头、洗手、勤换衣服、常剪指甲等习惯,就反映了他具有"清洁"这一人格特质。因此,优化人格整合要从眼前的小事做起,无数良好的小事可"积沙成塔",最终构建成优良的人格大厦。

(四)发展良好的人际关系,融入集体

人格发展、塑造的过程是个体实现社会化的过程,是个体与他人、集体、社会相互作用的过程。人格表现在行为当中,健全的人格也只有在与人交往中才能体现出来。塑造健全的人格,必须发展良好的人际关系:尊重社会习俗,关心他人的需要,真诚地赞美,不做无建设性的批评,多与他人沟通意见,保持自尊和独立等。

集体是人格塑造的土壤,通过与集体交往,自己的某些人格品质或受到赞扬、鼓励,或受到压制、排斥,从而有助于做出有针对性的调整,而且集体能够伸出手来帮助集体中的个体择优汰劣。

(五)锻炼身体,强健体魄

人格发展的过程是体质、心理因素与智力因素协同作用、相互促进的过程,健康的体质是人格健全发展的物质基础。一个体弱多病的人是难以发展健全人格的,拖拉、懒惰、急躁、怯懦等人格发展缺陷与不坚持体育锻炼明显有关。

(六)防止"过犹不及"

凡事都有"度",人格发展和表现的"度"是十分重要的,在人格塑造过程中应把握辩证法,掌握好度,否则就会"过犹不及",适得其反。

具体说来,应该是:自信而不自负,自谦而不自卑,勇敢而不鲁莽,果断而不冒失,稳重而不犹豫,谨慎而不怯懦,豪放而不粗俗,好强而不逞强,活泼而不轻浮,机敏而不多疑,忠厚而不愚昧,干练而不世故,等等。

人格"度"的把握还表现在不同的人格特质要协调发展,做到"刚柔兼济",对于"刚"者应多发展些"柔",对于"柔"者应多发展些"刚",这样才能形成合理、和谐的人格结构。此外,还要因人因时因地地表现人格特征,例如有时表现"刚"比表现"柔"好,有时表现"柔"比表现"刚"好,有时应多表现自信,有时应多谦恭,即所塑造出的人格应有韧性,有较强的应变、适应能力。

人格健全的过程,就是心理健康和心理成熟的过程。塑造健全人格,是一项系统的自我改造、自我实现的工程,要从小做起,贵在坚持。当代大学生应从塑造健全人格做起,努力将自己塑造成为符合时代要求的具有良好综合素质的现代型人才。

【心理链接】

"旗袍先生"崔万志

崔万志,男,汉族,1976年3月出生于安徽肥东,本科学历。安徽省合肥市浩强电子商务有限公司董事长,蝶恋服饰、雀之恋旗袍CEO,浙江大学客座讲师,阿里巴巴NCC宣讲专家。

2011年被评为安徽年度十大新闻人物,2012年被评为阿里巴巴全球十大网商。2012年3月,做客凤凰卫视《鲁豫有约》,诉说百味人生。2013年被评为CCTV中国创业新生代榜样。2015年获得《超级演说家》年度亚军。2016年1月1日,参加央视财经频道《创业英雄汇》,带来的"旗袍+"项目获得导师一律通过,并获得了3900万意向融资,创造了节目开播以来的最高纪录。2016年1月,获得中国旗袍"十大领军人物""十大魅力旗袍人"荣誉。

2017年11月,获得第六届全国道德模范提名奖。2018年11月,被中央宣传部、国家发展和改革委员会授予"诚信之星"。

崔万志身残志坚,把诚信经营作为矢志不渝的信念,秉承"先义后利、义中取利"的徽商精神,讲诚信、重信用,靠信义求得企业发展。

崔万志出生时落下残疾。大学毕业后求职不顺,崔万志决定依靠自己的力量改变人生,在淘宝网上开了一家女装店。网店有过较好的成交量,也有低潮时400万元的欠债,但崔万志始终本本分分做生意,坚信以诚经商会赢得顾客的信赖和认可。2013年,崔万志创建旗袍品牌。他带着员工四处拜师学艺,从选料到裁剪再到刺绣,甚至一粒小小的盘扣,都力求精细,精益求精。中国旗袍,手工制作与机器制作的成本相差20倍以上,普通消费者难以分辨。曾有人建议他用机绣制作挂名人工绣制,这样可以节约成本,崔万志断然拒绝,说:"我宁可少赚钱,也要制作品质精良、做工精美的旗袍,对得起每一位顾客。"这是他对每一个客户的承诺,更是对传统文化的承诺,每一粒盘扣都饱含诚信经营的理念。

他坚持用贴心的服务和不变的真诚,赢得客户。在结婚高峰季,旗袍订单翻倍飙升。其中有一个加急订单是与河北唐山的顾客签的,顾客担心不能准时收到旗袍。他的制作团队加班加点赶工做出成衣,因担心物流速度慢,不能及时将旗袍送到买家手中,他派专人开车将旗袍送到唐山这位顾客手中。

事业蒸蒸日上之际,崔万志没有忘记那些和自己一样身有残疾,但渴望创业的人。他在公司内安置了数十名残疾人就业,建立蝶恋商学院指导残疾人士开网店。他还积极搭乘"共享经济"快车,引领数百名残疾人通过分享平台与他一起创业。

https://baike. so. com/doc/6241103－6454484. html.

https://baike. baidu. com/item/%E5%B4%94%E4%B8%87%E5%BF%97/2147565? fr=aladdi.

https://tv. sohu. com/v/dXMvNDg0NTQ1MTgvODAxOTA2MjYuc2h0bWw=. html.

【心灵修炼】

1. 心理学中的人格指的是什么？
2. 大学生的人格发展存在哪些特点？
3. 结合自己的实际谈谈对大学生健康人格塑造的理解。

【影视欣赏】

《七月与安生》

《七月与安生》是由极客影业、嘉映影业、阿里巴巴影业集团有限公司联合出品,陈可辛监制,曾国祥执导,周冬雨、马思纯主演的青春爱情电影(见图 4 - 5)。

图 4 - 5　电影《七月与安生》海报

https://v.pptv.com/show/ia6ibSEXnfT43wbnI.html.

专题五　相逢是首歌——珍惜友情

📖 学习目标

- 知识目标
  1. 理解人际交往的概念
  2. 明确人际交往与个人成长的关系
  3. 了解大学生在人际交往中存在的心理困扰和心理障碍
  4. 学会与人交往
- 技能目标
  1. 掌握增进人际交往的技巧
  2. 掌握人际交往中心理障碍的调适方法

交往是人健康成长的基本条件,每个人的一生都离不开交往。每个成长中的大学生,也都希望自己生活在良好的人际交往氛围中。然而,事实上每个成长中的大学生,在与人的交往过程中,都会遇到这样或那样的问题,人际交往问题已经成为诱发大学生心理疾病的首要原因之一。学习人际交往、提高交往中的心理素质,已成为大学生的人生必修课。

知识点 1　认识人际交往的概念

【困惑与问题 5－1】

老师,我该怎么办?

　　小燕犹犹豫豫地走进心理咨询室,眉宇间充满惆怅,惴惴不安地说:"老师,我实在不想再在这个寝室里住下去了。"说完便低下了头。

　　"哦,发生什么事情了? 能说说看吗?"老师耐心地问。

　　在老师关切的目光下,小燕敞开了心扉:"我不能选择宿舍和宿舍里的人,宿舍里每天总是闹哄哄的,她们天天都三个一群、两个一伙。我不想把时间和精力放在人际关系上,只想做自己的事,但是我现在什么也做不成,她们总在干扰我。老师,我该怎么办?"

　　问题:

　　小燕遇到了什么问题? 该怎样解决?

【心理运动场】

微笑握手

　　[活动任务]　交往方式练习,感悟与人交流的快乐。

[活动目标] 了解什么是人际交往,掌握基本的交往技巧。

[活动要求] 全体同学起身,面带微笑,任意走向一位同学,并说"你好",相互握手。在规定的时间内尽可能多地与同学握手。

[活动考核] 每个学习小组选派一名代表与任课教师组成评委,对各学习小组成员的活动进行评价。

[关键词] 交往方式　交往技巧

【心海导航】

一、什么是人际交往

人际交往是指人与人之间沟通信息、交流思想、表达感情与需要,从而在心理和行为上产生相互影响的动态过程。

人际交往是一个多维系统,从不同的角度可以划分为不同的类型,如直接交往和间接交往,单向交往和双向交往,语言交往和非语言交往,横向交往和纵向交往,血缘交往、地缘交往和业缘交往,良性交往和非良性交往,正式交往和非正式交往等。这些形形色色的交往发生在人群之中,使人们每时每刻都在进行丰富多彩的交往。心理学家研究表明,在正常情况下,一个人除了几个小时的睡眠外,其余70％以上的时间花在了直接或间接的人际交往上。由此可见,人际交往活动在社会生活中占据着多么重要的地位。

心理学研究表明,影响人际交往的心理因素主要有认知、情感和行为。认知是个体对人际关系的知觉状态,是人际交往建立的前提和基础。人与人的交往首先是从感知、识别、理解开始的,彼此之间不相识、不相知,就不可能建立人际关系。情感是人际交往的重要调节因素,人们在交往过程中,总是伴随着一定的情感体验,如满意与不满意、喜爱与厌恶等,人们正是根据自身情感的体验不断调整自己的交往。情感直接关系着交往双方在情感需要方面的满足程度,即心理距离。也可以说,情感是影响人际交往最重要的因素,它往往被当成判断人际交往状态的决定性因素。行为是人际交往的表现方式。人与人之间的交往要以各种交往行为为基础,人们在交往中必须借助各种沟通方式来传递信息,这就少不了各种沟通手段的应用,如语言、表情、手势、身体姿态等行为。这些行为既是建立人际交往的条件,也是反映人际交往状态的重要依据。

回答 5-1:

老师,我该怎么办?

小燕遇到的是人际交往问题。交往能力越来越成为大学生心目中衡量个人能力的一项重要标准。然而,并不是每个大学生都能处理好人际关系。在这一过程中,有相当数量的人会产生各种问题。认知、情绪及人格因素,都影响着人际关系的建立。良好人际关系的建立,关键是要学会本着平等、尊重、真诚、宽容、谦逊的原则,在积极的人际交往实践中提高自己。

二、影响人际交往的心理效应

心理学研究表明,人际交往中有一些非常有趣的心理现象影响着人们之间的交往。科学地运用这些心理现象一定会给你带来意想不到的效果。

(一)首因效应

首因,即最初的印象,或称第一印象。在人际交往中,人们往往注意最开始接触到的细节,如对方的表情、身材、容貌等,而对后来接触到的细节不太注意。这种由先前的信息而形成的最初印象及其对后来信息的影响,就是首因效应,也就是我们常说的"先入为主"。

由于第一印象获得的信息是有限的,所以,第一印象不一定是真实可靠的。但是,随着时间的变化、认识的深入,人完全可以把这些不完全的信息贯穿起来,用思维填补空缺,形成一定程度的整体印象。因此,在人际交往中,我们要审慎对待对某人的第一印象,不能因为第一印象好而忽略对其全面的认识,也不能因为第一印象坏而拒绝交往,这样就可能失去一个很好的朋友。

(二)近因效应

近因,即最后的印象。近因效应指的是最后的印象对人们认知具有的影响。最后留下的印象,往往是最深刻的印象,这也就是心理学上所阐释的后摄作用。

人际交往中的近因效应和首因效应是一个问题的两个方面。一般来说,在对陌生人的认知过程中,首因效应比较明显,而在对熟人的认知过程中,近因效应所起的作用则更为明显。近因效应在大学生的人际交往中较为常见。如有的大学生平时一贯表现得很好,可最近却做了一件错事,或犯了一点错误,就很容易给别的同学留下很深的负面印象;有的同学平时表现一般,但一到评优或选班干部时,就刻意表现自己,做表面文章,以迎合一部分同学的好感;有的大学生之间长期交往密切,关系融洽,但往往因为最近发生的一件小事,就反目成仇,完全不考虑平时的愉快交往,等等。这些都是近因效应所带来的影响。为了防止这种偏差,需要把"近因"与"远因"放在一起,进行综合分析,要用动态的、历史的、发展的眼光看待他人,看待人际交往。因此,在人际交往中,既要注意第一印象,又要注重一贯表现,更要用发展的眼光看人,这样才能比较全面地认识人、评价人,为协调同学、师长之间的关系提供一个科学的认识基础。

(三)光环效应

光环效应又称晕轮效应,指的是在人际交往中,人们常从对方所具有的某个特性而泛化到其他有关的一系列特性上,从局部信息形成一个完整的印象,即根据最少量的情况对别人做出全面的结论。所谓"情人眼里出西施",说的就是这种光环效应。

光环效应实际上是个人主观推断泛化的结果。在光环效应状态下,一个人的优点或缺点一旦变成光环被扩大,其优点或缺点也就隐退到光环的背后被别人视而不见了。因此,我们要学会巧妙地运用光环效应,一旦形成了某一点好的印象后,就要善于运用它,以此来弥补自己其他方面的不足。在看待、评论他人和与他人共事时,要尽量避免一好百好,一坏百坏的错误思维。

(四)投射效应

投射效应是指与人交往时把自己具有的某些不讨人喜欢、不为人接受的观念、性格、态度或欲望转移到别人身上,认为别人也是如此,以掩盖自己不受人欢迎的特征。也就是我们常说的"以小人之心,度君子之腹"。如自私的人总认为别人也很自私,而那些慷慨大方的人认为别人对自己也不应小气。由于投射作用的影响,人际交往中很容易产生误解。

投射效应的表现很多,如有的大学生对别人有意见,总认为别人对他也不怀好意;有的大学生在背后议论他人,也认为他人在背后议论自己;有的男生或女生喜欢某个异性,希望对方也喜欢自己,进而把对方的一个眼神、一个笑脸、一个友好的表示,都看成是对自己的示爱等。投射效应的实质就在于从主观出发,简单地去认知他人,自我与非我不分,结果导致认知的主观性、随意性,也容易让人产生猜疑心理。大学生在人际交往中应注意客观性,克服和摒弃主观臆断、妄想猜测,尽量减少人际交往中的矛盾和误区。

(五) 刻板效应

刻板效应是指在人际交往中,人们往往习惯于机械地将交往对象归于某一类群体中,对于某个人或某一类人产生的一种比较固定的看法,也叫定型化效应。一般来说,刻板效应的产生是以过去有限的经验为基础,源于对人的群体归类。比如,人际交往中有的同学习惯性地认为:南方人小气、自私;家庭社会地位高的学生傲气、不好相处等,这种刻板印象容易形成先入为主的定型化效应,妨碍大学生正常人际交往关系的建立。同时,刻板效应在人际交往中有利也有弊。一方面,它能够简化认识他人的心理过程,有助于人们对他人做概括的了解;另一方面,如果对他人的非本质方面做出概括而忽视了人的个别差异就会形成偏见,做出错误的判断。所以,刻板印象不一定正确,容易造成偏见,从而对人际交往产生不利的影响。

三、人际交往对大学生个人成长的作用

大学时期是大学生走向成人的关键时期,也是他们初识复杂的人际关系的开始时期,这一时期的交往经验会对他们今后的成长产生重要影响。

(一) 人际交往有助于大学生的社会化

社会化是指人由自然人转变为社会人的过程,是一个人接受文化规范形成独立自我的过程。每个人的社会化都是在与人的交往过程中进行的,人际交往是社会化的起点。而大学阶段是大学生实现社会化的关键时期,随着他们人际交往范围的扩大,其交往的内容和方式也会发生改变,这样他们就会自觉地从交往中不断积累社会经验,学到社会生活所必需的知识、技能以及思想道德规范,明确自我的社会责任,促进自我的成熟发展,为步入社会做好心理准备。

(二) 人际交往有助于大学生的自我完善

在日常生活中,我们对自己的认识以及对他人的认识,总是需要通过与他人的交往来完成。在交往中我们从对方的言谈举止中认识了对方,也从对方对自己的反应和评价中认识了自己。随着交往的深入,彼此间的交往程度也在发生着改变,对对方的认识越清楚、越完整,对自己的认识也就越深刻。大学生的交往,往往以同龄人作为参照,从他人对自己的反应、态度好坏及评价中发现自己的长处和短处,找到自己恰当的社会位置,从而选择更为恰当的行为,为自我的设计、发展、完善创造有利条件。因此,大学生在自身成长过程中必须要与他人有全方位、多层次的交往,这样才能获得更多更可靠的信息,达到完善自我的目的。

(三) 人际交往有助于大学生的个性发展与完善

心理学研究表明,人的个性发展除了受先天遗传因素影响外,更重要的是受后天环境的

影响。如果一个人长期生活在友好和睦的人际关系中,那么这个人的个性就会变得乐观、开朗、积极、主动;相反,如果一个人长期生活在充满冲突的人际关系中,就可能会出现压抑、暴躁、猜忌等不良的个性特征。而大学时期恰好是人的个性定型的关键时期。所以,积极和谐的人际关系有助于大学生个性的发展与完善。

（四）人际交往有助于大学生的身心健康

心理学研究表明,如果一个人长期缺乏与别人的积极交往,缺乏稳定的良好的人际关系,那么这个人往往有明显的性格缺陷。对大学生的心理健康咨询服务也让我们注意到,绝大多数学生的心理危机与缺乏正常人际交往和良好人际关系相关。寝室同伴间的交往状况,往往决定了他们对大学生活的满意程度。那些生活在没有形成友好、合作、融洽的人际关系的寝室中的大学生,常常表现出压抑、敏感、自我防卫、难以与之合作的特点,情绪的满意程度低。这也就增加了他们的挫折感,从而会引发一系列的不良情绪反应,如孤寂、惆怅、空虚等。而不良的情绪作用于生理活动,会削弱人的抗病能力,使正常机能减退,出现相应的身心疾病。所以,一个人的成长不能缺少人际交往活动。人际交往的时间和空间越大,人的精神生活就越丰富,得到支持与帮助的机会就越多,也就越能保持心理平衡,促进身心健康。

（五）人际交往有助于大学生学习知识和开发智力

我们在与他人的交往中,随时可吸收别人的优点,取长补短,以此扩大自己的知识积累,发展与完善已有的知识体系,更新思想观念,追踪新鲜信息。大学生在交往过程中获得的信息对学习会起到积极的作用。书本上的知识毕竟是有限的,人际交往是获取新知识的有效途径。同时,人际交往中的信息交流有利于启迪思维,开发智能。由于知识的局限,加上社会经验不足,大学生看问题难免有些偏颇。而在与老师、同学的交往中,畅所欲言,思维碰撞,往往会产生新的思想火花,从而使自己茅塞顿开。

【心理链接】

剥夺交往的心理学实验

美国心理学家 S. 沙赫特做了这样一个实验,他以每小时 15 美元的酬金聘人到一个小房间里去。这间房子与外界完全隔绝,里面没有报纸、电话和信件,他也不让其他人进去,甚至不让被试者带钱包。最后有 5 个人应征参加实验。其中 1 个人在小房子里待了 2 个小时就出来了,3 个人待了 2 天,1 个人待了 8 天。那个待了 8 天的人出来后说:"如果让我再在里面待 1 分钟,我就要发疯了。"以上实验说明了:没有一个人愿意同其他人隔绝。交往是人类的一种最基本的社会活动,因为人们通过相互交往,诉说自己的喜怒哀乐,增进了彼此的情感共鸣,从而在心理上产生一种归属感。尤其是当人处于紧张、孤独、焦虑时,更需要与人交往。剥夺人的正常交往,不仅影响到人的正常心理发展,而且影响到人的精神健康,人们通过交往满足生理及心理的需要。

［摘自:胡敏.大学生心理健康教育与指导［M］.上海:上海中医药大学出版社,2005:150.］

【心灵修炼】

1. 怎样理解人际交往?

2. 人际交往对大学生的个人成长有何作用?

【影视欣赏】

《中国合伙人》

　　《中国合伙人》是由中国电影股份有限公司、我们制作有限公司联合出品的商业励志片，由中国香港导演陈可辛执导，黄晓明、邓超、佟大为主演（图5-1）。该片讲述了"土鳖"成东青、"海龟"孟晓骏和"愤青"王阳从20世纪80年代到21世纪，大时代下三个年轻人从学生年代相遇、相识，共同创办英语培训学校，最终实现"中国式梦想"的故事。

图5-1　电影《中国合伙人》海报

　　https://baike.baidu.com/item/％E4％B8％AD％E5％9B％BD％E5％90％88％E4％BC％99％E4％BA％BA/10191907？fr＝aladdin.

　　https://www.iqiyi.com/v_19rrg9y2pw.html？vfm＝2008_aldbd&fc＝828fb30b722f3164&fv＝p_02_01.

知识点2　透视大学生的人际交往

【困惑与问题5-2】

阿坤坚持的是真理吗？

　　阿坤自进大学以来，一直觉得周围的人都不喜欢他，对他不满。三年来几乎没有朋友，跟同学也很少有来往。他感到很孤独，很想交朋友。

　　接受心理咨询时，他抱怨地说，现在的大学生思想特不成熟，行为举止也很幼稚，特别是自己身边的同学，完全就是中学生的生活状态，这让他特别看不惯。比如，一次上完某老师的课，同学在寝室抱怨该老师照本宣科，课堂枯燥无味，表示以后有机会就旷课。阿坤当时就打断大家，"学习靠自己，你们这样是在给自己找借口"。寝室的空气当时就凝固了。去食堂吃饭，阿坤看到炒的蔬菜色泽不好，就大声抱怨——"这菜给牲口吃差不多"。刚好同班的两位女同学正在买这道菜，她俩回头狠狠地瞪了阿坤一眼。再比如，全班同学去郊游，班委提前商量方案,大家想去风景区,可阿坤认为这个季节风景区没有风景看,据理力争要把活动安排在附近的儿童福利院。结果讨论会不欢而散。班级的郊游最后还是去了风景区,大家却没有通知阿坤。

阿坤向心理老师一再表明,他说的都是实话,为什么大家就不能理解呢?他还说,如果坚持真理就注定孤独的话,他要坚持下去,走自己的路让别人去说吧。

问题:

阿坤坚持的是真理吗?为什么?

【心理运动场】

爱好签名

〔活动任务〕 在规定的时间内找到九位与你有同样爱好的人,并相互签名。

〔活动目标〕 体验交往的快乐。

〔活动要求〕 每人发一张 A4 白纸,划成 9 个空格,在每个空格用图画的形式画出自己的爱好,并用最快的速度找到一个与自己有相同爱好的人,在那个爱好处相互签名,然后再找下一个与自己其他爱好相同的人互签名字。看谁在最短的时间内完成九个爱好签名。

〔活动考核〕

1. 各学习小组组长统计本组同学收集到的签名数据。

2. 各学习小组成员间分享活动感受。

〔关键词〕 体验交往

【心海导航】

一、大学生人际交往的特点

从交往心理看,大学生渴望友谊,渴望结交更多的朋友,交流更多的信息,接受更多的新思想。他们思维活跃,易于接受新事物,文化层次较高,生理和心理日趋成熟,较重感情。在这种心理的作用下的人际交往活动表现出以下特点。

(一) 交往目的满足于"情投意合"

大学里流传着这样一句话:"小学的时候全班是朋友,中学的时候半数是朋友,大学的时候一个朋友也没有。"这句话既反映出大学生在交友中失落的心理,也折射出他们对友情的渴望。他们远离父母进入大学校园后,急切地希望通过交往结交朋友,获得友谊,填充陌生与孤独的感觉,找到新的情感支撑点。因此在人际交往中,他们十分注重情感的交流,追求情投意合和心灵深处的共鸣,表现出对"有人情味儿的交往"的心理需求。他们的交往动机比较单纯,较少带有功利色彩,主要注重情感满足,但也显示出越来越注重与自身社会利益相关的务实性的趋势。同时,由于大学生的身心发展特点,他们的情感不太稳定,情绪起伏较大,加之有时容易情绪冲动,因此在交往和择友中变化较快,经常出现用感情代替理智的现象。

（二）交往范围满足于交际圈

生活在大学校园中的大学生，根据自己的兴趣、爱好以及性格，结成一个个或松散或紧密的交际圈。在这一个个或明或暗的交际圈中，同学之间有了"亲疏"之分，有了好朋友和一般朋友之分，这也就形成了如下几种不同类型的大学生交际圈。

1. 学习圈

这个圈子的共同目的就是学习，并且多是通过考级、考证等某种公共考试而形成的。

2. 娱乐圈

这是由于共同爱好某种娱乐活动，如体育运动、文艺活动、休闲活动等聚集在一起而形成的圈子。

3. 社团圈

大学校园里的学生社团，现如今已经是大学生课余生活的主体。很多大学生把参加社团活动作为培养自己人际交往能力的主要途径。他们通过社团活动培养能力，增长才干，结交朋友，将自己和社会生活融为一体。

4. 老乡圈

这是由来自同一地域的学生组成，大的以省为界，小的以地、市为界。在这个圈子里，他们以老乡感情相维系，对内是一种比较亲密的人际关系，对外则具有封闭性和排他性。而且这个"老乡会"的活动时间相对比较集中，一般在新生入校和毕业生离校期间活动比较频繁。

5. 合租圈

这是部分学生由于种种原因不住学生宿舍而在校外租房合住所形成的生活圈。合租圈是在社会转型时期大学校园里出现的新型的学生交际圈。

（三）交往方式满足于直接交往

据有关调查显示：大学生的交往方式日趋多样化，但是多数人仍然是以寝室和教室为中心，以面对面的直接交流为主要形式。广东大学高等教育研究所对广东大学生交往地点的调查显示，选择最多的仍然是寝室，占到了近七成，其次是教室和食堂[①]。寝室和教室是大学生在校期间生活和学习的主要场所，在这种亲密的接触中，互相之间很容易产生心理认同感。调查同时也发现，手机联络和网络交流在大学里非常普遍。特别是网络交往的非直面性，身份的隐蔽性，思想情感表达的随意性、自由性、超时空性等特征，使网络交往成为大学生们时髦的、新型的人际交往的重要方式。但是，多数人只是把网络交往作为一种消遣方式，以缓解现实生活的压力，寻求解脱或满足好奇心，真正的交往仍然以寝室或班级为中心。

（四）交往能力困惑于"力不从心"

尽管越来越多的大学生认识到人际交往能力对于自己的发展具有重要的意义，并且从心理上积极主动地去与他人交往，很注意学习社交知识，但从实际的交往效果看，大学生对自己的社交能力和人际环境评价并不高，社交能力甚至成为影响有些学生人际交往

---

① 洛风.和谐社会与大学生人际交往水平的提高——来自广东高校的调查和思考[J].中国青年研究，2005(6)：47-50.

的原因之一。有关的调查显示,大学生对自己这方面的能力仍然存在忧虑。一项针对大学生职业适应能力的调查结果显示,有41.98%的学生认为人际交往能力的训练是"找工作时对自己特别有帮助的教育内容",大大超过了专业能力训练(14.9%)、基础知识与技能的训练(17.5%)和心理素质教育(17.5%)等其他知识能力。而在回答"通过择业你感到自己特别欠缺的素质是什么"时,选择人际交往能力的比例最高,达34.8%,排在分析与解决问题的能力(28.8%)、操作技能(25.9%)、基础知识(4.6%)等之前,位列首位[①]。因此,人际交往能力的培养和提高是大学生急切关心的问题,也是现代社会对人才素质的要求。对大学生人际交往能力的训练已经成为高等教育中的一项重要内容。

二、大学生人际交往中常见的心理问题

生活在大学校园里的每一位大学生,都渴望自己拥有良好的人际关系,和谐而融洽的生活和学习环境。但并非所有的大学生都能如愿以偿。

(一) 大学生常见的人际交往心理困扰

1. 寝室里的同学关系困扰

大学生寝室里的同学关系是时空充分接近的人际关系,也是纠纷、矛盾相对集中的人际关系。个体的行为习惯、人格特征在与室友的人际交往中彻底呈现出来。如果同寝室的同学,在这些方面存在着较大差异,那么寝室里的同学之间就会不可避免地产生矛盾和紧张。迟睡或早起的同学与睡眠有困难的学生之间,乱放杂物的学生与爱整洁的学生之间,要午休的学生与不午休的学生之间,喜欢热闹气氛的学生与喜欢安静环境的学生之间,说话幽默的学生与说话严肃的学生之间,均有可能在"同居"的过程中,产生彼此间的误解、讨厌和反感,甚至是敌意。尤其是住上下铺的同学之间更容易出现矛盾。有的学生不喜欢别人坐自己的床铺,有的学生不喜欢别人用自己的东西,如果其他同学注意不够,就很容易引起不愉快。另外,与非本班、非本系学生合住的个体,也常常抱怨"同居"关系麻烦。

2. 大学里的朋友关系困扰

大学里的朋友关系是指那些有共同志向、兴趣、爱好,关键时候可以提供更大、更切实帮助的大学生个体之间的关系。他们之间的人际交往,已经超越了同学关系或同室关系,可以是同性朋友,也可以是异性朋友。正如通常所理解的,朋友关系是一种比较密切的人际关系。朋友对个体的影响可以超过家长或教师的作用。在时空过分接近的情况下,朋友之间如果过于亲密,也有可能产生不利的人际交往,它会使个体失去人身自由和个性独立,形成无法摆脱的人际束缚和人际张力。处于青春期的大学生,在人际交往时,往往存在理想化的朋友观念,认为朋友就应该是亲密无间的,绝对以双方的利益为重,这是人际期望的表现之一。事实上保持适度的时空距离有利于大学生朋友关系的巩固和发展。不过,随着时空距离的增大,朋友关系也会倾向于淡漠。

同性别同学间的交往,是大学生性别认同需要的体现。通过交往,个体可以获得适应自身发展的诸多信息,涉及特定的知识和技能;还可以充分认识和评价自己,使身心不断发展

---

① 贾晓波.论大学生职业适应性发展现状与就业能力培养[J].天津师范大学学报(社会科学报),2005(3):68-73.

和完善。不过,也有可能出现大学生在交往中体验到的是自身的劣势,从而不再愿意主动与他人交往的现象。这是其人际安全得不到保障的结果。比如,有的大学生与异性交往游刃有余,而与同性的交往却难以进行,根本原因就是他们在同性面前体验不到自身的价值,在异性面前却可以尽情发挥,感受愉悦。

处于青春期的大学生,每个人都有与异性交往的强烈愿望和心理需求,能够轻松自如地和异性交往是一个大学生人际交往能力的重要体现,也是个体身心健康的重要方面。大学生最为烦恼的交往问题就是与异性的交往障碍。心理学研究表明,人际交往中存在性别效应,尤其突出的是个体格外看重自己在异性心目中的形象,所以,自己的缺点或弱项可以在同性面前暴露,却不能在异性面前暴露,甚至不惜为了保全面子而避免或减少与异性的接触和交流。异性交往,还会有意或者无意地联想到彼此之间可否发展成恋人关系,从而更加增添了交往的心理负担,使正常的异性交往变得各怀心事,别别扭扭。

3. 大学里的角色定位困扰

角色是个体为适应社会生活而形成的与自己的社会地位相一致的固定化的行为方式。如果个体的行为偏离了角色规范,就会被他人排斥和轻视。大学生依据在学校的主要中心任务,所扮演的角色承担的是以学习为主的活动。目前,校园文化活动多姿多彩,大学生渴望通过参加丰富多彩的校园文化活动,丰富和充实自己的大学生活,尤其是一些低年级的大学生不顾自己的实际能力和有限的精力,参与和担当起多种角色,使得自我角色冲突加剧。个体内在资源的匮乏,以及自我多角色的整合矛盾,出现了角色的错位和混乱。复杂的角色转换,不仅使个体自身不胜其烦,而且也让原本单纯的与同学和老师之间的关系变得复杂,造成了人际交往的心理困惑。

4. 缺乏人际交往技巧的困扰

对大学生的心理咨询服务让我们发现,很多大学生人际交往失败的原因是缺乏人际交往的经验、缺乏交往的方法和相关的人际交往的技能。在交往过程中,他们常常忽略了他人的体验和感受,不了解、不关心他人,甚至有时也不了解自己。这类大学生虽然能与他人正常交往,甚至人际关系表面看起来还不错,但与他们深入交谈后,他们就会倾诉自己由于缺乏人际交往的技巧和艺术,与多数人其实都是点头之交,没有关系比较密切的朋友,更自感缺乏能互诉衷肠、肝胆相照、同甘共苦的知心朋友。生活中,他们时时感到空虚、迷茫和失落,偶尔还会觉得没有人值得牵挂,也没有人牵挂自己,常常被孤独和无奈所困扰。

> 回答 5 - 2:
>
> ### 阿坤坚持的是真理吗?
>
> 阿坤坚持的不是真理。因为阿坤在人际交往中存在问题。他既渴望与同学建立良好的人际关系,但又缺乏与人交往的经验和能力。阿坤需要学习人际交往的技巧,提升自己的人际交往能力。

(二)大学生常见的人际交往心理障碍及其克服方法

在对大学生的心理咨询服务时,我们经常发现,有的同学与人交往时,常常表现为不敢交往、不愿交往、不能交往。这表明,具有这种交往心理现象的同学,在人际交往方面存在心理障碍。大学生常见的人际交往心理障碍主要表现在以下几个方面。

1. 自负心理

自负是一种过高地评价自己,不信任他人的心理。具有这种心理的人,在人际交往中常常表现为傲气轻狂、自夸自大,过于相信自己而不相信他人,只关心个人的需要,强调自己的感受而忽视他人。与同伴相处,高兴时海阔天空,不高兴时大发脾气。与熟识的人相处,常过高地估计彼此的亲密程度,使对方处于心理防卫状态而疏远。现实生活中,人们都讨厌同有这种消极心理品质的人交往。因此,具有自负心理的人最终在人际交往中会成为"孤家寡人"般的失败者。

自负心理的克服:

(1) 接受批评。这是根治自负的最佳办法。自负者的致命弱点是不愿意改变自己的态度或接受别人的观点,接受批评即是针对这一特点提出的方法。它并不是让自负者完全服从于他人,只是要求他们能够接受别人的正确观点,通过接受别人的批评,改变过去固执己见、唯我独尊的形象。

(2) 与人平等相处。自负者视自己为上帝,无论在观念上还是行动上都无理地要求别人服从自己。平等相处就是要求自负者以一个普通社会成员的身份与别人平等交往。

(3) 提高自我认识。要全面地认识自我,既要看到自己的优点和长处,又要看到自己的缺点和不足,不可"一叶蔽目,不见泰山",抓住一点不放,失之偏颇。对自我不能孤立地去评价,应该放在社会中去考察。每个人都有自己的独到之处,都有他人所不及的地方,同时又有不如人的地方,与人比较不能总拿自己的长处去比别人的不足,把别人看得一无是处。

(4) 以发展的眼光看待自负。既要看到自己的过去,又要看到自己的现在和将来,辉煌的过去可能标志着你过去是个英雄,但它并不代表现在,也不预示着将来。

2. 嫉妒心理

嫉妒是一种消极的心理品质,是指与人交往时,若发现自己在容貌、能力、财产、地位、成就、威望等某些方面不如周围某些熟识的人,如同学、朋友、恋人、亲属等,而产生的抱怨、憎恨甚至愤怒等复杂的心理。具有嫉妒心理的人总怕别人超越自己,一旦发现有人在某些方面强过自己,而自己又感觉无竞争的能力或勇气时,就会采取讽刺、挖苦、挑拨、中伤等不正当的行为,对他人造成种种心理的甚至身体的伤害。有些具有严重嫉妒心理的人,在"妒火中烧"的情况下还会失去正常的思维,铤而走险,造成严重的后果。嫉妒之心人皆有之,只不过有轻重之分而已。但从本质上来看,嫉妒是一种不健康的心理状态,严重时会影响人与人之间的正常交往。

嫉妒心理的克服:

(1) 正确地看待人生的价值。这样,你就能摆脱一切私心杂念,心胸开阔,不计较眼前得失,更不会花时间和精力嫉妒他人的成功了。一个埋头于追求事业的人是无暇顾及别人的事的。俗话说,"无事生非",正出于此。一个人没有理想,胸无大志,无所事事,就会挑别人的刺,寻别人的短,自己不进取,却去阻碍他人前进,唯愿众人都平庸度过一生。

(2) 发挥自我优势。金无足赤,人无完人,每个人都有自己的优势和长处。追求万事超人前既无必要,也不可能。要全方位地认识自己,既看到自己的长处,又正视自己的短处,扬长避短,发现并开拓自身的潜能,不断提高自己,力求改善现状,开创新局面。

（3）培养达观的人生态度。人生就是一个大舞台,自得其所,各有归宿。要有勇气承认对方比自己更高明、更优越的地方,从而重新认识、发现和创造自己。这样就能从病态的自尊心和自卑感中解放出来,从嫉妒的泥潭中自拔出来。

（4）密切交往,加深理解。许多嫉妒心理是由误解产生的。嫉妒者误认为对方的优势会造成对自己的损害,从而耿耿于怀。所以要打开心扉主动接近别人,加强心理沟通避免发生误会,即使发生了也要及时妥善地解决。

3. 多疑心理

多疑是指不信任别人,对自己接触的人或事物过分怀疑的心理。多疑的人总是以为别人在议论自己、看不起自己,抱"以邻为壑"的态度,总是把别人的善意和帮助当作别有用心的恶意。具有多疑心理的人,往往先在主观上设定他人对自己不满,然后在生活中寻找证据。与人交往时,总是斤斤计较,很少体贴他人,不能考虑他人的利益,而且常常无中生有、搬弄是非。多疑心理严重时还会造成人际交往的冲突和伤害。

多疑心理的克服:

多疑的人通常都很敏感,敏感也并不全部是缺点。一般情况下,对事物敏感的人往往很有灵气、有创造力,但如果过于敏感,特别是与人交往时过于敏感,就需要想办法加以控制了。具体操作如下。

（1）用理智力量克制冲动情绪的发生。当发现自己开始怀疑别人时,应当立即寻找产生怀疑的原因,在没有形成思维之前,引进正反两个方面的信息。现实生活中的许多猜疑,戳穿了是很可笑的,但在戳穿之前,由于猜疑者的头脑被封闭性思路所主宰,这种猜疑就显得特别顺理成章。此时,冷静思考显然是十分必要的。

（2）培养自信心。每个人都应当看到自己的长处,培养起自信心,相信自己会处理好人际关系,会给别人留下良好的印象。这样,当我们充满信心地进行工作和生活时,就不用担心自己的行为,也不会随便怀疑别人是否会挑剔、为难自己了。

（3）学会自我安慰。生活中,遭到别人的非议和诋毁,与他人产生误会,是一件很常见的事情,不必大惊小怪。在一些生活细节上不必斤斤计较,可以糊涂些,这样就可以避免烦恼。如果觉得别人怀疑自己,应当安慰自己不必为别人的闲言碎语所纠结,不要在意别人的议论。这样不仅解脱了自己,而且还取得了一次小小的精神胜利,产生的怀疑自然就烟消云散了。

（4）及时沟通,消除疑惑。世界上不被误会的人是没有的,关键是我们要有消除误会的能力与办法。如果误会得不到尽快解除,就会发展为猜疑;猜疑不能及时解除,就可能导致不幸。所以如果可能的话,最好同你"怀疑"的对象开诚布公地谈一谈,以便弄清真相,解除误会。猜疑者生疑之后,冷静地思索是很重要的,但冷静思索后如果疑惑还依然存在,那就该通过适当方式,同被猜疑者进行推心置腹的沟通。若是误会,可以及时消除;若是看法不同,通过谈心,了解对方的想法,也很有好处;若真的证实了猜疑并非无端,那么,心平气和地进行讨论,也有可能使问题解决在冲突发生之前。

4. 自卑心理

自卑是指个体因自我认识发生偏差,过低估计、轻视或看不起自己所造成的妄自菲薄、缺乏自信,总是认为自己不如他人的一种心理。通俗地说,就是自己看不起自己,又以为别人也看不起自己的一种心理状态。有自卑心理的人与人交往时,常常表现得不自然、羞怯,并且过多地约束自己的行为,不能坦率地表达自己的心理。人们与自卑者进行交往,也会感到压抑和沉闷。另外,有自卑心理的大学生,对于别人对自己的评价很敏感,担心自己的不足或缺陷被别人发现而被瞧不起,所以在交往中缺乏勇气、畏首畏尾,限制了自己潜能的正常发挥,使自己经常处于被动地位。久而久之,不仅会影响自己与他人的人际交往,而且还会出现沮丧和悲观的消极心态,最终影响自己身心的健康。

心理学研究表明,适当的自卑可以促进人的努力、进步和向上。但过度的自卑,则会阻碍人正常的生活,从而使得自卑的人不敢迈步,停滞不前。我们要学会做自卑的主人,让自卑成为我们不断努力进步的动力。

自卑心理的克服:

(1)正确地认识自己,看到自己的长处。每个人都有自己的长处与短处,要学会既要比上,又要比下;既要比优点,也要比缺点。跟上比,可以鞭策自己以求进步;跟下比,可以看到自身的价值。这样,就会得出"比上不足,比下有余"的结论。世上任何人都逃脱不了这个公式,明了了这一点,心理也就取得了平衡点。看到长处是为了培养自信,但也必须承认自己身上存在的短处,如生理缺陷、环境的不利、知识的不足、经验的欠缺等。对于导致自卑的因素也要积极地进行补偿,比如"笨鸟先飞,以勤补拙"。既然有些缺陷已成定局,如个子矮小、长相不好等,我们可以学会从别的方面进行补偿。

(2)积极地暗示自己,避免使用否定自己的语言。自卑本身就是消极的自我暗示,做事之前就对自己说"我不行""我没什么用""我不会干",结果就真的干不好,这种消极的暗示会导致不必要的精神紧张和精神负担,使自己的内心充满失败感。结果做事情就束手束脚、畏首畏尾,主动性、创造性受到压抑,自然就妨碍了成功。因此,要勇敢地暗示自己"我能行""别人能干的事,我也能干""有志者事竟成""事在人为""坚持就是胜利"等,这样会增加自己战胜困难与挫折的力量,成功就会向我们招手,自卑也就逐渐丢在脑后。同时要避免使用否定自己的语言,敞开积极进取、乐观自信的思维大门。

(3)正确地表现自己,积极与人交往。认识到自己的长处,就要大胆地表现。扬己之长,避己之短,在人群中树立一个崭新的形象。要相信自己的能力与价值,如一次发言,一次竞赛,一次属于你的机会,要积极自信地去做、去尝试,因为只有行动才是达到成功的唯一途径,退缩与回避只能带来自责、懊悔与失意。要注意循序渐进,先表现自己最拿手、最容易取得成功的部分。有了一次成功,你会惊奇地发现,你能行,这样自信心就会随之增强。然后再去尝试稍难一点的事,以寻求第二次成功,接着争取更多的成功。不要总认为别人看不起你而离群索居。你自己瞧得起自己,别人就不会轻易小看你。能不能从人际交往中得到激励,关键还是在于你自己。要有意识地在和人交往时学习别人的长处,发挥自己的优点,多从群体活动中培养自己的能力,这样可以预防因孤陋寡闻而产生畏缩躲避的自卑感。

(4)调整理想的自我,改变不合理的观念。这有两方面含义:一是指降低自我期望的水平,努力使理想自我的内容符合自我所能做出努力的程度,不过分追求完美或对自己提出过高的要求,也就是要避免给自己定一个不切实际、过于理想和美好的目标,从而造成理想自我与现实自我差距过大。二是指改变思维方式中某些不合理的观念。一个人不能没有理想,但理想的建立一定要从自身实际出发。理想标准的确立应当以自己通过努力能够实现目标为原则,只有这样,才会在实践中不断取得成功,增强自信心。

5. 害羞心理

害羞是指与人交往时由于过分的焦虑和不必要的担心,而表现出言语上支支吾吾,行动上手足失措的心理状态。害羞心理是大学生人际交往中较为常见的心理障碍。有严重害羞心理的人甚至怯于交往,对交往采取回避态度,在交际场所或大庭广众之下,羞于启齿或害怕见人。害羞这一交往心理障碍对大学生的直接危害是使交往者无法表达自己的心声与情感,常常造成交往双方的误解,使交往以失败告终。其间接危害则是会导致交往者情绪与性格的不良变化。害羞会使人在交往失败后产生沮丧、焦虑和孤独感,让人饱尝形影相吊的痛苦和仿佛置身于沙漠中的那种孤立无援的愁苦,这种不安和恐惧的情绪状态往往会导致性格上的变异、软弱、退缩和冷漠。

害羞心理的克服:

(1) 培养交往的自信心。自信心表现在各个方面,如果总认为自己缺乏交往能力,口才没有别人好,气质风度比别人差,见世面比别人少,在集体活动中,就会缩手缩脚,讲话办事瞻前顾后,学习讨论羞于开口,使自身的能力得不到有效的发挥,影响同学间的正常交往。因此,要培养交往的自信心,要看到自己的长处,而不必为自己的某些短处而自惭形秽,相信自己身上总有吸引别人之处,从而摆脱与他人交往的自卑阴影。

(2) 努力丰富自身的知识。俗话说,艺高人胆大,有了丰富的知识储备、娴熟的交往技巧,在交往中自然就会应对自如。知识可以丰富人的底蕴,增加人的风度,培养人的气质,也是克服羞怯心理的良药。要勤奋学习,努力拓宽知识面,掌握一些社交知识和技巧,通过知识的积累,增强交往的勇气。

(3) 增强交往能力的锻炼。大学生要努力寻求表现自己的机会,多与他人交往,使自己的交往能力得到进一步的发展。要为自己多创造一些交往的机会,在各种场合下大胆讲话,勇于发言。

6. 孤独心理

孤独是指在人际交往中不主动、缺乏热情、寡言少语的心理状态。从心理学的角度讲,人际交往中的孤独是一种封闭的心理障碍,更多的是由于个体偏于内向的性格而造成的。心理孤独的人常常把自己真实的思想、感情、欲望掩盖起来,过分强调自我克制。从孤独者的内心来说,他们对人际交往缺乏兴趣,不知如何去找知音或根本就不想找,是一种心灵上的孤寂。对于他人来说,这样的人难以接近,与之交往不是很累就是无效,久而久之,人们便与之保持心理距离,其结果就是孤独者更加孤独。

孤独心理的克服:

(1) 建立自信心。相信自己是有价值的人,愿意从事帮助他人也有利于自己的事。让他人在你的所作所为中了解你、尊重你。

(2) 多参与集体活动。参与集体活动的主要价值,在于学习社交能力,并寻找机会让别人认识并了解你。不必希望立即获得回报。

(3) 练习自我表达能力。自我表达除了朋友之间的感情表达,还要有个人意见与才能的表达。恰当不引起误会的表达方式是可以学习的。

(4) 练习听取别人的意见并尊重大家一致达成的意向。先要做到与别人和谐共处,然后才有可能培养出感情。

（5）打破孤独的僵局。跟人们相处时感到的孤独，有时候会超过一个人独处时的10倍。这是因为你与周围的人格格不入，就像你突然来到一个语言不通的国度一样，你无法跟周围的人进行必要的交流，也无法融入那种热烈的气氛里面，你不由自主地觉得自己很孤单。而他们之中那种热烈的气氛更是衬托出你的被冷落。如果这种情况在心理上已成为定势，就会害怕与人相处。这时候，就更要承受虽身处人群而感到孤独的压力，要战胜过去的自我。要打破这种局面，唯有"忘我"。想一想你能为别人做点什么，这很有好处。记住：温暖别人的火，也会温暖你自己。

【心理链接】

你对人际关系是不是太过于敏感？

偶遇朋友，对方却没有跟你打招呼，你是不是怀疑自己做了什么事冒犯了他？平时一起上班的同事，连续两天没有约你一起上班了，你会不会觉得他对自己有什么意见？同学聚会，偏偏你没被邀请，你有没有感觉他们是在故意冷落你？生活中不论大小事，只要是身边的人"怠慢"了你，你是不是总会认为是自己做错了什么？如果是，你很可能存在着负性思维模式，这一模式使你在处理人际关系方面时常遇到阻碍。

讲一个小故事，男孩A和男孩B暗恋同一位女孩，一天女孩不小心崴到了脚，男孩A主动提出背她去校医院，女孩有些羞涩，便拒绝了他的好意。在同学的搀扶下，她艰难地往前走，走了一阵子，男孩B提出要背女孩过去，女孩同意了。男孩A看到这一幕时，十分恼怒，他事后质问女孩为什么如此看不起自己，不给自己面子。女孩说道："任何男孩背我，我都会觉得有些难为情，所以婉拒了你的帮助；只是去医院的路太长，我越走越觉得疼痛难忍，恰好这时B提出要背我，而我想着马上就到医院了，不会麻烦他太多，也就同意了。如果那个时候，你提出要背我，我也会接受的。"

所以，很多时候，事情起源于我们对自己的负性评价，我们对自己的不自信，导致我们过于敏感发生在自己身边的事情，错误解读他人行为的意义，进而导致我们对人际关系总是缺乏安全感和自信心，而这又会反过来影响我们对自己的看法和评价，如此形成一个自我否定和惧怕人际交往的恶性循环。

那么要想改善这一情况，我们就需要从根源上来解决，也就是我们的心态。如何从心态上入手呢？在遇到类似情况的时候，不要急于下判断，给自己一点冷静的时间，可以先问问我们的朋友，是他最近遇到了什么烦恼，还是你在哪方面做得不太妥当。如果朋友确实是遇到了一些困扰，那么不仅你的焦虑解除了，你还可以表达对他的关心，增进你们的关系。如果确实是因为你做了一些使对方不满的行为，那么你不妨真诚地道个歉，趁此机会反省反省自己，没什么大不了的。天天想着自己是不是惹着这个了，气着那个了，别人一个不经意的眼神你都要费尽心思揣测半天，该有多累啊！

凡事不必总往心里去，这个世界上没有什么事情是绝对完美的，过于追求完美只会导致你的自我伤害。何必总是给自己寻找不愉快呢？

［摘自：陈行.大学生心理健康［M］.北京：高等教育出版社，2017：165-166］

【趣味心理测试】

趣味心理测试——大学生人际关系综合诊断

［测试要求］　本测试共 28 题,在每个问题上,选"是"画"√",选"否"画"×"。

1. 关于自己的烦恼有口难言。 　　　　　　　　　　　　　　　　　　（　　）
2. 和生人见面感觉不自然。 　　　　　　　　　　　　　　　　　　（　　）
3. 过分地羡慕和妒忌别人。 　　　　　　　　　　　　　　　　　　（　　）
4. 与异性交往太少。 　　　　　　　　　　　　　　　　　　（　　）
5. 对连续不断的会谈感到困难。 　　　　　　　　　　　　　　　　　　（　　）
6. 在社交场合感到紧张。 　　　　　　　　　　　　　　　　　　（　　）
7. 经常伤害别人。 　　　　　　　　　　　　　　　　　　（　　）
8. 与异性来往感觉不自然。 　　　　　　　　　　　　　　　　　　（　　）
9. 与一大群朋友在一起,常感到孤寂或失落。 　　　　　　　　　　　　　　　　　　（　　）
10. 极易受窘。 　　　　　　　　　　　　　　　　　　（　　）
11. 与别人不能和睦相处。 　　　　　　　　　　　　　　　　　　（　　）
12. 不知道与异性相处如何适可而止。 　　　　　　　　　　　　　　　　　　（　　）
13. 当不熟悉的人向自己倾诉他的生平遭遇以求同情时,自己常感到不自在。　（　　）
14. 担心别人对自己有什么坏印象。 　　　　　　　　　　　　　　　　　　（　　）
15. 总是尽力使别人赏识自己。 　　　　　　　　　　　　　　　　　　（　　）
16. 暗自思慕异性。 　　　　　　　　　　　　　　　　　　（　　）
17. 时常避免表达自己的感受。 　　　　　　　　　　　　　　　　　　（　　）
18. 对自己的仪表(容貌)缺乏信心。 　　　　　　　　　　　　　　　　　　（　　）
19. 讨厌某人或被某人所讨厌。 　　　　　　　　　　　　　　　　　　（　　）
20. 瞧不起异性。 　　　　　　　　　　　　　　　　　　（　　）
21. 不能专注地倾听。 　　　　　　　　　　　　　　　　　　（　　）
22. 自己的烦恼无人可倾诉。 　　　　　　　　　　　　　　　　　　（　　）
23. 受别人排斥与冷漠。 　　　　　　　　　　　　　　　　　　（　　）
24. 被异性瞧不起。 　　　　　　　　　　　　　　　　　　（　　）
25. 不能广泛地听取各种意见、看法。 　　　　　　　　　　　　　　　　　　（　　）
26. 自己常因受伤害而暗自伤心。 　　　　　　　　　　　　　　　　　　（　　）
27. 常被别人谈论、愚弄。 　　　　　　　　　　　　　　　　　　（　　）
28. 与异性交往不知如何更好地相处。 　　　　　　　　　　　　　　　　　　（　　）

［计分规则］

画"√"计 1 分,画"×"计 0 分。

［结果解释］

0～8 分：你在与朋友相处上的困扰较少。你善于交谈,性格比较开朗,主动关心别人,你对周围的朋友都比较好,愿意和他们在一起,他们也都喜欢你,你们相处得不错。而且,你能够从与朋友的相处中得到许多乐趣。你的生活是比较充实而且丰富多彩的,你与异性朋友也相处得很好。一句话,你不存在或较少存在交友方面的困扰,你善于与朋友相处,人缘很好,获得许多人的好感与赞同。

9～14分:你与朋友相处存在一定程度的困扰。你的人缘很一般,换句话说,你和朋友的关系并不牢固,时好时坏,经常处在一种起伏波动的状态之中。

15～28分:你在同朋友相处的行为上困扰较严重。分数超过20分,则表明你的人际关系困扰程度很严重,而且在心理上出现较为明显的障碍。你可能不善于交谈,也可能是一个性格孤僻的人,不开朗,或者有明显的自高自大、讨人嫌的行为。

下面根据表5-1各个小栏上的得分,具体说明你与朋友相处的困扰行为及其纠正方法。

表5-1 大学生人际关系综合诊断量表

Ⅰ	题目	1	5	9	13	17	21	25	小计:
Ⅱ	题目	2	6	10	14	18	22	26	小计:
Ⅲ	题目	3	7	11	15	19	23	27	小计:
Ⅳ	题目	4	8	12	16	20	24	28	小计:

①计分表"Ⅰ"栏上的小计分数,显示出你在交谈方面的行为困扰程度。

6分以上:你不善于交谈,只有在极度需要的情况下才会同别人交谈,总是难于表达自己的感受,无论是愉快还是烦恼;你不是个很好的倾听者,往往无法专心听别人说话或只对单独的话题感兴趣。

3～5分:你的交谈能力一般,能够诉说自己的感受,但不能讲得条理清晰。如果你与对方不太熟悉,开始时往往会表现得比较拘谨与沉默,不太愿意与对方交谈。但这种状况一般不会持续太久。经过一段时间的接触,你可能会主动与人搭话,这方面的困扰也就会随之减轻或消除。

0～2分:你有较高的交谈能力和技巧,善于利用恰当的说话方式来交流思想感情,因而在与别人建立友情方面,往往更容易获得成功。

②计分表"Ⅱ"栏上的小计分数,显示出你在交际与交友方面的行为困扰程度。

6分以上:你在社交活动与交友方面存在严重的行为困扰。例如,在正常集体活动与社交场合,你比大多数同伴更为拘谨;当有陌生人或老师在场时,你往往感到更加紧张;往往过多考虑自己的形象而使自己处于越来越被动和孤立的境地。

3～5分:你在社交与交友方面存在一定的困扰。你不喜欢一个人待着,需要和朋友在一起,但却不善于创造条件并积极主动地寻找知心朋友。

0～2分:你对人较为真诚和热情,不存在人际交往的困扰。

③计分表"Ⅲ"栏上的小计分数,显示出你在待人接物方面的困扰程度。

6分以上:你缺乏待人接物的机智与技巧。在实际的人际交往中,你也许有意无意地伤害别人,或者过分羡慕别人以致在内心嫉妒别人。因此,可能受到别人的冷漠、排斥,甚至愚弄。

3～5分:你是个多侧面的人,也许是一个较圆滑的人。对待不同的人,你有不同的态度,而不同的人对你也有不同的评价。你讨厌某人或者被某人讨厌,但却非常喜欢一个人或者被另一个人喜欢。你的朋友关系在某些方面是和谐的、良好的,但某些方面却是紧张的、恶劣的。因此,你的情绪很不稳定,内心极不平衡,常常处于矛盾状态中。

0~2分:你较尊重别人,敢于承担责任,对环境的适应性强。你常常以自己的真诚、宽容、责任心强等个性特点,获得众人的好感与赞同。

④计分表"Ⅳ"栏上的小计分数,显示出你同异性朋友交往的困扰程度。

5分以上:你在与异性交往的过程中存在较为严重的困扰。也许你对异性存有过分的思慕,或者对异性持有偏见。这两种态度都有片面之处。也许你是不知如何把握好与异性同学交往的分寸而陷入困扰之中。

3~4分:你与异性同学交往的行为困扰程度一般。有时可能觉得与异性同学交往是一件愉快的事,有时又可能觉得这种交往似乎是一种负担,不知道如何与异性交往最适宜。

0~2分:你知道如何正确处理与异性朋友之间的关系。你对异性同学持公正的态度,能大方自然地与他们交往,并且在与异性朋友的交往中,得到了许多从同性朋友那里得不到的东西。你可能是一个比较受欢迎的人。无论是同性朋友还是异性朋友,多数人都比较喜欢和赞赏你。

[资料来源:石晓春,王浩.大学生心理健康——快乐学习快乐生活[M].北京:电子工业出版社,2010:164-167.]

【心灵修炼】

1. 说说身边常见的影响同学之间人际交往的因素有哪些?
2. 你觉得大学生在人际交往中存在的心理障碍有哪些?

【影视欣赏】

《匆匆那年》

《匆匆那年》是由张一白执导,彭于晏、倪妮、郑恺、魏晨、张子萱主演,陈赫友情出演的校园爱情片(图5-2)。影片讲述了一群80后年轻人从步入中学到大学毕业长达十年的青春故事。

https://baike.baidu.com/item/%E5%8C%86%E5%8C%86%E9%82%A3%E5%B9%B4/12633050?fr=aladdin.

https://www.iqiyi.com/v_19rro1v2ew.html.

图5-2　电影《匆匆那年》海报

知识点3 学会与人交往

【困惑与问题 5－3】

小燕该怎么办?

　　小燕是大学一年级学生,刚进大学时,她与同寝室的一名同学以及隔壁寝室的两名同学组成了一个关系亲密的小团体。四人又是同班,平时大部分时间在一起活动,曾被同班同学戏称为"四人帮"。相处之初,大家还是比较愉快的。但随着时间的推移,她与同寝室这名同学之间的关系开始有些紧张,俩人性格、处事方式和生活习惯的不同,逐渐显露出来。彼此都有看法,在生活交往中开始疏远。这个室友对她也有敌意,说话、做事有时显得十分尖刻,好像总想抓机会揭她的短。小燕曾经为缓解彼此的关系做过努力,可是不但没有效果反而更加恶化。其他俩人还不清楚她和室友闹到这种地步,但感觉她们和室友的关系好像比跟她要更亲近些,所以也没想到用合适的方式向她们讲明。因此表面上四个人还是与往常一样在一起学习娱乐,上课时在一个小组讨论问题,小燕觉得比较尴尬,想避又避不开。这种状况经常影响到小燕的情绪,以至于不能安心地学习。为了不影响自己正常的学习和生活,小燕萌发了从四人小团体中脱离出来的念头,想一个人独立地安排自己的学习和生活,但是又担心其他人误会她,以为她对她们不满意。小燕想对其他两人说明和室友的关系,但因为她们和室友的关系好像比和她更近,又担心她们不信任她,所以很为难。就这样要经常和一个自己不喜欢的人在一起,小燕觉得日子很难熬,不知该怎么办。

　　问题:
　　小燕和这位室友的关系该怎么处理?就小燕的问题,提出你的建议。

【心理运动场】

体验"第一印象"

　　[活动任务]
　　1. 体验与陌生人第一次见面时的心理感受。
　　2. 说说自己在人际交往中曾经历过的"第一印象"。
　　3. 讨论人际交往中如何建立良好的第一印象。
　　[活动目标]
　　1. 了解怎样建立第一印象。
　　2. 掌握怎样在人际交往中巧妙运用第一印象。
　　[活动要求] 认真观察志愿同学的表现,各学习小组讨论后写出对志愿同学的第一印象,并选派一名同学代表本小组汇报讨论结果。
　　[活动考核] 每个学习小组选派一名代表与任课教师组成评委,对各学习小组的汇报进行评价。

［关键词］ 交往原则 交往技巧

【心海导航】

心理学研究表明,人际交往的基础是人们之间相互重视、相互支持。人们愿意同真心接纳自己、喜欢自己的人进行交往,并与之建立和维持人际交往关系。从心理上讲,每个人都是天生的自我中心者,每个人都希望别人能承认自己的价值、支持自己、接纳自己、喜欢自己。所以,在人际交往中,人们就更加重视自己的表现,吸引别人的注意,希望得到别人的接纳和喜欢。同时,人际交往是一种能力,也是一种技术。如果我们能够在人际交往的过程中处理好各种关系,就能有效地完善自己、发展自己、享受人生,否则就会感到孤独、无奈与痛苦。因此,大学生若要保持良好的人际关系,就必须遵循人际交往的原则,掌握人际交往的技巧。

一、与人交往的原则

(一) 交往要平等

平等,主要指交往双方在态度和地位上的平等,每个人都有自己独立的人格、做人的尊严和法律赋予的权利和义务,人与人之间的关系是平等的。在交往的过程中,如果一方居高临下、盛气凌人、发号施令,那么他很快便会遭到碰壁从而导致孤立。坚持平等的交往原则,就要正确评价自己,不要光看自己的优点而盛气凌人、自以为是;也不要只见自身弱点而妄自菲薄、盲目自卑。要尊重他人的自尊心和感情,更不能以世俗的势利眼光"看人下菜"。因此,在交往的过程中,任何一方都要正确认识和评价自己,不能自认高人一等,盛气凌人;也不能自认在家庭出身、经济条件、长相外貌等方面不如他人而卑躬屈膝。

(二) 尊重他人

每个人都有自己的人格尊严,并期望在各种场合中得到尊重。尊重能够获得他人的信任,缩短交往的心理距离。一般来说,大学生的自尊心都比较强,在与他们进行交往时尤其要注重尊重他们,不要损害他们的名誉和人格,承认或肯定他们的能力与成绩。否则,容易导致人际关系的紧张和冲突。坚持尊重他人的原则,必须注意在态度和人格上对他人的尊重,要平等待人、语言文明、礼貌待人,不开过分的玩笑,不乱给同学取绰号,尊重同学的生活习惯等。

(三) 真诚待人

真诚是人与人之间沟通的桥梁,只有以诚相待,才能使交往双方建立信任感,并获得真诚的友谊。坚持真诚的原则,必须做到热情关心、真心帮助他人而不求回报,对朋友的不足和缺点能诚恳提出。实事求是,对不同的观点能直陈己见而不是口是心非,既不当面奉承,也不在背后诽谤别人,做到肝胆相照、以诚相待。

(四) 互助互利

心理学研究表明,人际交往是以能否满足交往双方的需要为前提的。如果交往双方的心理需要都能获得满足,其人际关系才会持续发展。互助,就是当一方需要帮助时,另一方要力所能及地给予对方帮助。这种帮助可以是物质方面的,也可以是精神方面的;可以是脑力的,也可以是体力的。坚持互助互利原则,就是要破除极端自私的个人主义,与人为善,乐于助人。同时，又要善于求助别人。别人帮助你克服了困难，他也会感到愉快的，这样有利于双方的进一步情感交流。

（五）讲究信用

信用是成功的伙伴，是无形的资本，是中华民族古老的传统。这一原则要求大学生在人际交往中要说真话，言必信，行必果。答应做到的事情不管有多难，也要千方百计、不遗余力地去做到。如果经再三努力而没有实现，则应诚恳地说明原因，不能有"凑合""对付""糊弄"的思想。守信用者能交真朋友、好朋友；不守信用者只能交一时的朋友或终将被抛弃。坚持交往要讲究信用原则，就是要做到有约按时到，借物按时还，不乱猜疑，不轻易许诺、信口开河，让人空欢喜。

（六）宽容大度

人际交往中常常会产生误解和矛盾。处于青春期的大学生，由于个性特征的多样性及感觉的易"过敏"性，在交往中不可避免地会产生一些矛盾。这就要求大学生在交往中不要斤斤计较，而要谦让大度、克制忍让，不计较对方的态度，不计较对方的言辞，并勇于承担自己的行为责任，做到"宰相肚里能撑船"。他吵，你不吵；他凶，你不凶；他骂，你不骂。大可不必"以牙还牙，以眼还眼"。只要我们胸怀宽广，发火的人一定也会自觉无趣。宽容克制并不是软弱、怯懦的表现。相反，它是有涵养的表现，是建立良好人际关系的润滑剂，能"化干戈为玉帛"，赢得更多的朋友。

回答 5 - 3 :

小燕该怎么办？

小燕应该保持和这位室友的朋友关系，可以选择适当的机会告诉室友自己的想法。在人际交往中，恰当地表达自己是相互增进了解的一种方式。小燕应该学会与人交往的技巧。简单地说，就是"像你希望别人对待你那样对待别人"。

二、与人交往的技巧

（一）学会倾听他人的谈话

倾听他人谈话对搞好人际关系具有重要的作用。因为倾听本身就是褒奖对方谈话的一种方式，你能耐心倾听对方的谈话，就等于告诉对方"你是一个值得我倾听你讲话的人"，这在无形之中就能提高对方的自尊心，加深彼此的感情。反之，对方还没有把要对你讲的话讲完，你就听不下去了，就容易使对方的自尊心受挫。事实也说明，越是善于倾听他人意见的人，人际关系就越融洽。要做一个好的倾听者，应该做到：

1. 耐心倾听

即使有些普通的话题对你来讲已相当熟悉，可是对方却眉飞色舞、谈兴正浓，此时，出于礼貌，你应该保持耐心，不能表现出不耐烦的神色。在听他人说话时，应精神集中、表情专注，不要东张西望、心不在焉，不要看书看报、哈欠连天，更不要修指甲、剔牙、掏鼻孔、挖耳朵等，这类举止不仅是不礼貌的表现，也无疑告诉对方你不想听了。

2. **虚心倾听**

切忌得理不让人和不必要的争辩,这样会打乱亲切和谐的交往气氛。

3. **会心倾听**

听人谈话,不只是在被动地接受,还应该主动地反馈,积极地回应。在交谈时,要注意与对方经常交流目光,可时而赞许性地点头,或不时地用"哦""是这样的"等来表示你在注意倾听,以鼓励对方继续讲下去。

(二)学会从他人的立场思考问题

移情是一种理解和体验他人情绪的能力。人际交往的实质是人与人之间情感的联系与沟通。情感的沟通越充分,双方共同拥有的心理空间领域就越大,人际关系就越亲密。因此,移情在建立和维持友谊、处理人际冲突中起着重要的作用。移情不是同情,而是交往双方内心情感的共通与统一。只有具备了移情的能力,人们才能在交往中进行换位思考,才能进入对方的思想和情感世界,以对方的眼光去看对方的世界,以对方的心情去体会对方的情绪,以对方的思想去推理对方的行为。这对建立良好的人际关系非常重要。现实中人际冲突的根源一般都是以自我为中心,不能站在对方的角度看问题。有些人在自我中心倾向的支配下,常常不顾场合和交往对方的心情,一味地由着自己的性子去交往,致使在交往中出现尴尬的局面。试想,当一个人由于失败而处于心理低潮时,你却在他面前宣告自己如何成功,结果会怎样呢? 如果每个人都能够经常站在对方的角度去理解和处理问题,人际交往就会顺利得多。因此,为了更好地进行人际交往,大学生不仅要树立移情的意识,而且要注重培养自己移情的能力。

(三)学会真诚地赞美他人

人际交往是一个互动的过程,因此,交往双方在心理上也总是以情感的相悦性作为交往的动力,以彼此的满意或不满意、喜欢或厌恶等情绪反应为特征。一般来说,人们总是喜欢那些喜欢自己、真诚评价自己的人。由于受到交往对方的赞扬,得到好的评价,自尊心就能得到满足,便对此人产生心理上的接近和好感,从而为良好的人际交往提供心理铺垫。当然,赞美必须发自内心,口是心非的奉承只能让别人更反感。真诚的赞美来自对别人长处的发现。有些大学生在交往中太过于注意自己,常常看不到别人的优点。其实,人人都有值得赞美的地方,如果仔细观察,就会发现交往对方的可贵之处,从内心发出真诚的赞美,这将会促进交往的深入进行。

(四)学会拒绝他人的请求

在人际交往的过程中,我们应当互相帮助,坦诚相待,特别是在朋友有困难或者是有求于你时,更应鼎力相助。但是有时自己又的确帮不上,这时怎样拒绝才不会产生误解呢?

1. **拒绝的态度要诚恳**

先表示对对方请求的理解,然后再说明自己实在无法帮忙的理由。不能草率地生硬拒绝,否则,既会让对方扫兴,还有可能让对方误认为你不想帮忙,进而影响到彼此今后的交往。

2. **拒绝时要先肯定对方,然后再拒绝**

对于勉为其难的事,可以先肯定对方的意见或人格,然后再委婉地拒绝。这样可以使对方先进入良好的情绪状态,进而用一种积极的心态看待随之而来的拒绝,而不会造成其他方面的误解。

3. 拒绝的语言要温和

拒绝时要多使用"抱歉""对不起"等让人容易接受的词汇,以表示自己的歉意和诚恳,不能用生硬的话语,这样会让人感到尴尬,反而使自己下不来台。

（五）学会友善地解决人际冲突

能否友善地化解在交往过程中产生的各种矛盾或冲突,对建立良好的人际关系至关重要。

1. 冲突的解决要讲究方式

解决冲突应以友善的方式开始,而不能激动难耐,大发脾气,这样是不利于问题的解决的。在很多情况下,友善比武力更有效。

2. 冲突中的争辩要掌握分寸

在解决冲突的过程中,争辩是不可避免的。如何争辩才能既解决问题又不影响双方的关系呢?要做到:争辩要有意义,"永远避免无意义的正面冲突";争辩时要有气量和风度;争辩时要为对方考虑,要给对方面子,不要得理不让人,不要计较胜负。

3. 有错误就坦诚地承认

如果在冲突中发现是自己错了,就要真诚地承认,而不要强词夺理,为自己争辩。争辩错误不如承认错误,因为这样更容易得到别人的谅解。

（六）学会运用语言艺术

语言包括口语和非口语,它们都在人际交往中发挥着重要作用。

1. 口语

每个人每天都在讲话,但是如何才能把话讲好,往往被人忽视。这里主要谈谈三个问题。

（1）称呼语

称呼,一般来说是人们在交往时说出的第一个词。怎样称呼对方,对建立良好的人际关系非常重要。称呼一定要根据对方的身份、年龄、职业等具体情况而定,力求准确、恰当。把握不准对方的身份时,不要贸然相称。

（2）避讳语

避讳语是一种重要的交往用语。人们在交谈中对一些不便直说的内容习惯于用某些含蓄委婉的词语来表达,长此以往就形成了避讳语。使用恰当的避讳语是说话者有修养的体现。

（3）口语的几种策略

一要委婉。在人际交往中,有些话虽然完全正确,但对方碍于情面却难以接受,这时,委婉地说出,效果会好得多。二要含蓄。在人际交往中,有时出于某种原因不便把某一信息表达得太直白,而靠对方从自己的话语中体会出里面的真正含义,这就是含蓄。三要模糊。在人际交往中,有时会出于某种原因不便或不愿把自己的真实想法说出来,此时可以把信息模糊化,既不伤害对方,又不难为自己。四要幽默。幽默在人际交往中,既能活跃气氛,又能缓解紧张气氛,还能用作批评和反击的武器。幽默的人在交往中非常受欢迎,往往会成为谈话的中心人物。幽默能增强人际交往的吸引力。五要交谈。交谈是良好的人际关系的润滑剂,是人们传递信息、交流思想、增长知识、增进友谊的重要渠道。

掌握交谈的技巧,首先,必须有积极、真诚的态度。要相互交心,不能胡乱恭维;要以礼待人,尊重他人;要热情大方,给对方以亲切感;要积极认真,切忌消极随便。其次,要把握好面部表情、手势等非口语。最后,交谈的语言要文雅、简明。要口语化,不要书面色彩太浓,否则会给人以卖弄之嫌。

总之,一个心理成熟、懂得社交技巧的人,应当学会好好说话,知道在什么时候该以怎样合适的方式说话。实话不一定要直说,可以幽默地说、婉转地说或者延迟点说,私下与当事人交流而不是当众说,等等。同样是说实话,以不同的方式说,效果显然是不同的。

2. 非口语

口语的沟通是人际沟通的最主要形式,但并非唯一的形式。非口语沟通在人际交往中也占有重要地位。有时候,非口语比口语更能传情达意。

(1)手势

手势往往是人们在交往中使用得最多的一种动作,如悲伤时捶胸、懊悔时拍脑门、夸奖人时跷大拇指等。在交往中恰当运用手势,能够强化输出信息的清晰度和效果。比如,描述物品时,配以手势,会使对方更加准确地了解该物品的形状、大小。再如,到车站、码头送客,当车、船渐行渐远时,手势更能表达依依惜别之情。

(2)眼神

眼睛被人们称作"心灵的窗户",被认为是最明确的情感表达方式。相爱者深切地注视着对方的眼睛,仇恨者亦如此。在更多的情况下,眼神主要用来表示对对方的友好、重视、关心和注意。眼神同时也是调节交往双方心理距离的手段。据研究,谈话中双方的双目对视一般只持续一秒钟左右,然后就移开,否则就意味着双方的关系十分密切。

(3)面部表情

在人际交往中,特别是在情感交流中,表情的作用非常重要。在情感交往中有这样一个公式:一个信息的表达=7%的言语+38%的声音+55%的面部表情。人的嘴、眉毛都在表达着喜怒哀乐。交往中最常用的面部表情是笑容。恰到好处的笑是交往能力的重要指标,不善笑就不善交往。善意的、恰到好处的笑,会使自己轻松,也使对方心情舒畅。

(4)姿势

在人际交往中,姿势反映着人们的思维活动,会产生不同的效果。良好的姿势,能助你获得交际的成功,并给人们留下彬彬有礼的美好印象。

(七)学会把握交往的"时空"

1. 交往时间的技巧

时间对每个人的作用不言而喻。把握交往时间主要表现在:第一,守时。不管是你约对方,还是对方约你,一定要在约定的时间到达,不能让对方在等待中浪费时间。第二,尊重他人的私人时间。现如今,生活在快节奏、多压力社会中的人们,在私人时间里,谁都想放松一下、休息一下。如果你在他人的私人时间里打扰对方,会让人感到不快的。尤其是在事前没有约定而贸然登门拜访,更会令人反感。第三,注重交往的频率。维持良好的关系,长期不交往不行,但交往过于频繁也会给对方带来不便。每个人都有自己的私人生活,不能因为你的"自以为是",就经常黏着人家。尽管对方嘴巴上不说什么,其实他的内心早有不堪承受之感。

2. 交际空间的技巧

心理学研究表明,人的自我感觉十分敏感,当其私人空间遭到他人侵犯时,会本能地做出某种姿态予以防御。这就要求我们在人际交往中要注重与他人保持交往距离。一般情况下,普通人的交往距离为半径约 0.6 米的范围内,大约等于一个手臂的长度。也就是说两个人讲话时的合适距离为 0.6 米左右。人类学家爱德华·霍尔的研究揭示出如下规律:0.45 米以内为亲密距离,这是夫妻、恋人的距离;0.45~1.2 米为朋友间距离,这是一般的交谈距离;1.2~3.6 米为社会距离,这是团体讨论、宴会交往的距离;3.6 米以上为公众距离,这是途中打招呼、挥手致意等的距离。

【心理链接】

人际安全——人际交往的心理距离

在一个大阅览室里,里面散坐着一些学生。找几名实验者拿着尺子分别坐在距离先来读书的不同学生 4 米、2 米、1 米、20 厘米的左、右、前、后处,观察这些同学的反应,你会发现什么现象?

想象一下,同样的场景,如果你是这个实验者,阅览室里散坐着你的同学,你会坐在哪里,同学会有什么反应?

结果证明,在空旷的阅览室里,没有一个学生能够忍受一个陌生人紧挨着自己坐下。当实验者坐在他们身边后,很多人很快就默默地起身到别处坐下,有人则干脆明确地表示不满:"你想干什么?"

这个实验说明了人与人之间需要保持一定的空间距离。任何一个人,都需要在自己的周围有一个自我空间,它就像一个无形的"气泡"一样为自己"割据"了一定的"领域"。而当这个自我空间被人触犯时人们就会感到不舒服、不安全,甚至恼怒起来。

美国心理学家霍尔认为根据人们的关系不同,在交往时,身体间的距离也有所不同。他提出了人际四种距离。

第一,45 厘米以内,亲密距离。这是人际交往中的最小间隔或几无间隔,即我们常说的"亲密无间"。其近范围在 15 厘米之内,彼此间可能肌肤相触,耳鬓厮磨,以至于相互能感受到对方的体温、气味和气息;其远范围是 15~45 厘米,身体上的接触可能表现为挽臂执手或促膝谈心,仍体现出亲密友好的人际关系。

第二,46~76 厘米,个人距离。这是人际间隔上稍有分寸感的距离,正好能相互亲切握手,友好交谈。这是与熟人交往的空间,陌生人进入这个距离会构成对别人的侵犯。

第三,1.2~3.7 米,社交距离。这已超出了亲密或熟人的人际关系,而是体现出一种社交性或礼节上的较正式关系。1.2~2.1 米,一般在工作环境和社交聚会上,人们都保持这种程度的距离。2.1~3.7 米,更加正式的交往关系。相互间的目光接触是交谈中不可缺少的感情交流形式。

第四,3.7~7.6 米,公众距离。这是公开演说时演说者与听众所保持的距离。当演说者试图与一个特定的听众谈话时,他必须走下讲台,使两个人的距离缩短为个人距离或社交距离,才能够实现有效沟通。

显然,相互交往时空间距离的远近,是交往双方之间是否亲近、是否喜欢、是否友好的重要标志。它也是衡量异性是否喜欢你的一个很准确的方法。

[摘自:石晓春,王浩.大学生心理健康——快乐学习快乐生活.北京:电子工业出版社,2010:152.]

人际交往小技巧

1. 记住别人的姓或名,主动与人打招呼,称呼要得当,让别人觉得被礼貌相待、备受重视,给人以平易近人的印象。

2. 举止大方、坦然自若,使别人感到轻松、自在,激发交往动机。

3. 培养开朗、活泼的个性,让对方觉得和你在一起是愉快的。

4. 培养幽默风趣的言行,幽默而不失分寸,风趣而不显轻浮,给人以美的享受。与人交往要谦虚,待人要和气,尊重他人,否则事与愿违。

5. 做到心平气和、不乱发牢骚,这样不仅自己快乐、涵养高,别人也会心情愉悦。

6. 要注意语言的魅力,合适地安慰受创伤的人,鼓励失败的人,称赞取得成绩的人,帮助有困难的人。

7. 处事果断、富有主见、精神饱满、充满自信的人容易激发别人的交往动机,博得别人的信任,使人产生乐意与之交往的愿望。

[摘自:于立东.大学生心理健康教育[M].南京:南京大学出版社,2010:128-129.]

【心灵修炼】

1. 你自己需要完善哪些人际交往方面的技巧?

2. 请用"你"字句型造句,并尽量使用到生活中。例如:"你是一个快乐的人。""你很善良。"

3. 你同意以下的说法吗?

说法一:如果周围有同学不喜欢你,就说明你的人际关系不好。

说法二:如果我拒绝别人,就会破坏人际关系。

说法三:为了维系良好的人际关系,我只能永远是一个奉献者。

你在多大程度上同意这些说法? 如果你不同意,你的理由是什么?

【影视欣赏】

《假如爱有天意》

《假如爱有天意》是由郭在容执导,孙艺珍、曹承佑、赵寅成等主演的韩国爱情电影(图5-3)。影片讲述了大学生尹梓希无意中找到母亲宋珠喜留下的日记,重温她母亲初恋的故事。

https://baike.baidu.com/item/%E5%81%87%E5%A6%82%E7%88%B1%E6%9C%89%E5%A4%A9%E6%84%8F/27881?fr=aladdin.

https://www.iqiyi.com/v_19rrjel96c.html.

图5-3 电影《假如爱有天意》海报

专题六　漫步伊甸园——寻觅真爱

☆ 学习目标

- 知识目标
  1. 了解爱情的内涵和本质;
  2. 了解形形色色的大学恋爱观;
  3. 了解男女恋爱的心理差异;
  4. 了解大学生性心理发展及特点。
- 技能目标
  1. 掌握自身发展特点,提高爱的能力;
  2. 处理好大学期间的恋爱问题;
  3. 培养健康的恋爱心理。

"你来自云南元谋

我来自北京周口

拉着你长满绒毛的手

轻轻咬上一口

爱情

让我们直立行走……"

　　爱情是一个亘古常新的问题,在大学校园里,感人的爱情故事从来不曾缺席。由于生理上逐渐成熟,时间也相对比较宽裕,恋爱之风在大学很是盛行。很多人漫步在伊甸园,寻寻觅觅,但是我们也不难发现,大学恋爱,分分合合,司空见惯。谁和谁在一起,谁又和谁分开,谁追了谁,谁甩了谁,再也不会引起众人的惊异。大学的爱情好像走进一家速食店,本应慢火微焙的感情被程序化、标准化地加工一下就端上桌了,做得快,吃得也快,散得也快。

知识点 1　正视爱情　为爱导航

【困惑与问题 6-1】

一个人的恋爱

　　诗诗就读于杭州的一所高职院校,是一名热爱文学的计算机专业的大一女生。在男生偏多的班级里,诗诗是一个很受欢迎的女生,尤其是她温柔的言行举止,吸引了很多追求者。

然而众多的追求者,诗诗一个也没看上,唯独对助理班主任——一位同系的大二男生情有独钟。

助班小石是一名阳光帅气的男生,他乐于助人,开朗活泼,经常帮诗诗所在的班级组织各种各样的活动。在诗诗眼里小石在各方面也特别关照她,明显感受到了他充满温度的关怀,每当他一进诗诗的班级,诗诗都能感受到小石灼灼的目光。于是,在班里组织的一次郊游活动之后不久,诗诗鼓起勇气向小石表白,没想到小石当时就婉言拒绝了。小石对诗诗说,对不起,我已经有女朋友了,之前对你的照顾其实纯粹像哥哥对妹妹的照顾,让你误会了。

表白被拒后的诗诗看起来似乎云淡风轻,但是内心却经不住打击,一直反思自己是不是哪里不够优秀,眼里浮现的一直是助班帮助她时笑盈盈的亲切模样。一学期下来,诗诗的各科成绩几乎都在及格线徘徊,人也整天精神恍惚,憔悴不堪。

问题:

单恋如何进行心理调节?

【心理运动场】

爱情价值商店

[活动任务] 根据重要顺序排列自己的爱情价值观。

[活动目标] 评估大学生爱情价值观,进一步理解爱情的内涵。

[活动要求] 发下爱情价值商店的表格(表6-1),请学生根据重要性把价值观排出顺序,将同学的价值观汇总后依重要到次要的顺序统计出来。

表 6-1 爱情价值商店

项目	按重要程度排序
经济条件好	
勤劳务实	
外表潇洒(漂亮)	
性格温和,有幽默感	
身体健康	
有责任心	
独特的人格魅力	
学识渊博	

[活动考核] 将爱情价值观按照重要性顺序汇总并进行评价。

[关键词] 爱情 价值观

【心海导航】

一、认识爱情

爱情是世界上最复杂的情感现象,纵观古今、横看中外,爱情始终是人类永恒的话题之一。法国著名作家雨果说:"人生有两次出生,第一次是开始生活的那一天;第二次则是萌发爱情的那一天。"对于正值青春年华的大学生来说,爱情以其独特的魅力撩动着莘莘学子的心弦,令人心生向往,谈恋爱的经历是他们体验人生不可缺少的一课。如果说大学校园里有什么"帮派"最容易成立,那就是"鸳鸯蝴蝶派"了。

柏拉图说,两颗心灵很孤独,彼此需要慰藉,就叫做爱情。

弗洛伊德说,因为原始的性本能、性冲动,人们必须反反复复地重演亚当和夏娃的"原罪",这样就有了爱情。

究竟爱情是什么?有心理学家这样解释英文中的"love":L 代表 Listen(倾听),爱就是要无条件无偏见地倾听对方的需求,并给予最大的协助;O 代表 Only(唯一),爱就是百分百的纯正,对唯一的你所作出唯一的承诺;V 代表 Valued(尊重),爱就是展现你的尊重,表达体贴,真诚的鼓励,悦耳的赞美,尊重他或她的选择;E 代表 Excuse(宽恕),爱就是仁慈的对待,宽恕对方的缺点与错误,维持优点与长处,并帮助他或她改正错误。

爱情是两个人之间最亲密的社会关系,是生理活动和心理活动的统一。当爱情发生时,人会不知不觉地变化和成长。社会心理学认为,爱情是人际吸引最强烈的一种形式,是男女双方基于一定的客观物质基础和共同理想,在内心形成的对异性最真挚的仰慕,并渴望对方成为自己终身伴侣的最强烈的、稳定的、专一的感情。本质上,爱情是心理成熟到一定程度的人对异性产生的具有认知成分和性需要的高级情感。

爱情的基本内容涉及三个方面:生物因素、精神因素、社会因素。生物因素是指爱情基于性生理的成熟度,是基于男女两性之间的性吸引,从而具有与之结合的强烈的愿望。精神因素主要是指爱情是一种高尚的感情,也就是说爱情是以男女两性之间的共同信念、理想、追求和优良的道德品质为基石的,健康的爱情会愉悦身心,使人产生美好的心理体验,让人在生活、学习和工作上积极向上,充满活力。社会因素是指爱情是一种社会现象,它一方面要受社会道德、法律规范制约,另一方面还将涉及繁衍后代的社会功能。

二、爱情的特征

爱情不仅以人的性生理发育成熟为前提,而且也以人的具有社会内容的思想感情为基础,脱离包含一定的社会地位、物质条件和体现一定社会利益的道德情感和思想愿望,也就没有真正的爱情可言。在恋爱对象的选择上虽然离不开经济、地位等外部条件,但是爱情的深厚基础主要还是在于人的内在素质,受到人的理想志趣、道德品质、价值观念等因素的影响。稳固的爱情具有以下几个主要特征:

(一)自主性和互爱性

爱情是一种复杂、圣洁、崇高的感情活动,是由两个心灵碰撞出来的火花,彼此互相倾慕,情投意合。两人之间爱情关系的确立完全是当事人自愿的,没有其他外来因素的干预、强迫。同时,在爱情发展中,当事人既是爱人者也是被爱者,双方处于平等互爱的地位。单恋虽然也是一种强烈的情感,但它不是互爱意义上的爱情,它只能消耗一个人的精神力量,从而造成心灵的创伤。

(二) 专一性和排他性

爱情是两颗心相撞发出的共鸣,男女双方一旦建立了爱情,就会要求相互忠贞,并且排斥他人分享他们之间的感情,任何第三者的插入和男女双方任何一方充当第三者都被认为是不道德的,有辱爱情的神圣和纯洁。伟大的教育家陶行知曾说过:"爱情之酒甜而苦,两人喝是甘露,三人喝是酸醋,随便喝要中毒。"这句话很形象地说明了爱情的这一特征。

(三) 持久性和阶段性

爱情的男女双方既是志同道合的朋友,又是并肩战斗的战友。因此,爱情所包含的丰富感情和义务不仅存在于恋爱的全过程,而且存在于夫妻家庭生活的始终。恰如莎士比亚所说:真正的爱,非环境所能改变;真正的爱,非时间所能磨灭;真正的爱,给我们带来欢乐和生命。事实上,爱情的持久性正是建立和保持婚姻关系的基础。真正的爱情不会随着年龄的增长而减弱,但人生的不同年龄阶段,爱情的表现会有所不同,具有阶段性。

(四) 社会性和道德性

爱情虽然是男女之间相互爱慕的私情,但具有丰富的社会内容。爱情的内涵、本质以及追求爱情的方式,必然要受到各种社会关系和社会因素的影响。

> **回答 6-1:**
>
> ### 一个人的恋爱
>
> 单恋是每一个人情感成长中的一个必然经历,几乎所有的男孩女孩在爱情到来之前都需要沉浸在单相思的苦痛中慢慢地觉察和反思自己。单恋者要学会准确地观察和分析对方的心思,避免"恋爱错觉";表白被拒的时候则应面对现实,用理智克制自己的情感,转移注意力并及时调整自己。

三、大学生恋爱的观念和类型

"饮食男女,人之大欲",千百年来,爱情亘古常在,但是不同时期的爱情观却具有各个时代的鲜明烙印,时代的万花筒将它变幻的投影射向了社会家庭乃至大学校园。

(一) "不在乎天长地久,只在乎曾经拥有"

这种恋爱观点在大学校园似乎已经很普遍,很多人谈恋爱几乎不想未来,只在乎现在。因此,宋代词人秦少游曾有名句曰"两情若是久长时,又岂在朝朝暮暮?"在这里,它要被改写为"两情若不能朝朝暮暮,待久长时又有何用?"很多大学情侣因为各种各样现实的原因毕业后劳燕分飞,不能不说是对爱侣们的一种警醒。

(二) "新鸳鸯蝴蝶梦"

持这种观点的人正如黄安所唱,追求人间的相依相伴成了他们最终的目的。在他们看来,只要找到了自己心目中理想的爱人,就可以与之共同实现"新鸳鸯蝴蝶梦",于是,校园附近的日租房、小宾馆的生意蒸蒸日上。

（三）"玩的就是心跳"

持这种观点的学生抱着玩的心理，由于大学环境相对轻松，有时难免空虚无聊，于是乎，有的学生想寻找刺激，玩一把心跳的游戏。

（四）"我要体验爱"

对一些在中学时代没怎么谈过恋爱的学生来说，大学是培养爱情的肥沃土壤，是酝酿爱情体验爱情的好地方，正如有首小诗云："也想不相思，以免相思苦。几度细思量，宁愿相思苦。"

当代大学生的爱情观可以说是百家争鸣，其恋爱的动机也可以说是五花八门，当代大学生恋爱现象从发生学的角度基本上可以分成以下几种类型：

（一）浪漫型。

这种类型认为爱情和恋爱是生活的全部内容，将爱情和恋爱对象理想化、神圣化，让爱情和恋爱远离现实社会，不食人间烟火。

（二）游戏型。

这种类型视爱情和恋爱如游戏，不能投入真情实意，只求个人需要（性生理的需要或物质的需要等）的满足，对恋爱的对方不肯负任何责任，追求"但求曾经拥有，不求天长地久"。

（三）占有型。

这种类型一经确立恋爱对象，对所爱之人赋予极其强烈的感情，并要求对方响应以同样的感情；对其所爱之人具有极强的占有欲，要求对方不能对其他的异性有一丝情感，这种人对恋爱对象常常心存猜忌和防备心理。如果恋爱失败，将仇视或伤害对方。

（四）伴侣型。

这种类型的爱情和恋爱是在长期的学习、生活过程中培养起来的，是建立在信任和真诚的基础上的，温情多于激情，信任多于嫉妒，是一种平淡而厚实的爱情，这种恋爱是可以结出幸福之果的。

四、大学生恋爱的特点

大学生恋爱多为在特定的时间、阶段，彼此在一起学习时的产物。这种情感比较单纯，很少具有功利色彩，但是大学生恋爱又普遍没有结果，很多恋人随着毕业就劳燕分飞。具体来说，大学生恋爱的特点主要包括以下几点。

（一）大学生恋爱的高纯度，纯净、美丽有时甚至显得单纯

多数学生恋爱如同琼瑶笔下的男女主人公，没有现实生活的压力，男女的第一要务就是认认真真地恋爱。而爱情永远离不开坚实的大地，脱离现实生活的爱情必然是"见光死"。

（二）大学生恋爱的精神特质

大学生在恋人的选择上，更重视精神层面的相互认同，世俗生活中的物质交换、门当户对等不会对大学生构成影响；大学生甚至追求纯洁地爱一次。

（三）大学生恋爱的冲突性

大学生面临自身发展的压力，如就业、经济、学业、人际关系等，恋爱是需要大量心理能量的，学业压力、成长压力特别是性压力，对恋爱的双方都是巨大的心理与意志考验。

（四）大学生恋爱表达的自然与随缘

今天的大学生更多地相信缘分,当面对无法解释的情感纠葛时,学生会以缘来缘去解释情感的变化。

（五）大学生恋爱理性与感性并存

大学生在选择自己的恋人时,既有感性的冲动,更有理性的思考。更加考虑双方是否合适,将两人待在一起是否快乐的感觉列在重要位置。而对未来生活的规划显得心理准备不足,当面临职业选择等人生重大课题时,恋人常因不能长相守而劳燕分飞。

（六）大学生爱情的多元化

传统的爱情理念在今天的大学校园受到空前的挑战,与二十年前的大学生相比,今天的大学生更重视爱情的即刻性,将恋爱作为一项独立的人生任务而非与婚姻、家庭等长久的人生目标相连。爱情的多元化伴随着网络的发展,使大学生恋爱不再如此严肃而神圣。

【心理链接】

斯腾伯格的爱情理论

美国心理学家斯腾伯格提出的爱情理论,认为爱情由三个基本成分组成:激情、亲密和承诺。激情是爱情中的性欲成分,是情绪上的着迷;亲密是指在爱情关系中能够引起的温暖体验;承诺指维持关系的决定期许或担保。这三种成分构成了喜欢式爱情、迷恋式爱情、空洞式爱情、浪漫式爱情、伴侣式爱情、愚蠢式爱情、完美式爱情等七种类型,如图6-1所示。

1. 喜欢式爱情（Liking）

只有亲密,在一起感觉很舒服,但是觉得缺少激情,也不一定愿意厮守终生。没有激情和承诺,如友谊。显然,友谊并不是爱情,喜欢并不等于爱情。不过友谊还是有可能发展成爱情的,尽管有人因为恋爱不成连友谊都丢了。

2. 迷恋式爱情（Infatuated love）

只有激情体验。认为对方有强烈吸引力,除此之外,对对方了解不多,也没有想过将来。只有激情,没有亲密和承诺,如初恋。第一次的恋爱总是充满了激情,却少了成熟与稳重,是一种受到本能牵引和导向的青涩爱情。

3. 空洞式爱情（Empty love）

只有承诺。缺乏亲密和激情,如纯粹为了结婚的爱情。此类"爱情"看上去丰满,却缺少必要的内容,金玉其外,败絮其中。

4. 浪漫式爱情（Romantic love）

有亲密关系和激情体验,没有承诺。这种"爱情"崇尚过程,不在乎结果。

5. 伴侣式爱情（Companionate love）

有亲密关系和承诺,缺乏激情。跟空洞式"爱情"差不多,没有激情的爱情还能叫爱情吗?这里指的是四平八稳的婚姻,只有权利、义务却没有感觉。

6. 愚蠢式爱情（Fatuous love）

只有激情和承诺,没有亲密关系。没有亲密的激情,顶多是生理上的冲动,而没有亲密的承诺不过是空头支票。

7. 完美爱情(Consummate love)

同时具备三要素,包含激情、承诺和亲密。只有在这一类型中我们才能看到爱情的庐山真面目。

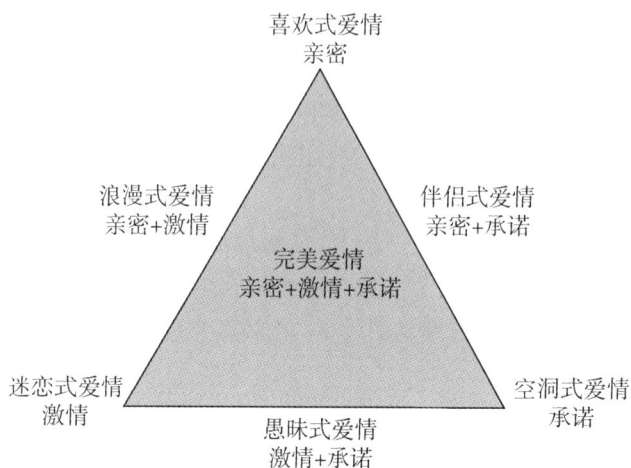

图 6-1　爱情的类型

[摘自:包陶迅.当代生活与心理健康[M].北京:高等教育出版社,2014:283]

【心灵修炼】

1. 你怎样看大学生恋爱问题?

2. 说说你的恋爱观。

【趣味心理测试】

爱情观测试

[测试要求]　到底什么是爱情,你是怎么看待爱情的呢? 请仔细阅读下面每道题,如表6-2所示,选择符合你的答案。选"符合"计1分,选"不符合"计0分。

表 6-2　爱情观测试

题目	符合	不符合
1.我爱他(她),他(她)就应该爱我		
2.只要能和对方在一起,我可以抛弃一切		
3.我特别想找个异性安抚我		
4.只求曾经拥有,不求天长地久		
5.爱情是生活的全部		
6.不谈恋爱说明自己没有魅力		
7.人生就是追求快乐,谁给我快乐,我就和谁谈恋爱		
8.恋爱对象多多益善		
9.爱一个人,就要想办法改掉他(她)身上的缺点		

题目	符合	不符合
10.恋爱是你情我愿的,不需要负什么责任		
11.对大学生来说同性恋是不正常的		
12.摆脱失恋痛苦的最好办法是尽快找到另一个恋爱对象		
13.有了男(女)朋友也可以和别的人私密幽会		

〔评分规则〕 将得分相加,得分越高,对爱和恋爱的认识越偏激。

〔结果解释〕 如果得分高于 10 分,则反映了你对爱情、恋爱的看法可能会影响你的恋爱关系,需要好好反思。

[摘自:郑开梅.大学生心理健康教育[M].北京:中国医药科技出版社,2015:179]

【影视欣赏】

《爱乐之城》

《爱乐之城》是由达米恩·查泽雷执导,艾玛·斯通、瑞恩·高斯林、J·K·西蒙斯主演的喜剧歌舞片(图 6-2)。影片讲述一位爵士乐钢琴家与一名怀揣梦想的女演员之间的爱情故事。2017 年《爱乐之城》获得第 74 届金球奖音乐喜剧类最佳影片。

图 6-2 电影《爱乐之城》海报

https://baike.baidu.com/item/% E7% 88% B1% E4% B9% 90% E4% B9% 8B% E5% 9F% 8E/16846866? fr=aladdin.

https://www.iqiyi.com/v_19rr9whs5g.html? vfm=m_499_sgwa.

知识点 2 感悟爱情 学会恋爱

【困惑与问题 6－2】

他错在哪里？

小磊是一名大二学生，家境贫寒的他学习刻苦努力，课余忙碌于勤工俭学赚生活费。在一次校外兼职的活动中，小磊认识了同校的女孩小欣。在交谈的过程中渐渐发现小欣不仅是他的老乡，而且两个人还是高中校友。两个人越谈越投机，就加了微信好友。在接下来的日子里，小磊每次主动和小欣聊天，在小欣有困难的时候他也及时出手相助。在他心里，觉得小欣也默认了他是她的男朋友。小欣的一个微笑、一个问候都能让他浮想联翩。

为了追求这个漂亮的女孩，他决定用自己的行动表示他的真情。怎么办呢？当小磊看到有人用玫瑰表白成功的新闻后，他用了差不多半年兼职攒下来的钱花了 3 个小时把 999 朵玫瑰和用心准备的礼物，整整齐齐地摆放在小欣宿舍楼下，打算给她一个惊喜和特别的告白。

大约几分钟过后，围观的人越来越多，当小欣从楼里跑了出来，"嫁给他！嫁给他！"现场顿时喊声四起，手捧玫瑰的小磊迅速跑到女孩面前。可出人意料的是，小欣不但没有接受玫瑰，而且还对小磊说："你这种方式太让我难堪，我们连朋友都做不成了。"说完就又上楼了。小磊对突如其来的打击始料未及，在现场等了几分钟见女孩再没下来，只能悻悻地离开。小磊在回去的路上发现小欣把他的微信好友也删掉了。他觉得自己特别委屈，根本不知道自己错在哪里。

问题：
你觉得小磊错在哪里？

【心理运动场】

角色扮演

[活动任务] 爱的艺术——学会请求与拒绝
[活动目标] 帮助学生掌握恋爱中的相处技巧，懂得面对爱情要自信，不仅需要表白时的大胆，也需要拒绝时的果断。
[活动要求] ①成员两人一组，面对面站好，其中一人要大声向对方表达爱意，请求对方成为其恋人，另一方要予以拒绝。要求目光直视对方，时间 3 分钟。②互换角色。
[活动考核] 在这个活动中，你有什么感受，请与大家分享。请 4～5 位同学发言。
[关键词] 爱情 艺术

【**心海导航**】

一、男女青年恋爱心理差异

从恋爱的过程中看,男女恋爱心理的差异表现在以下几个方面:

(一) 择偶标准的差异

当代青年择偶,女性更注重男子的才华、职业、经济等条件;男性则更注重女子的体貌、性情、趣味等条件。总的来说仍是"郎才女貌"。

(二) 追求爱情的形式的差异

选择恋人,追求爱情,男性往往更强烈和主动,由于他们择偶更注重异性的外表,所以一张美丽的面孔,一个动人的微笑,都可以让他们动情,并很快坠入情网。在恋爱过程中,男青年往往敢于率先表白自己的情感,有的甚至与姑娘接触不久,便产生了爱慕之情,进而大胆地追求,与对方推心置腹。同时,男青年在恋爱进程中,心情较为急躁,喜欢"速战速决",他们在初期就常常表现出强烈的成功欲望和占有欲望,总希望在短期内取得成功,不喜欢那种隐晦曲折的"马拉松"式的恋爱。女性与男性不同,她们寻觅恋人可能更注意恋人的内在品质和实际本领。在恋爱初期的选择和犹豫阶段,非常谨慎小心,不会一下坠入情网。

(三) 情感表现的差异

从气质上说,男性一般反应迅速强烈,意志坚强,勇敢大胆,感情洋溢,但易起伏。这种气质反映到恋爱过程中,往往使他们对爱的感受喜形于色,溢于言表,把自己的想法、态度、充分、直率地袒露出来,行为较少顾忌,不多深思后果,易冲动,感情强烈和受到刺激时不善于控制自己,如急于用亲吻、拥抱等亲昵形式表达爱。男性青年此时往往喜欢显露自己的才华来博得所要追求的女性的欢心。在有心爱的姑娘在场的情况下,男青年干活特别卖力,危急关头会表现得特别勇敢、机智。曾发生了不少在与姑娘约会时,勇跳河水救人,不畏强暴,勇于从流氓手中拯救被欺凌的少女之类的情况。而此时女青年在性格上则变得腼腆、矜持,学会深藏自己的感情。体现在恋爱过程中,则是她们感情羞涩而少外露,善于掩饰自己,表达爱慕常感到羞口难开,喜欢用婉转含蓄、暗示的方法而不喜欢过早用动作、行为的亲昵来表达。

(四) 对爱情感受的差异

男子往往粗心,不能仔细观察、体察女方的心理,他顾及大的方面,而不注意小的细节,并将爱情视为"儿女情长",经常是自己非常喜欢对方,特别高兴,而当发现对方情绪变化时,却感到奇怪,不知所措。女性情感往往细腻,善于体察对方的心理,她们追求爱情的亲密,要求男子的言谈举止都要称心,马马虎虎、粗心大意的男子不经意的一句话、一件事,也会引起她们的不快和伤感。一旦男生很善解人意,体贴入微,就能很快得到女人的欢心。我们称之为花言巧语,其实谁都愿意听。

(五) 对爱情的波折承受力的差异

爱情有波折,包括恋爱过程中的摩擦和失恋两种基本情况。对待恋爱过程中的摩擦,男性较随意,他们面对矛盾和争吵往往比较坦然,容易做出主动让步,他们不愿矛盾扩大、张扬起来。女性则往往为一点小小不快就大动感情,激动、不安、甚至哭泣。因为她们最希望得到男子的体贴、关心，而一旦发生摩擦，不论何因何故，总使她们产生一种希望破灭的危机感。失恋，虽然对于男女双方多是痛苦的事情，但男子对这种痛苦的承受力却低于女子，表现得消沉、哀伤，以至绝望。这一是因为男子在恋爱中的感情浪漫色彩较重，对失恋缺少理智的分析和考虑；二是因为男子的忍受力较差，在失恋这种重大挫折面前易于消沉、哀伤。当然女性失恋后也极其痛苦、伤感，但她们忍受力比较强，表达方式又比较内在，因此表现就不那么激烈了。

（六）男青年比女青年更易一见钟情

人们的互相认识、了解，总是从第一印象开始的。爱情萌生于好感，而人们的好感，总离不开最初的一面。有的初见没有什么，见得多了，好感渐渐产生；有的则一见就引起强烈的心扉的反响：或悦其容貌，或慕其才华，或仰其气质，或互通灵犀以致互倾心声。男青年主要注重于女青年的外貌长相等外表特征，而女青年较注重男青年的内心世界，选择对象一般较为慎重，所以男青年比女青年更易一见钟情。有的小伙子甚至只要一见对方漂亮的外貌就不分青红皂白，盲目求爱。

（七）男性在恋爱中的自尊心没有女性强

由于社会文化的影响，男青年认识到从恋爱到结婚，有一个从"奴隶"到将军的过程。他们一般并不过分计较求爱时遭到对方拒绝而带来的尴尬。如果求爱受挫，他们会用"精神胜利法"来安慰自己，孤芳自赏，以求得自身心理上的平衡。比如，如果姑娘拒绝了他们的求爱，他们会自嘲自解道："反正我对你并不是真心诚意，天下好姑娘多的是，我再去找另外一个更好的就是了，何必非要吊死在你这棵树上不可呢？"他们会马上把追求的目标转移到另外一个姑娘身上。

而女青年则不然，她们在恋爱过程中自尊心敏感，并且常设法使其自尊心得到满足：使社会舆论对她的对象或婚姻有良好的评价；抬高自己，迫使对方成为一名听话的"奴隶"；驱使男方对自己献殷勤，说些奉承话或者接受对方的小恩小惠等。现实生活中有些女青年为满足其虚荣的自尊心，不顾小伙子人品学识皆佳的条件，仅因为对方身高不够她的标准，或工种不"好"、家庭条件差等因素就忍痛割爱，错过了一次又一次择偶良机，造成终生遗憾。

（八）男性的戒备心理没有女性强

不少男青年在与女青年开始接触时，几乎没有什么怀疑对方的心理因素，爱占据了他们的整个心理。而女青年在恋爱的初期抱有较重的戒备心理，显得冷静，常以审慎的态度来观察对方是否出自真情实意、个人及家庭的情况，唯恐上当受骗。这可能与这一事实有关：在以往婚姻恋爱史上，受到对方玩弄、欺骗和遗弃，备受婚姻家庭之苦的，大多是那些弱女子。

总之，一般说来，男青年追求姑娘的情感特点是外露和热烈，显得英姿勃勃，但稍嫌粗犷。女青年爱慕小伙子的情感特点在于内含与深沉，表现为娇媚、自尊，而略显羞涩、执拗。因此，在恋爱过程中，男青年要防止因感情奔放外露而有失检点；女青年则要注意因羞涩、忸怩而欠坦率。俄国作家契诃夫曾为此说过一句有趣而又意味深长的话："十八岁的姑娘要你的一切，但什么都不愿意给你；三十岁的姑娘什么都愿意给你，但只要你的一片真情。"男女青年只有了解两性在恋爱中的不同的心理、行为特点，才能减少烦恼，促使恋爱得以顺利地进展。

回答 6-2：

他错在哪里

爱情是双向的、相互的，以双方的爱为基础。小磊作为追求者，一方面，他没有搞清楚小欣到底爱不爱他就贸然表白，从而引起对方的反感；另一方面，如何表达爱也是一门艺术，合适的时间、合适的地点、合适的方法都非常重要。小磊在没有确定对方的心意，甚至也不知道对方喜欢什么样方式的情况下花"重金"求爱，这会给对方造成很大的心理负担。

二、大学生恋爱存在的主要问题

（一）误把好感当爱情

有些大学生在与异性的交往中，不能区分异性之间好感与爱情两种性质不同的体验，出现判断失误。好感是属于友谊的范畴，好感是爱情的先决条件，而异性之间产生好感的友谊并不一定都能发展为爱情。错把好感当爱情，会使自己和对方平添许多烦恼。

日本有位心理学家，他对友谊与爱情提出了五点区别：

1. 支柱不同。友谊的支柱是理解，而且是许多人之间的相互理解；爱情的支柱是感情，是氢和氧的化合，在爱的清泉里再也看不到单独的氢和氧。

2. 地位不同。友谊的地位是平等的，爱情则是一体化。有人形象地用几何中的两个圆的关系比喻友谊和爱情，友谊是两圆相切，只有一个切点，爱情是两圆重合，只有一个圆心。

3. 体系不同。友谊是开放的，爱情是关闭的。

4. 基础不同。友谊的基础是信赖，爱情则纠缠着"不安"。

5. 心境不同。友谊充满着充足感，爱情则充满着"欠缺感"。

通过以上五点区别可以看出友谊与爱情之间是有很大区别的：友谊意味着两个人和世界，爱情意味着两个人就是世界；在友谊中，一加一等于二，在爱情中一加一还是一，虽然两者都包含着信任、理解和真诚的内涵，但爱情具有专一性、排他性，不允许任何第三者插足，友谊则不然，你是我的朋友，也可以是他的朋友，具有开放性。

（二）为了解闷而谈恋爱

有些大学生在大学中一时感到孤独、寂寞、无聊。为了弥补内心的空虚，便以恋爱的形式来打发时光，驱除内心的烦闷。一旦寂寞感消失，恋爱关系也就中断。既不考虑责任，也不承担义务。这种无感情基础的异性关系是极不稳定的"恋爱"关系，是双方当事人不负责任的表现。

（三）把恋爱和婚姻看作是不相干的两回事

恋爱的归宿是通过婚姻形式建立家庭，这是恋爱心理成熟的特征之一。有些异性同学似乎产生了相互仰慕，但并不打算结为终身伴侣。他们把恋爱看成是积累经验的过程，把恋爱与婚姻分开，其实就是把真诚的感情当儿戏。其结果，不仅在感情上伤害了对方，也在自己的心里留下了挥之不去的阴影。

（四）恋爱问题上的从众心理

有些大学生谈恋爱并非因为遇到了知音，或是恋爱时机已成熟，而是因为周边的同学在谈恋爱，思想和情绪受到影响，于是在"随大流"的从众心理驱使下，匆忙择偶。其结果，或是择偶不满意，或是出现短暂罗曼史。

（五）爱情至上

有些大学生把爱情放在人生的第一位，把爱和被爱视为人生目标，成天沉溺于爱情之中，一旦失恋就痛不欲生，甚至以宝贵的生命为代价为爱情殉情。这是对人本身的价值缺乏了解和对人生的意义缺乏认识的结果。

（六）重视外表而忽视内在修养的倾向

爱美之心人皆有之，追求美是人的天性，希望自己心爱的人像天使般的美丽本身无可厚非。但是，有些学生择偶时过分注重外表形象，对内在美不够重视。大学生在恋爱时需要客观综合地考虑问题，把人的内在素质放在突出的位置。因为外表美只是表面的、短暂的，内心美才会经久不衰。

（七）择偶标准理想化

有些大学生不是根据自己的条件和实际情况客观地确定择偶标准，而是根据自己的兴趣、爱好、期望和想象等，在自己的脑海里勾画出一个理想的恋爱偶像，他们用理想化、抽象化的模式在现实生活中寻觅着这种偶像。这种择偶观是不实际的，最终是会失败的。

三、增强爱的能力

有人把恋爱比作天上的云，说："不谈朋友像蓝天上没有一丝云彩，很清澈很清澈；谈朋友而能把握住分寸，像天空中点缀几朵白云，很诗意很诗意；把握不住分寸呵，像天上云影过多，很压抑很压抑，搞不好会乌云漫天。"其实，不谈朋友的，未必是很清澈很清澈的感觉——渴望有意中人的到来，有时也很惆怅、很孤寂，时常感到莫名的烦恼、无端的忧愁。有些同学因为没有知心的异性朋友而产生深深的孤独和失落感，因此影响了自己的学习，这可作为一种反证。关键的问题不在恋爱本身，而是在于如何正确处理、正确对待它，把握爱的艺术。

爱情作为一种强烈的情感，从性吸引的角度去看，产生爱情的冲动是人的本能，似乎爱上一个人是不学而能的，但是在文明社会里能否开始一段爱情，能否得到期望的爱情，却不是无师自通的，爱情是需要学习的，培养爱的能力，才能有爱的收获。

（一）维持情感的能力

爱情关系在本质上是一种人际关系，或者说是一种复杂特殊的人际关系。尽管包含着性的吸引以及浓烈的爱意，归根结底还是两个人的相处，这就取决于个人人际交往的能力和水平，当然更取决于个人的人格健全和心理健康程度。

一个人越是有能力维持珍贵的友情、亲情等情感，就越有能力处理好爱情里彼此的关系，拥有真正持久的爱情。正因为爱情的强烈，所以肯定不能持久，随着时间的推移，爱情的浓烈程度会下降，接近个人的其他情感的水平。这时维持情感的能力就显得尤其重要。

（二）认识彼此的能力

男女性别不同，生理构造不同，心理特点也不同。不了解异性的生理构造和心理特点，在交往时就容易产生不必要的误会。性别差异一方面使双方充满神秘感而心向往之，另一方面,也成为彼此沟通的壁垒。

爱情的发展不仅仅要求每个人要认识到异性的不同,更要去了解认识在你眼中和心中的那个人,因为在爱情相处的过程中,个性和性格是重要的影响因素。两个人在一起长久的相处,是否相爱,是不是很快乐,是不是很幸福主要取决于双方的性格和个性的磨合。

而个性和性格上的差异在爱情中似乎是必然的(毕竟你们两个都是独一无二的个体)。只有认识到这些才能避免一些摩擦的发生,在出现分歧和矛盾时才能进行有效的沟通,维持彼此的感情。

(三) 处理矛盾的能力

既然认识到性别的不同、个体的独特,以及彼此相处时,由这种差异带来的分歧和矛盾的不可避免,那么我们应怎样面对这些差异,处理这些矛盾呢?

面对差异,重要的是接纳彼此。接纳是指真正把恋人看作一个独立的有生命的个体,尊重对方的生活习惯、以往经历,欣赏对方的理想、目标、价值观念、个人风格,了解对方的不足和缺点。喜欢真实的对方,爱上真实的对方,不强求对方改变,只是鼓励对方努力成为自己。

处理矛盾,关键在于理性沟通。爱情就像一条河流,难免会碰到波折。遇到矛盾,要给彼此合适的心理空间和心理距离,在适当的时候交流彼此的看法和感受。要相信可以解决这些问题,从理性现实的角度去看待问题,避免爱情的过度理想化。

"两个人的天地,有朗朗明日圆圆秋月,有春华夏草秋蝉冬雪,也会有风雷雨雾。有一百个人,便会有一百种恋爱,恋爱同样需要成长。"无论恋爱的鸡蛋可以画多少遍,无论恋爱可不可以成为一份作业,"成长"两字在校园恋爱中都没有异议。

四、在恋爱时要把握的几点

(一) 我最需要的是什么

一位外国哲学家的"拾麦穗"原则,我觉得对大家来说很有用。这位哲学家把谈恋爱的过程比喻为拾麦穗。他说,有一个人在走进一块麦地后,看见第一株麦穗就迫不及待地摘下来。以后他又继续向前走时,看见的每一株麦穗都比手里的那一株要大、要好,他只能留下无尽的懊悔。另一个人在走进麦地后,看见株株麦穗都很大很饱满,他东瞧西望,流连忘返,不知不觉快走出麦地了,赶紧随便摘了一株很小的麦穗。第三个人在麦地走了快一半时,选择了一株相对较大的麦穗摘下来。以后也许还有更大的麦穗,也许没有,对他来说,手里的麦穗就是最好的。在选择对象的过程中,我们希望摘到最好的麦穗。

有句老话说得好:人在年轻的时候,并不一定了解自己追求的、需要的是什么,甚至别人的起哄也会促成一桩婚姻,等到你再长大一些,更成熟一些的时候,你才会知道你真正需要的是什么,可那时,你已经干了许多悔恨得使你锥心的蠢事。

(二) 如何承受失恋

失恋是人生的一种不幸,给人带来的痛苦是剧烈而深重的。但是,我们决不能因此而自暴自弃,影响学习,或对对方耿耿于怀,施于报复,更不能从此厌恶异性,立志独身,甚至走上绝路,以身殉情。

失恋是正常的,有时说来又是幸运的。不知哪位哲人说过:"失恋仅仅是失去一个人的爱,并不等于失去被爱的权利……失恋失去的是一个不爱你的,也不值得你爱的人,你从此获得了再选择真正恋爱的机会。"毕竟,强扭的瓜不甜,双方的爱一旦结束,对方离你而去,你就要勇敢地接受这个事实。爱情暂时失去了,但我们还有重新获得更好的机会,用一句老话说:我们何愁天涯无芳草!

(三) 树立恋爱道德意识

爱情中蕴涵着道德的因素,比如脚踏两只船,见异思迁、朝三暮四,都是要遭到世人唾弃的。虽然现在有些人提出:以前我很爱你,现在不爱了,请你放手,要给我自由,给爱一条生路。这是一种很不负责任的话。事实上,爱是需要经营的,爱是水,责任是杯,没有杯子,水也不复存在。

因此,男女双方一旦有了恋爱关系,就有责任共同承担这一关系所包含的各种义务。爱是一种给予,它蕴藏着对对方强烈的责任感和义务感,它要求恋爱双方的所作所为都必须向对方负责,这也是恋爱道德最突出的表现。

(四) 处理好爱情与学业的关系

爱情是人生价值的重要部分,但不是人生价值的全部体现。人生的第一要义并非爱情,在学习作为主旋律的大学时代,我们要考虑清楚我们最需要的是什么,千万不可浪费时间。鲁迅先生曾告诫青年人,不能只为了爱而将别的人生要义全部疏忽了。大学时期是青年学生人格全面发展的重要时期,也是夯实专业基础的时期。学习是学生基本的主要的任务,应当把主要精力放在学习上。学做人、学本事,习得一技之长,培养多种能力,求得学业人格的全面发展,既是将来立足社会、事业成功的基础,也是将来爱情婚姻美满幸福的必要保证。倘若沉湎于情爱之中,势必把自己封闭于两人圈子,丧失了追求学业的热情,也就丧失了全面发展自己的大好时机,有可能给一生带来不良影响。

人生的道路漫长,但关键的只有几步,怎样把握心中的爱的冲动,学会爱人,学会懂得爱情,学会做一个幸福的人,这是人生道路上极为关键的一步。懂得爱情和珍惜爱情,这中间体现着一种进步和对人生的理解。

【心理链接】

趣味心理测试
大学生"一见钟情"心理测评表

[测试要求] 你容易产生"一见钟情"心理吗?请对以下题目做出"是""不确定"或"否"的选择。选"是"画"√",选"否"画"×",选"不确定"画"○"。

1. 我非常喜欢解读字迹。 （　　）
2. 考试前我会一心一意去复习。 （　　）
3. 我觉得有飞碟存在。 （　　）
4. 我特别喜欢看言情小说。 （　　）
5. 我做事有点冲动。 （　　）
6. 我特别欣赏我的父亲(或认识的某一个人)。 （　　）
7. 每逢假日,我总是出去旅游或参加团体活动。 （　　）
8. 朋友的聚会我基本都去参加。 （　　）

9. 我很喜欢写信。　　　　　　　　　　　　　　　　　（　　）

10. 我对未来充满幻想。　　　　　　　　　　　　　　　（　　）

11. 我比较好静，就算是节假日，也喜欢待在家中。　　　（　　）

12. 如果有约会，我会选择浪漫温馨的地方。　　　　　　（　　）

13. 我很崇拜某些偶像明星。　　　　　　　　　　　　　（　　）

14. 看书时，我喜欢从内容概要开始看。　　　　　　　　（　　）

15. 我不太喜欢与人打交道。　　　　　　　　　　　　　（　　）

16. 我相信真正的爱情应该是平平淡淡、从从容容的。　　（　　）

17. 我认为人无完人，每个人都是各有所长和所短的。　　（　　）

18. 见到英俊的男生（或漂亮的女生），我会心跳不止，为之陶醉。　　（　　）

19. 我非常渴望有一个人能来关心和体贴我。　　　　　　（　　）

20. 我挺在乎别人对我的看法。　　　　　　　　　　　　（　　）

21. 对于我喜欢的人，我会无怨无悔地奉献一切。　　　　（　　）

22. 每次考试前，我都会猜题碰运气。　　　　　　　　　（　　）

23. 如果约会，我喜欢去引人注目的场所。　　　　　　　（　　）

24. 我相信"灰姑娘"的故事。　　　　　　　　　　　　　（　　）

25. 对于现在的处境，我非常不满意。　　　　　　　　　（　　）

26. 我喜欢买奖券，万一中了大奖那就太好了。　　　　　（　　）

27. 我认为人与人之间不必相处得太亲热。　　　　　　　（　　）

28. 我最近看了三部以上的电视连续剧。　　　　　　　　（　　）

29. 我喜欢能拆能装的玩具。　　　　　　　　　　　　　（　　）

30. 看到悲伤的场面，我会心酸。　　　　　　　　　　　（　　）

［评分规则］

除了题 2、11、14、15、16、20、23、27 和 29（共 9 题），选择画"√"记 0 分，画"○"记 1 分，画"×"记 2 分外，其余 21 道题，选择画"√"记 2 分，画"○"记 1 分，画"×"记 0 分。各题得分相加，统计总分。

［结果解释］

1～20 分：你对别人兴趣不大，喜欢有条有理地生活，一见钟情的程度不大。即使看中了某一个人，由于会受到别人看法和意见的左右，几乎没有勇气去约他。

21～40 分：一见钟情的程度一般。

41～60 分：你很容易一见钟情。你的"情人眼里"总有"西施"出现，为了感情，你常会奋不顾身。

［摘自：焦姬平.大学生心理健康[M].北京：化学工业出版社，2010.］

【心灵修炼】

1. 男女青年恋爱心理存在哪些差异？

2. 说说你在恋爱中遇到的问题。

【影视欣赏】

《听说》

《听说》是一部由郑芬芬编剧并执导,彭于晏、陈意涵、陈妍希主演的励志爱情电影,于2015 年 6 月 26 日上映(见图 6 - 3)。影片讲述了秧秧和便当店男孩黄天阔互相以为对方是听障人,发生的一段奇妙美好的爱情故事。

图 6 - 3 电影《听说》海报

https://v.youku.com/v_show/id_XMTUxMDcxMzA2OA==.html? spm=a2h1n.8261147.0.0&s=9d3101f606fc11df97c0.

知识点 3 直面性爱 为爱把控

【困惑与问题 6 - 3】

小江的烦恼

小江是某高职院校的二年级女生,大一的时候就与同班的一个男同学谈起了恋爱,交往一段时间后,在一个周末的晚上,男友控制不住身体的冲动,要和小江发生关系。小江拒绝了男友的要求,一方面是因为父母的教诲,让她作为女生要学会保护自己,同时她也害怕因发生关系而可能带来一系列不良后果;另一方面,小江觉得男友既然爱她就应该保护她、尊重她,而男友却因为她的拒绝,认为她不够真心爱他而向小江提出了分手。小江陷入了两难境地,一方面确实不愿意与男友发生关系,另一方面也深爱男友不愿意与他分手。

问题:

小江该如何处理与男朋友的关系?

【心理运动场】

"姑娘与水手"游戏

［活动任务］　了解现阶段大学生关于性的看法。

［活动目标］　澄清个人价值观，探讨性道德。

［活动要求］　随机将全班同学划分成若干小组，5～6 人为一个学习小组。

［活动准备］　事先印好的顺序选择表（表 6－3）及小组统计表（表 6－4）。

表 6－3　顺序选择表

好感的顺序	出场人物	理由
	水手	
	姑娘	
	老人	
	未婚夫	
	亲戚	

表 6－4　小组统计表

小组成员 出场人物	1	2	3	4	5	6	7	8	小组决定
水手									
姑娘									
老人									
未婚夫									
亲友									

［活动操作］　指导者给全体成员讲一个故事。一艘船遇上了暴风雨，不幸沉没了。船上的人中有 5 个人幸运地乘上了两艘救生艇。一艘救生艇上坐着水手、姑娘和一位老人；另一艘上坐着姑娘的未婚夫和他的亲戚，气候恶劣，波浪滔天，这两艘救生艇被打散了。

姑娘乘的艇漂到一个小岛上。与未婚夫分开的姑娘惦记着未婚夫，千方百计地寻找，但找了一天，一点线索也没有。第二天，天气转好，姑娘仍不死心，继续寻找，还是没找见。有一天，姑娘远远地发现了大海中的一个小岛，她就请求水手："请修理一下救生艇，带我去那个岛上好吗？"水手答应了姑娘，但提出了一个条件，必须和他睡一夜。陷入失望和困扰的姑娘找到老人，与他商量："我很为难，怎样做才好呢？请你告诉我一个好方法。"老人说："对你来说，怎么做正确，怎么做错误我实在不能说什么。你扪心自问，按你的心愿去做吧。"姑娘万般无奈，寻未婚夫心切，结果满足了水手的要求。

第二天早上，水手修好了艇，带着姑娘去了那个小岛。远远地，她看到了岛上未婚夫的身影,不顾船未靠岸,从船上跳进水里,拼命往岸上跑,一把抱住了未婚夫的胳膊。在未婚夫温暖的怀抱里,姑娘想:要不要告诉他昨晚的事呢? 思前想后,她下决心说明情况。未婚夫一听,顿时大怒,一把推开她,并吼着"我再不想见到你了",转身跑走了。姑娘伤心地边哭边往海边走。见此情景,未婚夫的亲戚走到她的身边,用手拍着她的肩膀,"你们两人吵架我都看到了,有机会我再找他说说,在这之前,让我来照顾你吧。"

故事讲完后,指导者给每个成员发一张表,要求大家从刚才故事中出现的 5 个人物中,按照自己的好感程度做出选择并排序,然后简单地写下原因。

选择完后在组内交流,每个人说明自己的想法,并统计全组的倾向性意见。

通过听取他人意见,小组成员受到启发,可以修正自己的意见。每个小组派代表交流。在共同讨论中表现出每个人的价值观,也可以了解他人的价值观,促进深入思考,逐渐确立正确的价值观。

〔活动考核〕 每个学习小组选派一名代表与任课教师组成评委,对各学习小组的汇报进行评价。

〔关键词〕 大学生 性 性道德

【心海导航】

一、什么是性

性的定义,从生物学角度理解是有关生物的生殖或性欲,以及雌性和雄性个体差异,同时也包含它们的生殖繁衍。性是人类最基本的生物特征之一,就如人需要呼吸空气、饮食一样,是人一种自然属性。因此,性并没有什么"神秘"的,大可不必谈"性"色变。

随着人类文明的发展,性除了纯生物学的意义外,还涉及社会学、伦理学、心理学等多方面的意义。因此,"性"的科学含义应概括为:人类的性是指以生物的繁衍机能为基础,受特定的社会关系和伦理价值观念的影响以及人的心理因素支配的性行为。

性是人的生理本能之一,人发育到一定的时候就会自然生出性的需求,即性的欲望。所谓性的欲望就是对与性内容直接相关之行为的期盼与要求。当这一要求较为强烈时就会形成性冲动。性欲的产生依赖于一定的生理因素与心理因素。性激素是产生性欲的生理基础,与性有关的感觉、情感、记忆、想象是引起性欲的心理基础。青年学生只要生理心理正常,大都会产生一定的性的欲求,只是强弱不等罢了。不过,由于人不仅具有自然性,更具有社会性,人的一切自然属性都在社会规定中以曲折的方式表现出来。因此,人能够根据一定的社会道德、法律规范,运用理智和意志的力量调节欲念和行为,从而将性限制在适度的范围内。

二、青年学生性心理发展及特点

青年学生的性生理已发展成熟,性心理的发展也基本上是积极、健康的,主要表现在以下四个方面。

(一)渴望了解性知识,性意识进一步加强

进入大学,大学生更加积极主动地关注自我发展,也包括自身的生理与心理。由于个体

家庭教养方式、成长环境及个体差异的存在。对性意识的关注也不尽相同。有的大学新生对性知识的了解较少,渴望通过科学的途径了解自身;有的学生通过自慰性行为解决自身的性冲突;有的学生因性知识匮乏而带来不必要的心理焦虑。

(二) 性冲动及其释放

性冲动是指由于性刺激引起大脑皮层的活动,产生性欲,再通过大脑皮层向身体组织发出指令。性冲动是一个健康、正常人自然和本能的行为表现。性冲动不一定产生性行为,人是通过意识调控的,通过大脑调节性行为。在心理尚未成熟前尽量减少声、光刺激;不接触淫秽读物;适时接触性刺激;锻炼理智和克制能力。

(三) 性冲突和性压抑

一方面,生长趋势、性发育年龄不断提前;另一方面,学业需要和事业及社会环境的要求,结婚年龄不断推后,出现漫长的"性等待期"。与此同时,日益开放的社会文化既满足了大学生对性的了解与渴望,又使大学生性的冲突加剧。在繁重的学业任务与就业压力及校纪校规的约束下,大学生的性不可以也不能自由地发挥。事实上,适度性压抑也是社会文明与进步的体现。但性压抑不是一味地压制,而是通过适当的释放、转移、升华得到合理的疏导。

(四) 渴望性体验

由于性激素的作用,大学生更加渴望得到恰当的性体验,如与异性交往。在男女交往过程中,由于性激素的作用,恋人中双方的亲吻和抚摸都会引起性欲望和性冲动。感情的闸门在巨大的性压力下显得极其脆弱。有的通过自慰性行为如性幻想、性自慰加以调节,而有的则通过性行为得以实现。

回答 6 - 3:

小江的烦恼

小江的困惑是典型的婚前性行为造成的心理困惑。恋爱与性的关系极其密切,因此,小江首先要理解男友想要与她发生关系是恋爱一段时间后的正常现象。但是,平等的恋爱关系应当相互尊重,一方不能屈服于另一方,特别是当对方提出性的要求时,如果因一方拒绝性的要求而导致恋爱的中止,那么这本身就不是真正意义上的爱情。有的恋人将性作为维持爱情的筹码,必然不能长久。

三、性现象

(一) 性幻想

性幻想又称性想象,是一种介于意识和潜意识之间的、带有性色彩的精神自慰行为,是在没有异性参与的情况下,在大脑中进行的自我满足的性欲活动。性幻想的内容可以是自己身边的喜欢的对象,也可以是用极其浪漫的方式构想出来的性爱偶像。性幻想能够最大限度地满足个体的性心理需求,能够让心理冲突得以平息,心灵得以抚慰。从某种程度上来看,性幻想是一个安全阀。

性幻想是性成熟过程中的一种正常的生理和心理现象。它是对青年学生性自控能力的一种考验,过分依赖这种特殊的精神刺激并达到难以控制的程度时,对学习、生活等将会有负面的影响。

(二) 性梦

性梦是性成熟的个体在睡眠状态下,由以往的性刺激所留下的痕迹引起的一种自然的、弥散性的、盲目性的性生理和性心理现象。性梦的内容和表现多种多样,可以是一个极为复杂、零乱无序、虚构无实的梦境,也可以是一个非常连贯完整的性行为过程。

心理学家认为,性梦是一种自发调节过高的性张力的自慰现象。异性间的性吸引——爱慕、倾心、崇拜有时会引起性冲动。但在意识清醒状态下,理智道德可抑制这种冲动。然而进入梦乡后,这种被压抑到潜意识中去的性冲动就不受理智与道德的约束了,在清醒状态下不敢想不敢做的性心理、性行为都可以出现,使大脑皮层中出现活跃的兴奋灶。性梦是正常的生理、心理现象。性梦的自然宣泄类似安全阀的作用,可以缓释性能量。

(三) 性自慰

性自慰俗称手淫。它是指用手或其他器具刺激性器官获得快感,宣泄性冲动的一种行为方式,通常也是人们体验性快感的第一种方式。

现代性学家、心理学家认为,性自慰是性心理发育、性意识发展的一种表现,是解除性紧张、宣泄性能量的方式之一,并将其作为性心理发育的一项指标。

性自慰过度会引起性欲增强,性冲动加重,反而达不到缓释性能量的目的,还会使人经常处于兴奋状态,身体得不到充分的休息,会感到疲劳,引起食欲下降和身体的免疫力下降,严重者还会出现神经衰弱现象,同时,毫无节制的性自慰可能会造成泌尿生殖系统的持续充血和其他病变。在这个意义上我们说性自慰过度是有害的,有碍于身心健康。

四、学会正确的性认知

(一) 性权利

性权利 1994 年在美国首先被提出,与大学生有关的主要有以下几方面:

1. 性表达权。对性及情感的认知和感受有表达的权利。如有的女生喜欢中性化着装,有的男生喜欢女性化打扮,这是对性心理的一种表达,也是一种权利。遇到喜欢的人,表达自己的爱意,也是一种权利。

2. 性保护权。有保护自己不受性侵害的权利,可以采取自卫、求助、逃脱等办法。

3. 性健康权。有维护性健康的权利,任何可能对自己造成性健康损害的行为,都有权利阻止或拒绝。

4. 性拒绝权。对与性有关的不喜欢或不认同的各种行为等都有拒绝的权利。如拒绝拥抱、拒绝亲吻、拒绝发生性关系等。只要我们不愿意、不喜欢,我们都有权利说"不"。

5. 性隐私权。无论是个人的性表达还是恋爱关系中的性活动,都需要注意隐私的保护。

(二) 性愉悦

性愉悦是性爱过程中的情绪体验,是主观的同时又带有强烈的个人色彩。用愉快的方式体验性爱并不是一件自私或者见不得人的事,在现代人的眼里可能更多体现为人类生理特征所赋予自身的神圣礼物。性是一种恋人间拉近彼此距离的有效方式,也是人们排斥压力的重要方式之一。

(三)性健康

性健康的含义非常广泛。包括性生理健康、性心理健康和性行为表现的健康。性无知不等于纯洁。知识是我们武装自己、保护自己的武器。大学生对性一无所知是愚昧的表现。因此,对大学生来说,意外怀孕而没有做好生育的准备就是对自己性健康的不负责,对女性的身心带来极大的伤害。

五、如何转移对性的过度关注

(一)学习性生理和性心理的有关知识

阅读一些健康的与年龄身份相适合的性知识书籍。了解青春期性意识的发展规律,树立科学的、健康的性观念和性道德。

(二)专注学习,同时培养广泛的兴趣和爱好

青年学生精力旺盛,情感丰富,充满了生命的活力。把充沛的精力放在学习科学文化知识、培养广泛兴趣和增长实干的才能上,使自己的生活丰富多彩,避免沉湎于性追求、性满足上。

(三)积极参加各种活动

积极参加集体活动和体育活动,可以使性能量得以转移和释放。

(四)养成健康的有规律的生活习惯

恰当的作息制度和紧张有序的生活节奏能降低对性问题的注意。

(五)养成良好的卫生习惯

注意生殖器官的卫生和保健,勤换内衣内裤。不嗜好烟酒、不过度上网聊天游戏、积极参加体育锻炼。

【心理链接】

弗洛伊德的性心理发展阶段说

性心理发展是西格蒙德·弗洛伊德在19世纪末20世纪初提出的一个概念,是心理学理论的核心概念。弗洛伊德认为,性冲动的根基在新生儿身上就已经存在了,它们持续发展一段时间,然后就被渐进的压抑过程所遏制。这种压抑又会被性发育的阶段进展所打断,或者被个人的具体特性所突破。他将性心理发展概括为5个阶段:口腔期、肛门期、性器期、潜伏期、生殖期。

1. 口腔期

口腔期又称口欲期,这个阶段发生在婴儿出生后0—12个月。弗洛伊德把拇指吸吮作为儿童时期性欲表现的例子。

2. 肛门期

1—3岁这一阶段,排泄机能成为婴儿性快感的主要目标,在这一时期,儿童必须学会控制生理排泄,使之符合社会的要求,也就是说儿童必须形成卫生习惯。

3. 性器期

发生于3—6岁。这一时期,性器官成为最重要的动情区。这一阶段的后期,儿童将经历恋母情结(俄狄浦斯情结)或恋父情结(奥列屈拉情结)。

4. 潜伏期

这个阶段的特色,是儿童失去对与性相联系的活动兴趣,而把他们的能量集中在其他的事情上,例如学校的课业、良好的习惯,意识到男女间性别的差异,将自己局限在与自己同性的团体中,没有表现,故称之为潜伏期。

5. 生殖期

生殖期即成年期。在这个时期,个人的兴趣逐渐地从自己的身体刺激的满足转变为异性关系的建立与满足,所以又称两性期。儿童这时已从一个自私的、追求快感的孩子转变成具有爱异性权利的、社会化的成人。弗洛伊德认为这一时期如果不能顺利发展,那么人就可能产生性犯罪、性倒错,甚至患精神病。

https://baike.baidu.com/item/％E5％BC％97％E6％B4％9B％E4％BC％8A％E5％BE％B7％E7％9A％84％E6％80％A7％E5％BF％83％E7％90％86％E5％8F％91％E5％B1％95％E9％98％B6％E6％AE％B5％E8％AF％B4/17644505？fr＝aladdin.

【心灵修炼】

1. 怎样学会正确的性认知?
2. 如何转移对性的过度关注?

【影视欣赏】

《泰坦尼克号》

《泰坦尼克号》是美国二十世纪福克斯电影公司、派拉蒙影业公司出品的爱情片,由詹姆斯·卡梅隆执导,莱昂纳多·迪卡普里奥、凯特·温斯莱特领衔主演(图6-4)。

影片以1912年泰坦尼克号邮轮在其处女启航时触礁冰山而沉没的事件为背景,讲述了处于不同阶层的两个人——穷画家杰克和贵族女露丝抛弃世俗的偏见坠入爱河,最终杰克把逃生的机会让给了露丝的感人故事。

https://baike.baidu.com/item/％E6％B3％B0％E5％9D％A6％E5％B0％BC％E5％85％8B％E5％8F％B7/5677？fr＝aladdin.

https://www.iqiyi.com/v_19rrny4w8w.html.

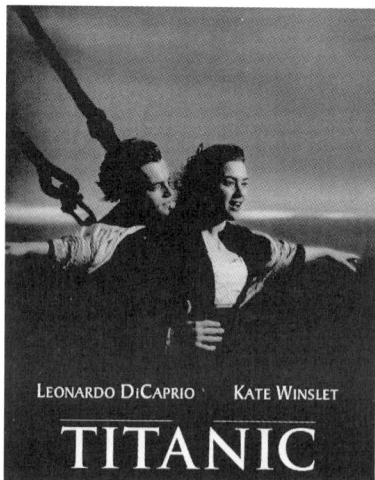

图6-4 电影《泰坦尼克号》海报

专题七　做自主学习的主人——快乐学习

学习目标

- **知识目标**
    1. 大学生的学习心理
    2. 大学生常见的学习心理问题及调适
    3. 培养大学生的学习能力
- **技能目标**
    1. 能够正确认识大学学习的特点
    2. 学会学习,能够培养良好的学习能力
    3. 能够积极发展创造性思维,培养自己的创造能力

　　大学的学习和以往的学习有什么不同? 如何把握大学学习的特点,改进自己的学习方法,提高学习效率呢? 在这里我们将和同学们一起探讨大学生学习心理的状况和特点,树立现代学习理念,培养自身大胆学习、大胆质疑、大胆探索的学习创造能力,学会学习,快乐学习。

知识点 1　大学生学习心理概述

【困惑与问题 7 - 1】

小何和小江的困惑

　　小何进入大学后,觉得大学和高中的学习是两回事。"高中的时候,每堂课该看什么、该学什么,课后又该看什么、该学什么,老师都会明确地告诉我们;而进入大学后,老师上课不会说这里是重点、难点,那里是考点,每节课的内容大得惊人,笔记很难字字句句都记下来。有时,老师还会列出一长串课外阅读参考书目让我们去翻阅。虽然我想好好学习,但学到什么程度、如何去学都很不明确,这使我感到很失落。"

　　小江则认为自己所学的专业前景不好,也不喜欢这个专业,觉得自己不是学这个专业的料,经常闹专业的情绪。因为这个专业不是他自己的选择,学习完全是为了应付父母,所以学起来没有劲头。在大学里,既没有学到自己喜欢的专业,也没找到自己喜欢做的事情,不知道自己到底想要什么,渐渐地小江对大学的学习失去了兴趣。小江该怎么办?

　　问题:请帮助小何和小江解除困惑。

【心理运动场】

兴趣知多少

[活动任务] 填写表7-1,并简要说明你的原因。

[活动目标] 培养学习兴趣,激发学习动机。

[活动要求] 以小组为单位,填写下面的表格。各学习小组推选一名代表汇报本小组的统计结果,并进行简要说明。

表7-1 课堂知识兴趣温度计

兴趣 \ 学科	专业课	公共课	心理健康	就业指导	……
喜欢上课					
无特别感觉					
不喜欢上课					
能不上最好					

[活动考核] 每个学习小组选派一名代表与任课教师组成评委,对各学习小组的汇报进行评价。

[关键词] 兴趣 动机

【心海导航】

一、大学生学习的基本理论

(一) 大学生的学习特点

1. 学习的自主性

大学生的学习虽然仍按照教师的要求进行,但已不再像中学生那样被动地完成教师布置的任务,而是有相当大的自主性,无论从学习内容、学习时间及学习方式都更加强调学生个体在学习活动中承担的角色。教师课堂讲授少而精,下课后很难见到老师,没有人组织复习,要自己找教室上自习;学习什么、学多长时间由自己决定,等等。学习的控制权交到了我们自己手中,所以大学生要增强学习的自主性,学会自主支配学习时间,自主选择学习内容。

2. 学习方向的专业化

大学生的学习是在确定了基本的专业方向后进行的,因此学生要围绕既定的专业进行相关的学习,其学习的职业定向性较为明确。大学生必须在大学期间对该专业的专业基础课、专业课和选修课进行系统、深入的学习,并扎实掌握实践技能,以达到学校培养专业人才的目标,适应今后工作岗位的需要。

3. 学习内容的多元化

大学里的课程纷繁复杂,不仅有专业课,还有基础课、各类内容丰富的选修课;既有自然科学,又涉及人文科学。大学像个小社会,仅学习课堂上的知识还不够,如何更好地与人打交道,培养自己的实践能力,好像样样都需要学习。其实,作为大学生,学习的范围不能仅局限于书本知识,情感态度的调节与控制、社会能力的开发等都是学习的内容。

4. 学习的实践性

大学尤其是高职高专院校,其教学的突出特点是实践教学比例较大。实践教学环节是培养大学生动手能力的主要途径,也是培养大学生独立思维能力和独立工作能力的重要方式。知识只有通过不断地运用于解决实际问题才能转化为能力,所以实践教学是培养学生能力的重要途径。实践性教学环节是整个大学教学体系的一个重要组成部分,与课堂理论教学相辅相成。

5. 学习的探索性和创新性

中小学阶段的学习是将前人的知识经验转化为自己的知识经验;大学阶段的学习是在接受和掌握前人知识经验的同时,强调学生在学习过程中的感悟、发现和探索,进行创新性学习。大学的课堂教学在阐述既定结论的同时,还要介绍本专业的前沿知识,介绍各家学派的理论,介绍学术界有争论的问题,使学生了解和掌握自己所学专业学科的前沿动态,了解本学科尚未解决的问题,为学生能在所学专业领域里有所建树,在理论知识和技能等方面奠定基础。所以大学里的学习,反对死记硬背、迷信书本、迷信教师;提倡独立思考、大胆质疑、勇于创新。

(二) 大学生学习与心理健康的关系

美国教育心理学家弗兰德森曾经指出,心理健康与否和学习能否成功是密切相关的。大量研究表明,心理健康是有效学习的基础,而各种学习的兴趣和自我提高则是心理健康的一种标志。学习与心理健康,两者是相互联系、相互影响、相辅相成的关系。

1. 学习对心理健康的影响

学习是现代人立身社会、寻求发展的必备条件,它能促进人的全面进步。因此,学习对心理健康是有益的,但如何对待学习、学习什么、怎样学习、学多少等,则会对心理健康造成不同程度、不同方式的影响。

(1) 积极影响

首先,学习有益于大学生的智力发展。大学生在学习过程中,充分运用、整合、调动观察力、注意力、记忆力、想象力及思维力的功能,使自己的智力在学习中不断得到提升。其次,学习有益于大学生能力的提高。大学生的能力表现为自学能力,专业能力,掌握和处理信息的能力,创造能力,交流、表达能力和组织管理能力等,这些能力都是通过学习才能获得的,而且只有通过学习,才能将这些能力不断提高。再次,学习有益于大学生自我认知水平的提高和自我意识的发展。"我是谁?""我是怎样一个人"等问题是青年大学生常常思考的问题。如何正确认识和评价自我以及他人,就必须学习。通过不断学习,提高认识问题、分析问题的能力,才能更好地从不足中调节自己,才能不断进步。最后,学习有益于大学生把握自身情感和情绪,做情绪的主人。在学习中取得的成绩会使大学生产生愉悦感和满足感,使大学生获得一种自我评价的认同,对自己做出恰当的评价,在学习中找到乐趣和精神慰藉,同时在不如意时埋头学习,还会冲淡不愉快,在学习中得到升华。

(2) 消极影响

学习既能给大学生的心理健康产生积极有益的影响,也会给心理健康带来消极影响。

学习的过程是一个复杂的心理过程,在任何环节出问题都会给心理健康造成不良影响。例如,学习负担过重,造成学习压力过大,精神高度紧张;学习难度过大,造成理解困难,使得学生学习受到挫折,产生畏难情绪和自卑心理;学习过度疲劳,对身体健康产生危害,进而影响心理健康,等等,都是在学习过程中应引起重视的问题。

2. 心理健康对大学生学习的影响

前面我们分析了学习心理是人的智力因素与非智力因素综合作用的结果,因而不能单纯地将学习与智力画等号。学习在很大程度上取决于非智力因素(情绪、态度、兴趣、意志、个性等)。能够进入高等院校学习的大学生,从普遍意义上讲其智力起点都较高,智力的个体差异较小,但在实际的学习过程中,有的学生在学习中领悟力、理解力强,成绩出色,有的学生则感到学习比较吃力,极少数学生甚至无法完成学业。究其原因是多方面的,其中心理健康状况是影响学习的重要因素。心理健康状况良好的大学生在学习上容易成功,良好的自我认知能力、良好的情绪控制力、良好的个性、对事物充满兴趣等都是学习取得成功的重要心理因素。反之,心理上的不良反应、消极的情绪、分散的兴趣、不能持久的意志力都会不同程度地阻碍大学生潜能的发挥,给学习造成极大的障碍。

回答 7 - 1:

小何和小江的困惑

教育心理学研究表明,良好的学习方法、学习动机与心理健康密切相关。小何和小江困惑的原因在于,一方面,大学学习在难度、深度及数量上都比高中阶段增加了;另一方面,由于大学学习已进入专业学习阶段,与之相适应的学习策略和学习方法等也都与高中阶段有很大的不同,这就对大学生的综合素质和学习能力提出了更高的要求,需要初入大学的小何和小江正确认识大学的学习心理特点,养成健康的学习心态和学习习惯,以保证自己顺利而高效地完成大学阶段的学习任务。

二、大学生学习动机的培养与激发

在每种行为的背后,动机起着重要的作用。具体来说,动机是行为的动力,是激发、维持、调节并引导人们从事某种活动的内在心理过程或推动力量。追求不同的目标,人们的行为表现也不同。如果为自己树立的目标是学习好专业知识,取得好成绩,为今后深造做准备,生活的主题会更倾向于学习;如果认为学习并不重要,要给自己更多的时间玩乐,或做更感兴趣的事情,那么所做的事情自然与学习关系不大。学习作为大学生活的一项重要内容,是无法回避的主题,要想取得好的学习成效,需要从认识学习动机开始。

(一) 学习动机的内涵

学习动机是指为激发个体进行学习活动,维持已引起的学习活动,并使行为朝向一定的学习目标的一种内在过程或内部心理状态。它的功能是显而易见的:一是激发某种学习活动,如记忆英语单词;二是使人的行为指向某一目标,如考试、出国;三是可以维持和调整学习活动,有强化的功能,如面对学习中的挫折,克服学习中的痛苦。

学习动机一般包含四个方面的内容：

1. 学习价值观，反映了学生对学习内容是否有用的观点。

2. 学习兴趣，也称求知欲，是特殊的好奇心在学习上的表现，促使学生积极主动地参与学习，满足内心对知识的渴求，并伴有相应的情绪体验。

3. 学习能力感，指学生在学习上的自信心，即对自己学习能力的主观推测，影响学生参加学习活动的坚持性，激发和维持克服困难的精神和达到学习目标的耐力。

4. 成就归因，是对学习成功或失败原因的主观分析，将学习成败归结为不同的原因会引起学习期待与情感上的不同反应，从而影响以后的学习。

（二）学习动机的培养和激发

学习动机正确、强度恰当并且指向学习活动本身，这样才能促进学习。培养和增强良好学习动机的方法有：

1. 激发求知兴趣

兴趣是一种力求认识世界、渴望获得科学文化知识的意识倾向，这种倾向是与一定的情感体验相结合的，它是学习动机中最现实、最活跃、带有强烈情绪色彩的因素。值得指出的是，学习兴趣不是天生就有的，是可以通过后天培养的，主要取决于以下因素：一是事物本身的特性，凡是相对强烈、对比明显、不断变化，带有新异性和刺激性的事物都会引起人们的兴趣；二是人已有的知识经验，能满足人们获得新知识，如实用的计算机、外语等易激发学生的学习兴趣；三是人对事物的愉快体验，一个人在学习过程中获得别人承认或内在的满足等积极情感体验，会加强学习兴趣的稳定性。

爱因斯坦曾说过："兴趣是最好的老师。"如果学生喜欢自己的专业，就会产生一种内在的学习驱动力。但是大学生的学习任务仅凭直接兴趣是难以完成的，因此必须加强对自己所学专业意义的认识。大学生可以通过讲座和参观专业对口的工厂、企业、研究院所、学校等方式，真切体会专业学习的重要性，有助于大学生提高学习兴趣，热爱专业，认真学习。

教师在学习中也起着不容忽视的作用，如教师的人格影响力、知识水平、教学内容的新颖性与多样性、教学难易安排等。

2. 增强学生的自我效能感

自我效能感是动机模式中的核心成分，要激发学习动机，就要增强自我效能感，让自己觉得有能力完成学习任务，认为自己的能力可以提高。有位心理学家说过：积极的能力概念是成就动机的基础。在动机形成过程中，重要的是对自己能力的信念，它直接影响人的行为。因此，要在学习过程中创设成功的机会，在自身进步中体验成功的喜悦，并从自身变化中提高认识自己的能力。观察与自己能力相近者获得成功的行为，从而激发自信心，增强自我信念。

3. 进行必要的归因训练

归因是对他人或自己的学习行为的原因做出解释或推测的过程。归因是一种比较稳定的人格变量，它对后继学习会产生深刻的影响，通过归因训练，矫正不良的归因倾向将有助于学习动机的端正和学习成绩的提高。

学习归因的结果会影响学习动机的强弱。美国心理学家韦纳通过研究认为，大多数学生将学习中的成功与失败归因于四种因素，即学习能力、努力程度（内归因）、任务难度和运气（外归因），如表 7-2 所示。这四方面因素在内外性、稳定性和控制性三个维度上具有不同的特点,相应的归因对学习行为的影响也是不同的。低成就动机的学生常把成功归为好运气,把失败归为自己的学习能力差;而高成就动机的学生常将成功归为个人的能力与努力程度,将失败归为下的功夫不够,对这类学生而言,失败并不能降低他们的自信心与对成功的期待水平,反而促使他们更加努力。因此,要帮助大学生树立积极的自我观念,掌握正确的归因方式,激发学习动机,提高学习成绩。

表 7-2　韦纳的成功与失败的归因分析

控制点		稳定程度	
		稳定的	不稳定的
内部的	成功/失败	学习能力(不可控) "我很聪明" "我很笨"	努力程度(可控) "我下了功夫" "我实际上没下功夫"
外部的	成功/失败	任务难度(不可控) "这很容易" "这太难弄了"	运气(不可控) "我运气好" "我运气不好"

学习能力是一种稳定的内部因素,但是不可控。若学生将学习的成功归因于能力高,他会感到骄傲、满意、信心十足;若学生把失败的原因归于能力低,则会丧失信心、听任失败,对学习的结果产生无能为力的感觉。对这两种情况学生都会表现出学习动机减弱。

努力程度是可控的内部因素,但不稳定。如果学生认为学习成功是自己努力的结果,他会鼓励自己更加努力地投入到学习中,并期望下一次的成功,强化了学习行为;同样,若他认为学习的失败是由于自己一时不努力造成的,他会相信通过努力一定会获得成功。在这两种情况下,学生都会指向更加努力的学习行为,学习动机被激发和增强。

任务难度是稳定的不可控的外部因素。如果一个学生认为失败是由于学习任务过于困难,他就会埋怨客观,并把今后成功的希望寄托在任务难度减轻上,学习积极性会受到损害;而一个学生如果把学习成功的原因归结于任务容易,可能会提醒自己要努力以应付困难的任务。

运气是不可控的外部因素。不管是把学习成功归于运气好,还是把学习失败归于运气差,都会使学习者产生"听天由命"的心理,失去努力学习的动力。

4. 营造良好的学习氛围

良好的学习氛围是激发学习动机、促进学习的外部条件。良好的学习氛围既包括尊重知识、尊重人才的社会大环境,也包括学校的硬环境和软环境。学校的教学设备条件、教师的水平、教改的成效及校风、学风和优良的校园文化环境,对学生的学习都有很大的影响。一个具有良好校风的学校环境和一个好学上进、温暖融洽的班集体,都能对发展学生的学习动机起直接或间接的影响作用。

5. 利用学习结果和反馈的作用

学生及时地了解学习的结果,看到自己的进步、缺陷和所学的知识在实际生活中的意义,这种反馈信息对进一步激发学生的学习动机有重要意义。

6. 引入竞争机制,适当开展竞赛评比活动

"学好学坏一个样"是部分大学生学习动机不强的重要外部原因。竞争和竞赛可利用大

学生的自我提高和自尊需要,提高他们努力学习的积极性。公平竞争能鞭策大学生学习的积极性。

7. 运用奖励和惩罚的手段

奖励是指给予学生能产生愉快感受或满足需要的东西。惩罚是指给予的东西能使学生产生痛苦的感受。奖励可激发和巩固学习动机,惩罚可使学生为避免学习失败而努力学习。运用奖惩手段时应以奖励为主。运用惩罚要谨慎,因为惩罚只能防止某种不良行为而不能培养某种优良行为,并且要增加奖惩的透明度,事先公布奖惩的条件。

【心灵修炼】

1. 大学生学习有哪些特征?
2. 什么是学习动机? 结合实际,谈谈学习动机对自己学习的影响。

【影视欣赏】

《三傻大闹宝莱坞》

《三傻大闹宝莱坞》是根据印度畅销书作家奇坦·巴哈特的处女作小说《五点人》改编而成的印度宝莱坞电影,由拉库马·希拉尼执导,阿米尔·汗、马德哈万、沙尔曼·乔什和卡琳娜·卡普等联袂出演(图 7-1)。于 2011 年 12 月 8 日在中国上映。

影片采用插叙的手法,讲述了三位主人公法罕、拉加与兰彻间的大学故事。兰彻是一个与众不同的大学生,公然顶撞院长,并质疑他的教学方法,用智慧打破学院墨守成规的传统教育观念。兰彻的特立独行引起模范学生——绰号"消音器"的查尔图的不满,他们约定十年后再一决高下,然而毕业时兰彻却选择了不告而别 。

图 7-1　电影《三傻大闹宝莱坞》海报

https://baike. baidu. com/item/% E4% B8% 89% E5% 82%BB%E5%A4%A7%E9%97%B9%E5%AE%9D%E8% 8E%B1%E5%9D%9E/27198? fr=aladdin.

https://v. qq. com/x/cover/x5ul2annjsbcwh8. html.

知识点 2　大学生常见学习心理问题及调适

【困惑与问题 7－2】

小何的困惑

小何是个自尊心极强又多愁善感的男孩,虽不是非常聪明但凭着自己的刻苦努力,在班级的成绩一直名列前茅。经过高考的拼杀,带着良好的感觉进入大学校园之后,他突然发觉自己站在"山顶"的感觉没有了。在高手如云的集体内,昔日那种"鹤立鸡群"的优越感已荡然无存,"众星捧月"的地位变了,升入大学后不久的一次新生摸底考试成绩竟然还不及格,自信心突然坍塌。一个学期过去了,学习越来越吃力,他对自己越来越没信心,成绩也越来越差,生活变得没有规律,食欲不振,经常失眠,到后来竟然想退学。

问题:

小何遇到了什么问题? 该怎样调适自己?

【心理运动场】

正视学习心理问题,提高学习效率

[活动任务]　剖析自己或身边的同学是否存在一定的学习心理问题,以提高学习效率。

[活动目标]　了解大学生常见的学习心理问题,并掌握一定的调试方法。

[活动要求]　随机将全班同学划分成若干小组,5~6 人为一个学习小组。以小组为单位,讨论自身在学习中存在哪些心理问题并做好记录。各学习小组推选一名代表汇报本小组的讨论结果,并进行简要说明。

[活动考核]　每个学习小组选派一名代表与任课教师组成评委,对各学习小组的汇报进行评价。

[关键词]　学习动力不足　学习动机过强　记忆力障碍　考试焦虑

【心海导航】

心理学研究发现,学习心理与学习效果之间存在着密切联系。健康的学习心理促成学习效率的提高,不健康的学习心理阻碍学习效率的提高。因此了解大学生学习心理中存在的困惑和问题,帮助他们找到科学的解决学习心理问题的措施,改进学习方法,明确学习目标,形成健康积极的学习心理是学校心理健康教育的重点之一。

大学生常见的学习心理问题主要有:学习动力不足、学习动机过强、考试焦虑。这些问题都会极大地影响大学生的学习兴趣和学习积极性,导致大学生学习效率下降,影响身心的健康发展。

一、学习动力不足

(一)大学生学习动力不足的表现

学习动力指学习过程中的心理驱动能力,表现为学习动机或态度对学习活动的影响和作用。大学生学习动力不足的表现有:

1. 在思想上表现为目光短浅,胸无大志,理想模糊,信念丧失;缺乏社会责任感和事业心,抱负水平低;缺乏自尊心,学习不好不觉得丢面子,考试成绩不及格也不在乎;缺乏自信心,求知欲不强,没有毅力,害怕吃苦,整天无精打采,萎靡不振,六神无主。

2. 在学习上表现为不愿上课,逃避学习。课前不预习,视学习为苦差事;课上不注意听讲,不积极思考问题,不做笔记,经常走神、睡觉或看小说;课后不看书,抄袭作业,很少去图书馆查阅资料,满足于一知半解;对学习感到厌倦、冷漠,缺乏兴趣;不注意摸索学习规律,缺乏正确的学习策略和方法,学习能力弱、效率低、效果差;考试前临时抱佛脚,考试中能抄则抄,作弊成癖,把"60分万岁,多一分浪费"作为信条,最大的学习目标是"混张文凭"。

3. 在生活上表现为懒散、惰性大;不遵守纪律,经常旷课和睡懒觉;对吃喝玩乐情有独钟,整天沉溺于下棋、玩扑克、搓麻将、跳舞、看电影、逛商场、上网聊天、谈恋爱等;乱花父母的血汗钱而心安理得,无端浪费大好时光而无动于衷。

(二)大学生学习动力不足的主要原因

1. 自身原因

第一,十几年的求学生涯紧张、枯燥,让他们对学习充满了厌倦,现在终于迈进了高校的大门,可以自由支配自己的生活了,于是丢下书本,尽情玩乐,在网络世界找寻自己的快乐,学习成为最不愿考虑的事情;第二,一些学生认为考入高职院校没有实现自己的理想,高职院校与自己理想中的大学相比相差太远,或者对所学专业缺乏兴趣,感觉没有前途,产生了自卑感,感到前途渺茫,因而对学习不感兴趣,学习不安心,缺乏动力;第三,一些学生由于不适应高校的学习,驾驭不了高校的学习内容,不能灵活地使用各种学习方法,尽管自己在学习上很努力,但成绩总是不理想,因而失去了学习兴趣和进取心,产生了破罐子破摔的消极心理。有的学生由于处理不好各方面的关系,也直接影响了学习的积极性。这是大学生学习动力不足的主要原因。

2. 家庭原因

家庭环境对学生的学习动机有着直接的影响。有些大学生的父母还抱着陈腐的、世俗的观念,他们急功近利,在子女报考什么专业上,更多考虑的是挣钱多、好就业,而不考虑这些专业是否能引起子女的兴趣,是否适合他们的学习状况。这些在某种程度上也影响了大学生学习的积极性。

3. 学校原因

一些学校管理松懈,教学水平低,学校的软件与硬件环境距离大学生的期望还有很大差距,教学内容和方式基本上还是传统的一套,教学体制过于单调陈旧。这些在某种程度上影响了大学生的学习热情。

4. 社会原因

当今社会贫富差距加大,人的心理难免浮躁,功利化意识较浓。有的学生受这样一些思想的影响,认为找工作不是靠个人的知识和能力,不取决于学习成绩的好坏,而是靠社会关系,靠自己有个"好爸爸"。他们没有将学习与社会发展联系起来,没有将学习与国家、民族的振兴联系起来,因此缺乏奋发向上、努力学习的动力。

要改变大学生学习动力不足的状况,一方面,要增强大学生的社会责任感,树立正确的人生观和价值观,提高大学生对学习意义的认识,端正学习态度,努力培养求知欲和专业兴趣;另一方面,大学生要根据自己的实际情况,设立适当的学习目标和明确的方向,制订切实可行的学习计划,以便科学合理地利用时间和分配精力。在执行目标和计划时,不仅要努力抵御外部干扰的影响,增强学习的自觉性和主动性,也要学会运用"自我强化法"进行自我监督和自我奖惩。

二、学习动机过强

学习动机过强也会降低学习效率,同时更容易造成心理的困惑和生理的不适应。犹如一个在强大力量推动下不停奔跑的人,最终会体力不支,甚至倒地不起。绷得过紧的弦有断裂的危险,动机过强有导致心理崩溃的可能。学习动机过强表现为:

1. 成就动机过强

有的学生由于缺乏对自我能力的客观认识,对自己的水平往往做出较高的评价,所确立的目标和抱负超过自己的实际水平,因而在学习中一旦遭遇挫折和困难就会心理失衡,以至于不能专心学习,同时因为心理压力过大而导致学习的失败。失败的体验又会挫伤自尊心与自我效能感,导致压抑和自卑。

2. 过于勤奋

任何事情都应该维持一个度。动机过强的大学生将所有精力都用在学习上,并坚信自己只要努力,勤奋学习就有回报。在学习中,往往认为学习是至高无上的,把时间花在别的地方是一种浪费,因而他们在生活中不知道娱乐、休息和运动为何物。由于长时间处在紧张的学习中,影响了身心健康。

3. 争强好胜

动机过强的大学生无论在学习上还是在日常生活中都反映出争强好胜的心理:他们非常看中自己的分数、名次,每次考试都要求自己名列前茅;打算毕业后考入本科院校继续学习;经常想得到他人的表扬和肯定,害怕失败,如果失败了,就会对自己产生怀疑;看到他人努力学习或者超过自己就不满意,甚至因此心生嫉妒、怨恨。

4. 情绪紧张

动机过强的大学生往往伴随着学习焦虑和考试焦虑,经常体验到紧张不安,由于长期处于巨大的压力和超负荷的学习之中,情绪上、精神上难以松弛,久而久之导致精力不集中、记忆力减退、思维迟钝等,学习效率随之降低。许多身心问题诸如头痛、失眠、烦躁、心悸、胃肠功能失调等接踵而至。所以,对于学习动机过强者来说,学习同样是一件苦差事,而不是一种乐趣。

5. 期望值过高

为了追求自己的完美,动机过强的大学生经常给自己设立过高的目标,为了实现自己的目标,对自己提出近乎苛刻的要求,不能失败,只能成功,一旦没有达到目标,就会责备自己,并为自己施加更大的压力。他们总是不满足自己的现状,总认为自己应该做得更好,即使成功也不能给自己带来多少喜悦之情。

由于造成学习动机过强的原因主要来自大学生自身,因此,消除这种心理问题主要靠大学生的自我调适。首先,应加强自我认识。大学生应注意通过各种途径,如自我反思、家人评价、老师评价和同学评价等,对自己的能力和水平做出一个客观的评价,正确地认识自我,制订符合自己实际情况的目标,以避免好高骛远。其次,要多参加社会活动。应积极参加校园里多种多样的活动,这些活动既能丰富大学生活,给我们提供发展个人整体素质的舞台,又能让我们在学习以外体验成功的愉悦,弱化过度的学习期望。最后,要学会宽容。不要因为同学的成功,而过分苛求自己,对自己要宽容一些,要理解自己、善待自己。在学习过程中要循序渐进地提高对自身的要求。

回答 7-2:

小何的困惑

小何遇到了学习心理问题。教育心理学研究表明,学习心理与学习效果密切相关。在学习的过程中,健康的学习心理有助于取得良好的学习效果;不健康的学习心理不仅影响大学生的学习效果,而且还会导致厌学和辍学。所以小何应该正确对待自己学习中存在的问题,找到科学解决学习心理问题的措施,从而形成积极健康的学习心理。

三、考试焦虑

(一)考试焦虑现象分析

考试焦虑是指因考试压力引起的一种心理问题。许多大学生每次临近考试,心理压力异常强大,精神紧张,具体表现为面对考试出现过分担心、紧张、不安、注意力分散、记忆困难等心理反应以及感到恶心、出虚汗、心跳加快、呼吸急促、寝食难安等一系列生理反应。考试焦虑可分为两大类:一类是指在考试来临前的一段时间内持续存在的焦虑;另一类是指在考试过程中产生的焦虑,如"怯场""晕场"等。

为什么会出现考试焦虑呢?究其原因,考试焦虑的产生是内因和外因相互作用的结果。

1. 应试教育的影响。在我国,以一张试卷、一次考试定终身,以分数决定一个人发展前途的应试教育的作用还存在,以致于有些学生过于看重考试成绩,把考试成绩与很多事情联系起来,觉得考试成绩很重要。认为考试成绩会影响自己在同学中的威信,影响老师对自己的看法,影响今后的就业。

2. 对考试的期望值过高。一些学生给自己提出过高的学习目标,要求自己的考试成绩必须名列前茅,又害怕达不到目标,考不出好成绩,所以导致精神上的紧张和行为上的异常。

3. 考试能力较差。大学生虽然经历了无数次大大小小的考试,但由于部分学生个人的心理素质差或不善于总结经验,从而没能掌握应对考试的技巧。在考试中不能很好地调节自己的心理状态,不能充分调动心理因素、挖掘自己的潜能,考出好成绩。

此外,同学之间的比学赶帮,老师家长的厚望,社会就业环境带来的压力……现代的学习生活就如同战场,已背离了人们学习的初衷,也更加剧了人与人的竞争激烈程度。这样日复一日的紧张生活不仅造成了心理上的压力,也会在生理上不知不觉地出现功能失调现象。

纵观各种压力,我们可以看到其大都来自心理。许多压力都是由于对环境的客观分析、评价不够,没有清楚的自我意识而强加给自己的,其实外部条件并不至于像我们想象的那样恶劣。

(二)考试焦虑的调适

考试焦虑对学习和考试造成的影响是双重的,适度的考试焦虑有助于精力更加集中,知觉更加敏锐,思维更加灵活,对学习和考试具有积极作用。但过度的考试焦虑对学习和考试有不利影响,它会降低学习效率,影响考试成绩,甚至形成焦虑型人格,进而对身心健康造成潜在的危险。那么,如何消除考试焦虑呢?

1. 正确认识与评价考试。一个人对考试的认识与评价正确与否影响其考试焦虑的程度。要消除不必要的考试焦虑,就要正确认识考试的重要性,既不夸大也不缩小,尤其是不要夸大考试的重要性。许多考生之所以产生过度的焦虑,主要在于过分夸大了考试的重要性。另外,还要学会正确评价自身的能力水平。只有充分了解自身,才能做到心中有数,镇定地迎接考试;否则,便会在惶惑不安中产生过多有害的焦虑。

2. 认真复习,积极备考。知识经验准备得是否充分,是影响考试焦虑的重要因素之一。所以,想要降低考试焦虑,首先就要认真复习功课,真正灵活掌握要测试的内容,只有这样,在考场上才不至于因为不会做题而惊慌,引起焦虑。

3. 进行积极的自我暗示。积极的自我暗示,对人的心理和生理都有很大的影响。学生在考前就要给自己一个积极的心理暗示,"我肯定行""我有实力""要相信自己";考试中如果因过度紧张,致使头昏脑胀,大脑一片空白,可停止答题,闭目默念"放松",反复暗示自己"不要着急""要放松",待情绪稳定后再答题。

4. 掌握必要的应试技能。考试主要考查考生对知识的掌握情况,因此,考试成绩的好坏在很大程度上取决于考生的知识水平,但是还有一个很重要的因素就是应试技能。在做了充分的复习准备之后,学会运用应试技巧,会使考生消除对考试的焦虑,顺利完成考试。

5. 坚持户外活动,调整心态。节奏适中的体育活动不仅有益于身体健康,而且有助于我们培养高尚的情操,这是学习生活顺利进行的保证。在考前放松心情,听听音乐,参加一些娱乐活动,做做休闲的放松活动等,也有助于我们稳定情绪,排除杂念,保持平静的心情,不至于出现过多的考试焦虑。

【心理链接】

趣味心理测试
——考试焦虑测试

在线心理测试

[测试要求] 下面的每一个句子都是你可能有的或曾经出现过的一般感受或体验,请认真阅读每一个句子。这里的答案无正确、错误之分,在回答每一个问题时不必用太多时间去思考,但回答必须是最符合你通常感受的情况。每一个问题都要回答,每题有 4 个备选答案,根据自己的实际情况,选出一个最符合自己的字母。各个字母代表的含义分别是:A. 非常符合;B. 比较符合;C. 不太符合;D. 很不符合。

1. 在重要考试的前几天,我就坐立不安了。（　　）

2. 临近考试时,我就拉肚子。（　　）

3. 一想到考试来临,身体就会发僵。（　　）

4. 在考试前,我总感到苦恼。（　　）

5. 在考试前,我感到烦恼,脾气变坏。（　　）

6. 在紧张的温课期间,我常会想:"这次考试成绩不好怎么办?"（　　）

7. 越临近考试,我的注意力越难集中。（　　）

8. 一想到马上就要考试了,参加任何文娱活动我都感到没劲。（　　）

9. 在考试前,我总预感这次考试成绩不会太好。（　　）

10. 在考试前,我常做关于考试的梦。（　　）

11. 到了考试那天,我就不安起来。（　　）

12. 当听到考试铃声响时,我的心马上紧张起来。（　　）

13. 遇到重要的考试,我的脑子就变得比平常迟钝。（　　）

14. 考试题目越多、越难,我越感到不安。（　　）

15. 在考试中,我的手会发凉。（　　）

16. 在考试时,我感到十分紧张。（　　）

17. 一遇到很难的考试,我就担心自己会不及格。（　　）

18. 在紧张的考试中,我却会想些与考试无关的事情,注意力集中不起来。（　　）

19. 在考试时,我会紧张得连平时背得滚瓜烂熟的知识也忘得一干二净。（　　）

20. 在考试中,我会沉浸在空想之中,一时忘了自己是在考试。（　　）

21. 在考试过程中,我想上厕所的次数比平时多些。（　　）

22. 考试时,即使不热,我也浑身出汗。（　　）

23. 考试时,我会紧张得手发僵或发抖,写字不流畅。（　　）

24. 考试时,我经常会看错题目。（　　）

25. 在进行重要的考试时,我的头会痛起来。（　　）

26. 发现剩下的时间来不及做完全部考试题时,我会急得手足无措、浑身大汗。（　　）

27. 我担心如果考不好,家长或老师会严厉指责我。（　　）

28. 在考试后,发现自己会的题没有答对时,我就十分生气。（　　）

29. 有几次在重要的考试之后,我腹泻了。（　　）

30. 我对考试十分厌烦。（　　）

31. 只要考试不计成绩,我就会喜欢考试。（　　）

32. 考试不应当在紧张的状态下进行。（　　）

33. 不进行考试,我能学到更多的知识。（　　）

[计分规则]

A 到 D 这四种回答依次计 3、2、1、0 分。各题得分相加为总分。

[结果解释]

0～24 分:属"镇定",说明你在一般情况下能以较轻松的态度对待考试。若分值很低,说明你对考试毫不在乎。

25～49 分:属"轻度焦虑",说明你面临考试时有点惶恐不安,但这是正常的。轻度焦虑有助于考试成绩的提高。

50～74 分：属"中度焦虑"，说明你面临考试时心情过于激动，焦虑感过高，难以考出实际水平，并对身心健康有损害。

75～99 分：属"重度焦虑"，说明你患有"考试焦虑症"，每逢考试来临便会不由自主地产生莫名其妙的恐惧感。考试时，往往会发生"怯场"，严重影响学习水平的正常发挥，对身心健康很不利。

［资料来源：考试焦虑自评量表. http：//wenku. baidu. com/link? url＝
wLUishaOlUj1BxBydGgRRTXe1mQoQyUAM7TI5JHzfvvyyFqK
wl8dURw0YcTk5yp4pLUMcICXvQ0kkQ1HAQqfbb1gIL9TW1－oYQovktOBO__.]

【心灵修炼】

1. 想一想在你的学习中有没有遇到学习心理问题。如有，有哪些？请找出来和同学一起讨论解决的办法。

2. 什么是考试焦虑？如何调适考试焦虑？

【影视欣赏】

《史蒂夫·乔布斯》

《史蒂夫·乔布斯》是阿伦·索尔金根据传记改编，由丹尼·鲍尔执导，迈克尔·法斯宾德、凯特·温斯莱特、塞斯·罗根等主演的剧情片（图 7－2）。该片由三段故事组成，聚焦乔布斯三款关键性产品发布会的台前幕后。1984 年，苹果第一台个人电脑 Macintosh 发布，它的"失败"也导致乔布斯被苹果开除。1988 年，离开苹果的乔布斯一手创立了 NeXT，与此同时，苹果正陷入困境，约翰·斯卡利离开后，苹果购买了 NeXT 的操作系统，乔布斯又回到了苹果。1998 年，乔布斯再次推出 iMac 。

图 7－2　电影《史蒂夫·乔布斯》海报

https：//baike. baidu. com/item/％E5％8F％B2％E8％92％82％E5％A4％AB％C2％B7％E4％B9％
94％E5％B8％83％E6％96％AF/16703545? fr＝aladdin.

https：//v. youku. com/v_show/id_XNjIyMjY4MjM2. html.

知识点3 大学生学习能力的培养

【困惑与问题7-3】

摆荡结绳实验

美国心理学家梅尔设计了一个"摆荡结绳实验"：该实验设计的问题情境是在一个房间内,由天花板上垂下两条绳子,要求被试者设法将它们连接在一起。房间里还摆放有一把椅子、一把钳子和其他东西(见图7-3)。问题是两条垂绳间距太远,被试者无法同时用手将它们连接。这一问题的解决办法是将钳子拴在一条垂绳上,使垂绳摆动,摆动期间有时两绳间的距离缩短,被试者就可以同时抓住两条垂绳,将其结在一起。实验结果发现,参加的大学生只有39.3%能够想到上

图7-3 摆荡结绳实验

述方法解决问题。显然,大多数被试者没想到钳子可以用作摆锤,在他们看来,钳子的功能就是拔钉或剪断铁丝之类。

［摘自：影响问题解决的因素. http://www.360doc.com/content/09/0922/14/252310_6290745.shtml.］

问题：

这个实验揭示了什么学习心理奥秘？

【心理运动场】

学习变通术

［活动任务］ 消除功能固着的消极影响,发展我们的创造性思维。

［活动目标］ 激发对心理健康知识的兴趣。

［活动要求］ 随机将全班同学划分成若干小组,4～6人为一个学习小组。以小组为单位,在两分钟内尽可能多地说出"矿泉水瓶"(或其他物件)的用途,并将答案写在下面的表内。各学习小组推选一名代表汇报本小组的结果,并进行简要说明。

"矿泉水瓶"的用途：

［活动考核］ 每个学习小组选派一名代表与任课教师组成评委,对各学习小组的汇报进行评价。

［关键词］ 功能固着 创造性思维

【心海导航】

朱熹曰："无一事而不学,无一时而不学,无一处而不学,成功之路也。"学习是一个自觉的过程,学习能力在大学的学习生活中是十分重要的。如何树立正确的学习理念,学会学习,注重学习能力的提高,为终身学习打下基础在大学里显得尤为重要。

一、更新传统学习观,树立现代学习新理念

传统观点认为,学习就是在一定的情境中,在教师有目的、有计划、有组织的系统指导下,受教育者读书求知并获得一定结果的实践活动。由此可见,学习是以教师为主导,学生主要是在教师的安排、指导下学习;学习的内容集中在知识、技能方面。现代学习观则在对传统观念认同传承的基础上,主要突出以下理念。

(一)自主学习观

自主学习观是一种依靠自己学习的现代学习观。现代学习观特别注重学习主体的自身需要、经验、兴趣、性格、能力、志向等,重视尊重学习主体的选择、适应和可能。因此,新的学习观认为学习不只是对学习者的标准化、强制性的活动,更重要的是学习者能意识到自己是学习的主人,明白学习要靠自己艰苦的努力,在学习的过程中发挥主动性、积极性和创造性,同时增强自我教育的意识,形成独立学习的能力。

(二)终身学习观

所谓终身学习观,就是一个人终其一生都要学习。即学习是持续一生的事情,每个人在任何生命发展阶段均需不断学习,学习不再是儿童或青少年特有的活动,成年人也要不断学习。现代教育正超越单纯的学校教育范围,成为一个复杂的社会系统。正如《学会生存——教育世界的今天和明天》报告所指出的,要求"全面改革教育系统,使之按照终身教育的原则,把各种教育层次和形式都结合和连接起来。""可以说,一个国家以终身教育目标作为所有教育子系统的方向,这便是对当今时代挑战做出的独特和恰当的回答……"从这个意义上说,终身学习是21世纪的生存概念,是现代社会生存的需要。学习已成为人们的生活方式、生存方式。现代社会,知识更新、社会职业变迁的速度越来越快,人们只有不断学习,才能始终符合社会的需要。

(三)合作学习观

中学阶段,由于知识、年龄、思维水平的限制,学习几乎没有合作性,没有互动式的学习。大学的教育是要培养有合作精神、团队意识的专业人才,这种培养应该在大学的教育中有所体现。合作学习是20世纪70年代初兴起于美国,并在70年代中期至80年代中期取得实质性进展的一种富有创意和实效的教学理论与策略。自20世纪80年代末、90年代初开始,我国也出现了合作学习的研究与实验,并取得了较好的效果,《国务院关于基础教育改革与发展的决定》中专门提及合作学习,指出:"鼓励合作学习,促进学生之间的相互交流、共同发展,促进师生教学相长。"合作学习的目的在于通过合作促进学习、促进发展、促进能力的提升。合作性学习有利于大学生学会互爱,锻炼其人际交往能力,对大学生的成长具有重要作用。

(四)全面学习观

传统的学习观特别看重结果,认为有了良好成绩的学习才可被认为是学习,而现代学习

观倡导学习是学习者的社会化的全部过程。所有通过感受器官通向大脑的活动都是学习。正如在《学习的革命》[①]一书中，作者指出"我们所看、我们所听、我们所尝、我们所触、我们所嗅、我们所做"均为学习。大学的学习不仅是学好几门专业课，更要学会做事，学会生存，学会做人，学会发展。

（五）创造性学习观

传统的学习观认为人类的学习是个人系统掌握社会和个体经验的过程，是通过语言和文字为中介而实现的。因此，只有接受、吸收、掌握和占有了前人的知识和经验并转化为自己的知识和经验，才是学习。然而，现代学习观更重视学习主体在实践过程中的内在感悟、体验、发现和探究。在发现、探究的实践活动过程中，个体经验的获得来源于学习者的直接发现、探究和创造。因此，创造性学习就是把学习看成是在继承基础上的一种创造性活动。首先，在吸收知识时就要像前人创造知识时那样思考，这就是所谓的发现式学习；其次，就是在学习的过程中培养创造意识及创造性思维，从而逐步学习、领会和运用创造技法。创造性学习要敢于"标新立异"，力求在观点、见解和方法上有所创新。

二、学会学习

1996 年，国际 21 世纪教育委员会向联合国教科文组织提交了一份报告——《教育：财富蕴藏其中》，提出了"现代教育由四大支柱支撑"的现代教育观念，它们是：学会认知、学会做事、学会生活、学会发展。其中首推的就是学会认知，也就是学会学习，即掌握认识世界的工具，以便从终身教育提供的各种机会中受益。《学习的革命》一书的作者也认为，每个国家的财富特点是一个国家人民的技能，而技能又依赖于该国人民学习技能的能力[②]。一般认为，怎样学习比我们学习什么更为重要。

（一）掌握科学的学习方法

授之以鱼不如授之以渔。给予别人现成的东西不如教给别人获得这种东西的方法。学生的学习也是一样，知识是无限的，而人生是有限的，因此，学会学习，掌握一定的学习方法是更多地获取知识和有效地运用知识不可或缺的条件。

那么，什么样的学习方法是最好的？应当说，世界上没有对一切人、一切场合都通用的"最佳"学习方法。有效的学习方法很多，以下几点供大家参考。

1. 保持最佳的学习状态。国外教育家研究表明：80％的学生的学习困难与压力有关。当人们处在压力之下时，大脑就"短路"了。从心理学上讲，最佳的学习状态就是既保持自然放松又集中注意力的一种精神状态。要保持这种状态，就要从保持对学习的浓厚兴趣着眼，并且保持良好的心理状态。做到轻松、自如、乐观和自信。

2. 调动全部学习器官共同参与。有资料表明：从视觉获得的知识能记忆 25％，从听觉获得的信息能记忆 15％，视听并用可记忆 65％。这个资料说明，调动多种感觉器官比单一的感觉器官更有利于记忆。如果学会了利用全部感官来学习，那么学习效率就会成倍地增

---

①　珍妮特·沃斯，戈登·德莱顿.学习的革命[M].顾瑞莱，陈标，许静，译.上海：上海三联书店，1998.

②　同上。

长。朱熹在《训学斋规》中说，"读书有三到，谓心到，眼到，口到"，也是说明了学习要多种器官共同参与。

3. 学会多问。我国明代三大儒学家之一的黄宗羲曾说："学贵知疑。小疑则小进，大疑则大进。疑者，觉悟之机也。一番觉悟，一番长进。"英国哲学家培根说："疑而能问，已得知识之半。"这些中外名人关于疑问的论述道出了"问"之于"学"的意义所在。多问不仅是在学习知识的过程中，对已成定论的事情要敢于质疑，而且是在自己不懂的时候敢于向人请教，甚至敢于"不耻下问"。正因为敢于质疑，哥白尼提出了日心说，也正因为敢于发问，1987 年美国芝加哥大学物理系学生罗伯特·盖瑞斯特发现了牛顿的《数学原理》书中一个出版 300 年以来未被发现的错误。无数科学发明和科技进步都是和多问善思联系在一起的。

4. 学会略读。培根说："有些书可供一尝，有些书可以吞下，有不多的几部书则应当咀嚼消化，这就是说，有些书只要读读他们的一部分就够了，有些书可以全读，但是不必过于精细地读，还有不多的几部书则应当全读、勤读，而且用心地读。"事实上，读任何书籍，在读书之始，都应该对全书的概貌有个整体的了解，以便分清主次，这就需要学会略读。对任何书籍都字斟句酌的学习方法，看似认真，实际上是对时间的极大浪费。

5. 学会精读。精和略是相对的。略是精的前提，精是略的目的和要求，二者是相辅相成的。精读要求仔细地阅读，有些甚至要求反复地学习理解和记忆。一般来说，精读的目的是掌握书中的重点，攻克难点和探究疑点。学会精读也是一种重要的学习能力。

6. 学会对信息的记忆、存储和加工。在人脑的各项机能中，记忆无疑是最重要的能力之一。如果你的大脑无法将从感觉器官获得的大量信息储存起来，那么你每思考一个问题，每做一件事情，都必须"从头开始"。记忆就是过去的经验在头脑中的反映。所谓过去的经验是指过去对事物的感知，对问题的思考，对某个事件引起的情绪体验以及进行过的动作操作，这些经验都可以映像的形式存储在大脑中，在一定条件下，这些映像又可以从大脑中提取出来。因此，记忆可以将人们过去的经验和当前的心理活动联系起来。这样人们才能不断地积累知识和经验。可以说记忆是人类智慧的根源。所以要学会对信息记忆、存储和加工的方法，提高学习效率。

（二）培养大学生的创造能力

创造能力（creativity）一词源于拉丁语"creare"，意为创造、创建、生产、造就。在心理学中，创造能力是指运用一切已有的信息，产生出某种新颖、独特、有社会或个人价值的产品的能力。这种产品可以是新观念、新设想、新理论，也可以是新工艺、新技术或新的物质产品。很多研究表明，智力测验成绩和创造能力测验成绩关系不大。一般来说，具有中等以上的智力水平是创造能力发展的基本条件，高创造能力主要来自具备中等以上智力水平的人群。

1. 创造性思维。创造能力的培养和创造性思维有关，创造性思维是一种求新的、无序的、立体的思维，它并不是某种单一的思维形式，而是多种思维的综合表现。它既是直觉思维与分析思维的结合，又是发散思维和聚合思维的结合，也是抽象思维与逻辑思维的结合，同时又离不开创造性想象。它是形成创造能力的重要条件。

美国科普作家阿西莫夫从小就聪明，年轻时多次参加"智商测试"，得分总在 160 左右，属于"天赋极高者"之列，他一直为此而扬扬得意。

　　有一次,他遇到一位汽车修理工,是他的老熟人。修理工对阿西莫夫说:"嗨,博士! 我来考考你的智力,出一道思考题,看你能不能回答正确。"阿西莫夫点头同意。修理工便开始说思考题:"有一位既聋又哑的人,来到五金商店,对售货员做了这样一个手势:左手两个指头立在柜台上,右手握成拳头做出敲击状的样子。售货员见状,先给他拿来一把锤子;聋哑人摇摇头,指了指立着的那两根指头。于是售货员就明白了,聋哑人想买的是钉子。聋哑人买好钉子,刚走出商店,接着进来一位盲人。这位盲人想买一把剪刀,请问:盲人将会怎样做?"阿西莫夫顺口答道:"盲人肯定会这样。"说着,伸出食指和中指,做出剪刀的形状。汽车修理工一听笑了:"哈哈,你答错了吧! 盲人想买剪刀,只需开口说'我要买剪刀'就行了,他干吗要做手势呀?"阿西莫夫这时不得不承认自己确实是个"笨蛋"。[①]

　　本案例中的阿西莫夫是因为思维的功能固着,没有跳出一贯的想法而出洋相的。德国心理学家邓克尔首先提出"功能固着"这个概念,是指一个人看到某个物品有一种惯常的用途后,就很难看出它的其他用途。这种功能固着使我们倾向于以习惯的方式运用物品,从而妨碍以新的方式去运用它来解决问题。

　　为什么会产生功能固着这种心理现象呢? 这是因为一个人在遇到新出现的问题时,总是容易用过去处理这类问题时的方式或经验来对待和解决新问题。一个人对某种物体的通常用途越熟悉,就越难发现这种物体在其他方面的新功能。例如:发卡是女同学用来卡头发的,所以有些人想不到它可以充当螺丝刀拧螺丝钉;尺子是用来测量物体长度的,有些人则想不到它还可以做教鞭和指挥棒。功能固着的消极影响是十分巨大的,因此我们一定要消除其消极影响。消除功能固着的消极影响,能消除一个人对物体用途方面的呆板、机械的认识,使其对物体的用途认识更丰富、更全面,使思维变得灵活和敏捷,有利于发展创造性思维。

　　那么,怎样才能消除功能固着的消极影响,发展我们的创造性思维呢?

　　(1)遇到问题时能随机应变,从多角度思考问题,寻找答案,锻炼思维的灵活性。这是培养大学生创新性思维的有效方法。美国心理学家吉尔福德提出了四种培养学生创造性思维的方法。首先,让学生尽可能多地给一些物件或词语下定义,比如"螺丝钉""衣袋"等。其次,尽可能多地说出一些东西的用途。再次,要求学生从复杂的图形中找出隐藏于其中的几何图形。此外,让学生给寓言故事补充几种"结尾",一种是道德的结尾,一种是诙谐的结尾,一种是悲伤的结尾。

　　(2)善于运用问题现场所提供的条件和物品,因地制宜、因陋就简地解决当前所面临的问题。

　　(3)在思考和解决问题的过程中,能够把有关的信息向各个方向、各个方面扩散,以此引出更多的信息、更多的设想,找出多项解决问题的方法,而且每个方案都切实可行。

　　(4)丰富自己解决实际问题的经验,因为解决问题是以知识和实际经验为前提的。这就要求我们不仅对周围事物的通常用途特别熟悉,而且对其他用途也十分清楚,只有这样才能在解决问题的过程中应付自如。

　　(5)我们既要有常规的解决问题的方法,又要养成勤于动脑和善于思考的好习惯。

---

　　① 建立批判性思维:辨别力. http://www.docin.com/p—286934172.html.

回答 7 - 3：

振荡结绳实验

这个实验的心理奥秘是它的设计目的旨在观察被试者能否突破功能固着,利用现场所陈列的材料,达到问题解决的目的。心理上存在局限,受到通常用途的影响,难以发现其他新用途。

2. 培养大学生的创造能力。在大学阶段,大学生心理发展逐步得到完善,特别是在记忆、比较、判断、动作及反应速度等方面,与其他年龄阶段相比,达到了最高的发展水平。他们的思想信念、专业定向性正在巩固;必须具备的才能正在发展,并趋向"职业化";从事职业活动的独立性正在提高;人生观基本形成,并正在更加突出地表现出来,个性的成熟性和稳定性正在增长;自我教育的比重正在提高。这一阶段正是大学生创造能力培养的关键时期。

(1) 积极培育良好的创造环境

创造环境包括社会环境、校园环境和教学过程环境。

一是社会环境。知识经济是以科学技术为主导的,其本质是创新。在知识经济的背景下,以现代信息技术为标志的现代科技革命,迫使当代大学生必须把握时代的脉搏,在知识经济的浪潮里看准自己创造性思维和创新能力培养的发展方向。

二是校园环境。创造性人才的培养,必须借助浓郁文化氛围的沃土,才能苗壮成长。要培养适应 21 世纪的创新人才,我们必须从主观上发挥能动性,创造条件,营建浓郁的校园文化环境,在一种轻松、争鸣的环境里,发扬学术民主,鼓励各种学派、学术思想的自由讨论。校园文化还要适应知识经济的时代特征,在开放的状态中保持主动性和独特性,要花大力气建设校园文化,把校园建设成适合个性发展的良好环境。

三是教学过程环境。要培养大学生的创造性思维能力,高校必须加强教学过程研究,构建科学的教学模式,确立主体发展型课堂教学模式,优化信息环境,使学生地位由被动变为主动,使媒体变成学生学习的工具。让大学生主动学习,独立思考,充分开发自己的创造潜能。要用先进的现代教育理论和现代教育技术理论,培养具有创新精神、创新能力和创造能力的新型人才。

(2) 大学生创造能力培养的途径

一是培养学生的求知欲和探索欲。求知欲和探索欲是科学发现的前提。有许多科学发现是科学家从常见的生活现象中发现问题而开始的。如瓦特对水蒸气把壶盖顶起产生疑问,发明了蒸汽机;牛顿从苹果落地这一众人熟知的现象中提出问题,发现了万有引力。这些发明、发现都和科学家求知与探索新事物的欲望是分不开的。因此,我们要尊重学生的好奇心,鼓励他们大胆质疑、大胆探索,培养大学生的创造能力。

二是参与形式多样的课外活动、创新发明比赛等,在求学期间就投入有意识的创造性活动当中。

三是培养良好的个性品质。良好的个性品质包括坚强勇敢、甘愿冒险、富有幽默感、独立性强、有恒心、一丝不苟、执着进取,等等。培养大学生勇于实践、大胆探索、不怕困难、不怕失败的顽强意志,是培养其创造能力的重要保证。

四是积极参加科学研究,培养科研能力。许多创造性成果都是科研的结果,因此应当参与有关的科研活动。

【心理链接】

李开复先生的建议:"大学生应如何度过大学生活"

李开复先生曾写过一篇专门论述大学生应如何度过大学生活的文章。文章指出:中学生在学习知识时更多的是追求"记住"知识,而大学生应当要求自己"理解"知识,并善于提出问题、解决问题。对每一个知识点,都应当多问几个"为什么"。一旦真正理解了理论或方法的来龙去脉,就能举一反三地学习其他知识,解决其他问题,甚至达到无师自通的境界。

李开复先生的这段话,明确指出了大学学习的特点,告诉大学生应该如何学习。大学不仅重视对学生进行知识的传授,更强调对学生学习能力的培养及学生综合素质的培养。刚进入大学的新生,要转变学习观念,调整学习方法,尽快适应大学生活。

【心灵修炼】

1. 你对现代学习观是怎样理解的?
2. 结合自身情况,谈谈大学生应当如何培养创造能力。

【影视欣赏】

《同桌的你》

《同桌的你》是 2014 年郭帆执导的青春爱情电影,由周冬雨、林更新等联袂主演,影片的灵感来源于1994 年高晓松创作的校园民谣《同桌的你》(图 7-4)。影片主要讲述了周小栀和林一这一对同桌从初中、高中、大学直至毕业十年后的青葱记忆和甜蜜恋情,于2014 年 4 月 25 日首映。

https://baike.baidu.com/item/％E5％90％8C％E6％A1％8C％E7％9A％84％E4％BD％A0/880869? fr＝aladdin.

https://www.iqiyi.com/v_19rrhyt0jo.html? vfm＝2008_aldbd&fc＝828fb30b722f3164&fv＝p_02_0.

图 7-4　电影《同桌的你》海报

专题八　我的情绪我做主——情绪管理

学习目标

- **知识目标**
    1. 掌握情绪情感的概念
    2. 明确情绪情感的类型
    3. 了解情绪情感的重要作用
    4. 掌握调节情绪情感的方法
- **技能目标**
    1. 认知自我的情绪情感状况
    2. 调节自我的情绪情感
    3. 认知他人的情绪情感

21世纪是一个高科技激烈竞争的世纪,理智是成功的重要前提和主要方面。但仅有理智并不能保证人生幸福和事业成功。高科技时代的高速度、快节奏、多变化必然会给人带来强烈的情绪冲击、冲突和矛盾。因而21世纪的人才必须具有情绪稳定、调控适度、愉悦平和的健全情感。通过情感交流能得到他人的理解、支持、认可,获得人际间的亲密、亲近和亲情,促进事业的成功。

大学生正处于一个身心发展的转折期,在这一时期,具有敏感而不稳定的情绪,遇事容易激动及情绪化,让自己做出后悔的行为。由于身体的成长以及个体生理、心理的独立,使心理一时无法有充分的准备,故容易觉得不安,容易焦虑、烦躁。另外,这一阶段的大学生情绪容易受外界的影响。人生往往要面对许多境遇,当中有失败、挫折失落和被拒绝,在应付危机时,大学生缺乏成熟的心智和处理经验,常会感觉悲伤、沮丧、抑郁,认为自己毫无价值,甚至会退缩或自我毁灭,有些人则会通过发脾气、故意顶撞反抗、攻击性行为来进行防御。

因此,了解并掌握与情绪相关的一些知识和技能,对人生幸福感的获得,以及事业的成功,都会有非常重要的意义。本章节就是通过对情绪智力模型的其中四个构成——认知自己的情绪情感,调节自己的情绪情感,认知他人的情绪情感,调节他人的情绪情感的介绍,使大家能够更好地处理自己的情绪问题,并合理地利用情绪情感。

知识点 1　认识情绪情感

【困惑与问题 8 - 1】

乐观测试

　　20 世纪 80 年代中期,美国某保险公司雇用了 5000 名推销员并对他们进行了培训,每名推销员的培训费高达 30000 美元。然而,雇用后的第一年有一半推销员就辞职了,4 年后这批人只剩下了五分之一。之所以会有这样的结果,原因在于在推销保险产品的过程中,推销员得一次又一次面对被人拒之门外的窘境。而不是所有的人都能坦然面对这样的窘境,并以此作为动力的。

　　为了确定能够积极面对困难,并将每一次拒绝都当成是挑战而不是挫折的特质是成为成功推销员的关键因素之一。该公司向宾夕法尼亚大学的心理学家马丁·塞里格曼讨教,并请他来检验"乐观成功理论"。这一理论认为,当乐观主义者失败时,他们会将失败归结于某些他们可改变的事情,而不是某些固定的、他们无法克服的弱点;因此,他们会努力去克服困难,改变现状,争取成功。如果这一设想成立,那么在对推销员进行高额培训之前,公司就可以通过筛选来降低培训成本。

　　塞里格曼对 15000 名参加过两次测试的新员工进行了跟踪研究,这两次测试分别是该公司常规的甄别测试和塞里格曼自己设计的用于测试被测者乐观程度的"乐观测试"。这些人中有一组人没有通过甄别测试但却在"乐观测试"中取得"超级乐观主义者"的成绩。通过对他们的长期跟踪发现,这一组人在所有人中工作任务完成得最好。第一年,他们的推销额比"一般悲观主义者"高出 21%,第二年高出 57%。从此以后,通过塞里格曼的"乐观测试"便成为该公司录用推销员的条件之一。

　　问题:

　　为什么"乐观"会成为美国某保险公司录用推销员的条件之一?

【心理运动场】

成功者的"特质"

　　[活动任务]　了解高"情商"与成功的正比关系,了解情绪情感对于个体成才的作用。

　　[活动目标]　初识"情商",逐渐重视对自身"情商"的培养。

　　[活动要求]　随机将全班同学划分成若干小组,5～6 人为一个学习小组。以小组为单位,选择一个成功人士的案例,分析其成功的"情商"领域的原因,制作成 PPT 并代表学习小组加以介绍。

　　[活动考核]　每个学习小组选派一名代表与任课教师组成评委,对各学习小组的汇报进行评价。

　　[关键词]　情绪情感　情绪类型　情绪智商　"高"情商

【心海导航】

一、什么是情绪情感

情绪情感是人类心理生活的一个重要方面,它伴随着认知过程而产生并对认知过程产生重大影响,也是人对客观现实的一种反映形式。在认识客观事物的过程当中,个体并不是无动于衷的,而总是采取一定的态度,如:喜与悲、乐与苦、爱与恨等。我们把人对客观事物的态度体验及相应的行为反应,称为情绪情感。

由于情绪情感的多样性和复杂性,人们在定义它们时产生了很多分歧和争议,因此到目前为止,尚没有一个能真正为大多数心理学家所接受的定义。在我国,大家比较认同的定义是:情绪和情感是人对客观现实的一种特殊反映形式,是人对客观事物是否符合人的需要而产生的态度体验。

在现实生活中,情绪和情感是紧密联系在一起的,但二者也存在着一些差异。从人的需要来看,情绪更多的是与人的物质或生理需要相联系的态度体验。如当人们满足了饥渴需要时会感到高兴,当人们在生命安全受到威胁时会感到恐惧,这些都是人的情绪反应。情感更多地与人的精神或社会需要相联系。如由于人们的交往需要得到了满足就会产生友谊感,当人们获得成功时会产生成就感。友谊感和成就感就是情感。从发生早晚来看,情绪发生早,情感产生晚。人出生时会有情绪反应,但没有情感。情感是随着人的年龄增长而逐渐发展起来的。如人刚生下来时,并没有道德感、成就感和美感等,这些情感反应是随着儿童的社会化过程而逐渐形成的。从反映特点来看,情绪具有情境性、激动性、暂时性、表浅性与外显性,如当我们遇到危险时会极度恐惧,但危险过后恐惧会消失。情感具有稳定性、持久性、深刻性、内隐性,如大多数人不论遇到什么挫折,其民族自尊心不会轻易改变。父辈对下一代殷切的期望、深沉的爱都体现了情感的深刻性与内隐性。

实际上,情绪和情感既有区别又有联系,它们总是彼此依存,相互交融在一起。稳定的情感是在情绪的基础上形成的,同时又通过情绪反应得以表达,因此离开情绪的情感是不存在的。而情绪的变化也往往反映了情感的深度,而且在情绪变化的过程中,常常饱含着情感。

因此,在日常生活中,情绪和情感很难有严格的区分,情绪通常都是作为一般情感的同义语来运用的。

二、情绪的基本类型

情绪的纷繁多样使它的分类成为一个复杂而困难的问题。尽管如此,古今中外的学者从不同角度、不同根据,对情绪、情感的分类进行了许多有益的尝试。

据我国古代名著《礼记》记载,人的情绪有"七情"分法,即喜怒哀惧爱恶欲;《白虎通》记载,情绪可分为"六情",即喜怒哀乐爱恶;近代的研究中,常把快乐、愤怒、悲哀、恐惧列为情绪的基本形式。

近年来,西方情绪心理学中的一派倾向于把情绪分为基本情绪与复合情绪。美国著名情绪心理学家伊扎德认为基本情绪的标准:先天预成、不学而能,并具有分别独立的外显表情、内部体验、生理神经机制和不同的适应功能。根据这个标准,他将人类的基本情绪分为8

到 11 种,分别为兴趣、惊奇、痛苦、厌恶、愉快、愤怒、恐惧和悲伤以及羞涩、轻蔑和内疚,见表 8-1。

表 8-1 基本情绪

基本情绪		身体驱力	感情—认知结构倾向
兴趣	厌恶	饥饿	内、外倾
愉快	轻蔑	干渴	自谦
惊奇	恐惧	疲劳	活跃
痛苦	羞涩	疼痛	沉静
愤怒	内疚	性	多疑

伊扎德把复合情绪分为三类:第一类为在基本情绪基础上,2~3 种基本情绪的混合;第二类为基本情绪与内驱力身体感觉的混合;第三类为基本情绪与感情—认知结构(特质)的混合。依此分类,复合情绪则会有上百种之多。表 8-2 为几种常见复合情绪。

表 8-2 复合情绪

基本情绪结合	情绪—内驱力结合	情绪—认知结构结合
兴趣—愉快	兴趣—性驱力	多疑—恐惧
痛苦—愤怒	疼痛—恐惧	自卑—痛苦
恐惧—害羞	疲劳—厌烦	沉静—害羞
轻蔑—厌恶—愤怒	性驱力—兴趣—享乐	多疑—恐惧—内疚
恐惧—内疚—痛苦—愤怒	疼痛—恐惧—愤怒	活力—兴趣—愤怒

三、什么是情绪智商

所谓的情绪智商,也叫情感智商,英文为 Emotional Quotient,缩写为 EQ。情感智商是相对于智商而言的。

一般认为情绪智力理论是从 1990 年彼得·沙洛维(Peter Salovey)在《想象、认知与人格》杂志发表《情绪智力》一文正式开始的,琼·梅耶(John Mayer)在 1993 年到 1996 年期间又发表了两篇,直到 1997 年有关情绪智商的论文主要还是以梅耶、沙洛维的三篇主要论文为主线;1995 年丹尼尔·戈尔曼(Daniel Golmen)以神经科学专栏作家的敏感性从杜勒关于杏仁核的研究成果获得启示,综合一些临床研究成果以及把社会智力、管理心理学、人格心理学等拼凑在一起写成《情绪智力》一书。《情绪智力》的出版引起轰动,并得到理论界的关注,大量评论性文章纷纷发表,戈尔曼也由此被誉为“情绪智力之父”。他认为情绪智力具有文化时代精神,是精英文化走向大众文化的必然结果,是“理性文化”的反思和发展,是“众生”平等思潮的顺应,是对人类自身价值认识的深化。情绪智力符合智力的标准,是一个科学的概念。

而与此同时,情绪智力对个体成长、成才的重要影响力也越来越为人们所证实并接受,马丁·塞里格曼的“乐观测试”更是从实证的角度论证了这一观点。

情绪智力的概念是由美国耶鲁大学的沙洛维和新罕布什尔大学的梅耶首次提出的,是指“个体监控自己及他人的情绪和情感,并识别、利用这些信息指导自己的思想和行为的能力”。

换句话说,情绪智力也就是识别和理解自己和他人的情绪状态,并利用这些信息来解决问题和调节行为的能力。在某种意义上,情绪智力是与理解、控制和利用情绪的能力相关的。

值得注意的是,上述对情绪智力的解释只限于一个流派内部的较为普遍接受的观点,虽然人们对情绪智力有着广泛的关注,但是迄今为止,由于在和人格、智力等因素的从属、重叠关系界定上的结论不一,对于情绪智力的界定一直都存在着差异。

大多数的国内外心理学家都认为情绪智商应该包括这些方面:一是认识自身的情绪,因为只有认识自己,才能成为自己生活的主宰;二是能妥善管理自己的情绪,即能调控自己;三是自我激励,它能够使人走出生命中的低潮,重新出发;四是认知他人的情绪,这是与他人正常交往,实现顺利沟通的基础;五是人际关系的管理,即领导和管理能力。情商水平高的人一般具有这些特点:社交能力强,外向而愉快,不易陷入恐惧或伤感,对事业较投入,为人正直,富有同情心,情感生活较丰富但不逾矩,无论是独处还是与许多人在一起时都能怡然自得。

可以看出,"情绪智商"的高低与个体对于自己的情绪的认知、调节能力,对他人的情绪的认知、调节能力高度相关。

四、怎样的情商是"高"情商

我们往往会很羡慕身边的某些人,因为在他们的身边总是环绕着各式各样的朋友,大家对他们的评价很高,他们的成就也很高,而回顾自己,却并不那么受欢迎,是什么样的特质让他们能够拥有如此高的个人魅力? 我们又应该如何做才能让自己也有如此高的人气呢?

我们会发现,这些人大多有良好的内在修养、均衡的处世态度、真诚待人、幽默、热忱等。这些特质往往都体现了他们在管理情绪方面和与人沟通方面的高能力。一般来说,"高"情商的人具有这样的一些表现:

首先,高情商的人具有非常强烈的动机,因此,他们有很强的自觉性和主动性,在决定要做一件事之后,没有完成决不罢休,做任何事情都有明确的动机、强烈的兴趣以及所表现出来的积极独立和不甘落后,并且有勇气、有信心。他们有非常强的自我管理能力,对于身边的一些诱惑,往往都能够把持得住。

比如,非常著名的"软糖实验"就证明了这点。1960年,著名心理学家瓦尔特·米歇尔(Walter Mischel)进行了这个实验。

他在斯坦福大学的附属幼儿园里选择了一群4岁的孩子,这些孩子多数为斯坦福教职员工及研究生的子女。老师让这些孩子走进一个大厅,在每一位孩子面前放一块软糖,并对孩子说:老师出去一会儿,如果在老师回来时你还没有把自己面前的软糖吃掉,老师就再奖励你一块。如果你还没等到老师回来就把软糖吃掉了,你就只能得到你面前的这一块。

在十几分钟的等待中,有些孩子缺乏控制能力,经不住糖的甜蜜诱惑,把糖吃掉了;而有些孩子领会了老师的意思,尽量使自己坚持下来,以得到两块糖。他们用各自的方式使自己坚持下来。有的把头放在手臂上,闭上眼睛,不去看那诱人的软糖;有的自言自语、唱歌、玩弄自己的手脚;有的努力让自己睡着。最后,这些有控制能力的小孩如愿以偿,得到了两块软糖。

研究者对接受这次实验的孩子进行了长期的跟踪调查。中学毕业时的评估结果是,4岁时能够耐心等待的人在校表现优异,入学考试成绩普遍较好。而那些控制不住自己,提前吃掉软糖的人,则表现得相对较差。而进入社会后,那些只得到一块软糖的孩子普遍不如得到两块软糖的孩子取得的成绩大。

其次,高情商的人非常善于控制自己的情绪。他们头脑冷静,行动理智,能理性分析客观情境,并做出相应的情绪反应。比如在比较正式的场合,他们能尽量克制自己的感情冲动,情绪发作慢;在面对巨大压力的时候,能将压力视为动力,了解它、接受它,并享受它所带来的张力;在遭遇逆境的时候,他们能换一种积极的心态去解读,去面对困难,迎难而上;当遇到情绪低潮期的时候,他们能及时地化解和排除不良的情绪,使自己尽快走出阴霾,始终保持一种良好的心境;有很强的包容力,心胸开朗,胸怀豁达,心理健康。

再次,高情商的人具有较高的沟通能力。他们善于洞察别人的心态,能控制自己的情绪,会设身处地地为他人着想,领悟对方的感受,尊重他人的意见,因此他们善于人际沟通和合作,人际关系融洽。在人际沟通中,他们是一群非常好的聆听者,他们幽默,懂得拒绝的艺术,懂得适时适地的赞美。

回答 8-1:

乐观测试

"乐观"是我们应对及完成当前任务的最佳心理状态,因为在所有挑战性的职业中,拒绝是必不可少的经验,而平静地接受拒绝则是必不可少的能力,天性乐观者往往不会因为一时的被拒绝而失去继续下去的力量,反而会用一种更为积极的心态去面对。而研究表明保持积极心态会使我们富有创造力,更容易解决问题,头脑更灵活,决策更有效。因此乐观者更适合做挑战性的工作。由此可见,乐观的态度是一种情绪智力。

【心灵修炼】

1. 客观评价自己的"情感智商"。
2. 为自己树立一名高"情商"偶像。

【影视欣赏】

《头脑特工队》

《头脑特工队》是由华特·迪士尼电影工作室、皮克斯动画工作室联合出品的3D动画电影(图8-1)。该片讲述了小女孩莱莉因为爸爸的工作变动而搬到旧金山,她的生活被五种情绪所掌控。影片题材不仅来自生活细节,把主人公的那点小情绪刻画成五个鲜明的小人物,还用一种心理学的解析方式讲述了情绪的故事。

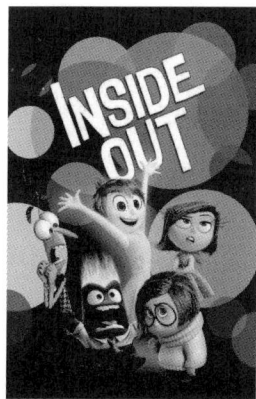
图 8-1　电影《头脑特工队》海报

https://baike.baidu.com/item/%E5%A4%B4%E8%84%91%E7%89%B9%E5%B7%A5%E9%98%9F/17127087? fr=aladdin.

https://www.iqiyi.com/v_19rrk9svco.html? vfm=2008_aldbd&fc=828fb30b722f3164&fv=p_02_01.

知识点 2 调节自我的情绪情感

【困惑与问题 8－2】

情绪犯罪

2010 年 10 月 20 日 22 时 30 分许,西安音乐学院的大三学生药家鑫在看望女友后,开车回家的途中,将前方在非机动车道上骑电动车同方向行驶的被害人张妙撞倒。药下车查看时,发现被害人正在抄他的车牌号码,因为害怕被害人会找其麻烦,遂返回车上,找出水果刀,对着被害人连捅数刀,最终将被害人捅死。逃跑途中,又将两名路人撞倒。2010 年 10 月 23 日,在父母的陪伴下,药家鑫投案自首。

2011 年 4 月 22 日上午,西安市中级人民法院对被告人药家鑫故意杀人案做出一审判决,以故意杀人罪判处药家鑫死刑,剥夺政治权利终身,并处赔偿被害人家属经济损失 45498.5 元。

2011 年 5 月 20 日,陕西省高级人民法院对被告人药家鑫故意杀人一案进行了二审公开开庭审理并宣判,依法裁定驳回药家鑫上诉,维持原判。

2011 年 6 月 7 日,药家鑫在陕西省西安市被依法执行死刑。

药家鑫曾经在对警方的供述中表明当时作案的原因:"天太黑,我不清楚她伤的程度,心里特别害怕、恐慌,害怕她以后无休止地来找我看病、索赔。"于是"一念之差"之下,拿出刀将对方刺死。

药家鑫案从发生到最终尘埃落定,社会上有很多声音,也有人指出药家鑫在案发当口,由于极度恐惧,导致情绪失控,属于"激情杀人",因可酌情轻判。不管如何,药家鑫已为自己的"激情"行为付出了生命的代价,而对于大学生来说,如何从这个案子中吸取教训则更为重要。

问题:

①为什么简单的一起交通事故最终会演变成害人性命的刑事案件?

②是什么导致药家鑫做出了如此极端的反应?

【心理运动场】

生活中的"坏情绪"

〔活动任务〕 ①讨论在日常生活中"坏情绪"有哪些? 他们对日常生活的影响有哪些? ②回忆在自己的身边或自己身上是否有因为"坏情绪"而做错事的例子,并列举。今后该如何调节?

〔活动目标〕 认知自己的"坏情绪",了解产生的原因,并掌握调节情绪的方法。

〔活动要求〕 随机将全班同学划分成若干小组,5～6 人为一个学习小组。每位学生至少记录一篇自己的情绪体验报告,格式可参见表 8－3,在小组中将自己的情绪体验以及调控过程进行交流,小组讨论总结出不同情绪状态下可以采用哪些调节方法,制作 PPT 并代表学习小组加以介绍。

表 8 - 3　认知作业范本

A(今天发生了什么事?)
B(当时我的感受怎样?)
C(当时为什么会有这样的感受?)
D(应该如何跟这些想法辩论?)
E(我现在的感受、感想)

[活动考核]　每个学习小组选派一名代表与任课教师组成评委,对各学习小组的汇报进行评价。

[关键词]　情绪产生　认知调节　合理发泄

【心海导航】

一、情绪是怎么产生的

情绪的产生是由于个体受到某种刺激以后产生的身心激动状态。这种刺激可能来自生活中遇到的各种人、事,如故友重逢、仇人相见,嘈杂闹市、鲜花广场,考试试卷,缴费账单,等等。外界的任何事件都能引发我们喜怒哀乐的各种情绪体验。情绪的产生还和我们的某些心理活动,如:回忆、想象、联想,或者一些生理性刺激有关。所以,情绪是个体的深刻体验,我们能感受到它,却常常不能自如地控制它。

刺激是情绪产生的客观原因,在情绪活动中,人不仅反映环境中的刺激事件对自己的影响,同时要调节自己对于刺激的反应。不同的情绪反应是个体对刺激事件知觉到有害或有益的反应。因此,在情绪活动中,人们需要不断地评判刺激事件与自身的关系。

需要获得满足与否决定情绪的性质和内容,情绪是对客观事物是否符合自身需要的态度体验。个体的需要得到满足,就会产生肯定的情绪,即会体验到愉快、满意、喜爱等积极的情绪;反之,如果需要没有得到满足,则会产生嫌恶、愤怒、憎恨等消极的情绪。

主观认知是影响情绪的内在原因,个体的成长经历、个性品质、世界观、人生观等都会影响其对刺激事物的评价,也会影响个体的需要层次。而在主观认知的影响之下,在面对同样的刺激事物时,个体也会体验到不同的情绪。

因此,了解了自己情绪的产生就能帮助我们进一步辨认自己的情绪,并能更好地调节自己的情绪。

二、什么是合理发泄

发泄是心理学中提倡的心理防御机制之一。为了避免情绪上的痛苦和不快,避免使负性情绪长期存在而最终导致心理疾病的产生,人们常常会采用各种防御机制,以维持自身的心理平衡。但是发泄不是无限制的,而是要用正确的方法处理自己的情绪,没有什么不良后果又能起到良好作用,这就是合理发泄。

发泄不需要任何的心理准备或技术要求,当我们感觉体验到负性情绪的时候,我们可以找一个知心朋友倾诉,一吐为快,想哭就哭。不习惯哭泣的,可以通过跑步、打球、写信等方式,将体内因不快聚结起来的能量向外界发泄。而且,我们也往往有这样的体验,一旦这种负性情绪得以发泄后,内心便会产生一种如释重负的感觉,心情就会舒畅。

如今,越来越多的人重视起情绪的问题,对于发泄方法的运用也做了很多有用的尝试。比如,近几年,"发泄吧"作为一个新生的事物就曾引起很多人的关注,对那些心中有闷气但又苦于无法发泄的人,花一点钱,去那里打几拳或是骂几句,就释放了过激的情绪。在日本的一些大公司里,为了更好地管理,会制作一些仿真橡皮偶,这些橡皮偶都是根据公司领导的形象做的,职工可以对它拳打脚踢,发泄心中的怒火,这样就会减少很多不利公司发展的不稳定因素。

三、什么是认知调节

主观认知往往会影响个体对于某一刺激的判断,而这一判断又往往会影响个体最终的情绪体验。在日常生活中,我们往往会遇到这样的情况,不同的人在面对同一事物时会产生不同的理解,最终导致不同的情绪体验。例如,在面对突然下大雨这一刺激事件时,正准备去操场踢足球的人必然会感到非常的懊恼,而对于遭遇久旱的农民而言,这无疑是值得庆祝的好事。

因此认知心理学家认为,很多时候,个体的情绪体验往往不是跟客观刺激非常相关,而是跟个体的认知更为相关。因此想要改变自己的情绪体验的最佳办法就是先改变自己的认知方式或是调节自己的认知。

如何做呢?最有名的就是 20 世纪 50 年代由艾利斯在美国创立的 ABC 理论。艾利斯认为人的情绪不是由某一诱发性事件的本身所引起,而是由经历了这一事件的人对这一事件的解释和评价所引起的。在 ABC 理论模式中:A 是指诱发性事件;B 是指个体在遇到诱发事件之后相应而生的信念,即他对这一事件的看法、解释和评价;C 是指特定情景下,个体的情绪及行为的结果。

通常人们会认为,人的情绪的行为反应是直接由诱发性事件 A 引起的,即 A 引起了 C。ABC 理论则指出,诱发性事件 A 只是引起情绪及行为反应的间接原因,而人们对诱发性事件所持的信念、看法、解释 B 才是引起人的情绪及行为反应的更直接的原因,见图 8 - 2。

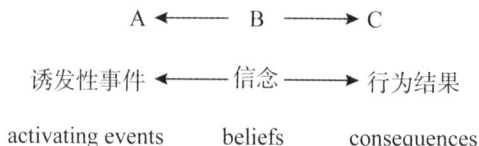

A ◀────── B ──────▶ C

诱发性事件 ◀────── 信念 ──────▶ 行为结果

activating events   beliefs   consequences

图 8 - 2　情绪的行为反应

例如:两个人一起在街上闲逛,迎面碰到他们的领导,但对方没有与他们打招呼,径直走过去了。这两个人中的一个对此是这样想的:"他可能正在想别的事情,没有注意到我们。即使是看到我们而没理睬,也可能有什么特殊的原因。"而另一个人却可能有不同的想法:"是不是上次顶撞了他一句,他就故意不理我了,下一步可能就要故意找我的碴了。"两种不同的想法就会导致两种不同的情绪和行为反应。前者可能觉得无所谓,该干什么仍然继续干自己的;而后者可能忧心忡忡,以至于无法冷静下来干好自己的工作。

从这个简单的例子中可以看出,人的情绪及行为反应与人们对事物的想法、看法有直接关系。在这些想法和看法的背后,有着人们对一类事物的共同看法,这就是信念。关于这两个人的信念,前者在 ABC 理论中被称为合理的信念,而后者则被称为不合理的信念。合理的信念会引起人们对事物适当、适度的情绪和行为反应;而不合理的信念则相反,往往会导致不适当的情绪和行为反应。当人们坚持某些不合理的信念,长期处于不良的情绪状态之中时,最终将导致情绪障碍的产生。

人的不合理信念常常有这样的三个特征:

一是绝对化的要求。是指人们常常以自己的意愿为出发点,认为某事物必定发生或不发生的想法。它常常表现为将"希望""想要"等绝对化为"必须""应该"或"一定要"等。例如,"我必须成功""别人必须对我好",等等。这种绝对化的要求之所以不合理,是因为每一客观事物都有其自身的发展规律,不可能依个人的意志为转移。对于某个人来说,他不可能在每一件事上都获成功,他周围的人或事物的表现及发展也不会依他的意愿来改变。因此,当某些事物的发展与其对事物的绝对化要求相悖时,他就会感到难以接受和适应,从而极易陷入情绪困扰之中。

二是过分概括化。这是一种以偏概全的不合理思维方式,它常常把"有时""某些"过分概括化为"总是""所有"等。就好比单凭一本书的封面就认定这本书好不好看。它具体体现在人们对自己或他人的不合理评价上,典型特征是以某一件或某几件事来评价自身或他人的整体价值。有些人一旦遭受了一些失败后,就会认为自己一无是处、毫无价值,这种片面的自我否定往往导致自卑自弃、自罪自责等不良情绪。而这种评价一旦指向他人,就会导致一味地指责别人,产生怨恨、敌意等消极情绪。我们应该认识到,"金无足赤,人无完人",每个人都有犯错误的可能性。

三是糟糕至极。这种观念认为如果一件不好的事情发生,那将非常可怕和糟糕。例如,"我没考上大学,一切都完了""我没当上处长,不会有前途了"。这种想法是非理性的,因为对任何一件事情来说,都会有比之更坏的情况发生,所以没有一件事情可被定义为糟糕至极。但如果一个人坚持这种"糟糕"观时,那么当他遇到他所谓的百分之百糟糕的事时,他就会陷入不良的情绪体验之中而一蹶不振。

在我们的生活中,我们会时刻面对各种刺激,当遭遇各种失败和挫折,要想避免情绪失调,就应多检查一下自己的大脑,看是否存在一些"绝对化要求""过分概括化"和"糟糕至极"等不合理想法,如有,就要有意识地用合理观念取而代之。只有这样我们才能体验到更多的积极情绪,才能让我们的生活变得更加美好。

回答 8-2:

情绪犯罪

在日常生活中,"坏"情绪常常会影响我们。在药家鑫被执行死刑后的某天,记者柴静走进了药家鑫的家,与他的父母有过一次面对面的交谈,在交谈后柴静得出了自己的结论：药家鑫如此极端的处事方式与其父母对他过分严厉的管教密不可分。对于药家鑫来说，他的整个成长过程缺失了父母的情感关怀，以致于药家鑫也成长为一个情感匮乏的人，不懂情感的表达，更不懂情绪的调节。在面对极大的恐惧时，他并没有能力控制并调节恐惧的情绪，反而这种"恐惧"影响了他对事物的正常判断，最终使其走向了极端。

【心灵修炼】

1. 最常见的情绪情感问题有哪些？
2. 面对这些情绪情感问题，我们可以采用哪些方法进行调节？

【影视欣赏】

《穿普拉达的女王》

影片《穿普拉达的女王》根据劳伦·魏丝伯格的同名小说改编而成，由大卫·弗兰科尔执导，梅丽尔·斯特里普、安妮·海瑟薇和艾米莉·布朗特联袂出演(图 8-3)。

影片讲述一个刚离开校门的女大学生，进入了一家顶级时尚杂志社当主编助理的故事，她从初入职场的迷惑到从自身出发寻找问题的根源最后成了一个出色的职场与时尚的达人。

https://baike. baidu. com/item/%E7%A9%BF%E6%99%AE%E6%8B%89%E8%BE%BE%E7%9A%84%E5%A5%B3%E7%8E%8B/3309472? fr=aladdin.

图 8-3　电影《穿普拉达的女王》海报

https://www. iqiyi. com/v_19rrk175js. html? vfm=2008_aldbd&fc=828fb30b722f3164&fv=p_02_01.

知识点 3　认识他人的情绪情感

【困惑与问题 8-3】

侦探电视中的"微表情"

美剧《别对我撒谎》引起了很多观众对行为学的追捧，剧中的男主人公莱特曼博士仅仅通过看着你的眼睛，观察你的小动作，听你的声音，和你握手……就会知道你是否说谎，以及为什么说谎。莱特曼博士的这种"特异功能"来自多年来对某原始部落成员眉毛细微变化的研究。他的研究表明人不屑的时候嘴唇会轻微上扬，单边耸肩表示你对自己所说的事情不抱任何信心,抿了抿嘴表示听到了不喜欢的消息……首集一开始,莱特曼博士就与一个令FBI感到束手无策的制造爆炸案的嫌犯狭路相逢。没有逼供、没有物证,莱特曼博士和嫌疑人聊了一会儿天,捕捉到了对方耸肩、吸鼻子等几个转瞬即逝的"细微表情"后便找出了爆炸物的安置点,真是神乎其技。

《别对我说谎》的情节都是有科学研究为基础的。该剧的灵感来源于行为学专家保罗·艾克曼(Paul Ekman)博士的真实研究以及畅销书 *Telling Lies*(说谎)。调查表明,一个普通人在谈话的时候,平均每10分钟要说3个谎话。也有人对这样的"神技"持保留意见。

问题:
①什么是微表情?
②微表情对我们的社会生活有帮助吗?

【心理运动场】

读懂别人的"心"

[活动任务]
1. 讨论哪些动作、面部表情泄露我们什么样的情绪?
2. 了解别人的情绪状态对我们有什么样的作用?

[活动目标] 掌握认知他人情绪的方法,提高自己的人际交往能力。

[活动要求] 随机将全班同学划分成若干小组,4~6人为一个学习小组。以小组为单位,每个学生随机观察一个人,记录其一言一行及面部表情,并随后对其进行采访,了解当时他(她)的情绪状态,小组讨论,不同情绪状态下会有哪些不同的具体表现,并总结,制作PPT并代表学习小组加以介绍。

[活动考核] 每个学习小组选派一名代表与任课教师组成评委,对各学习小组的汇报进行评价。

[关键词] 认识他人情绪 调节他人情绪

【心海导航】

一、如何认识他人情绪

(一)倾听

倾听是一种主要用耳的艺术,取得成绩时要倾听,遭受挫折时要倾听,承担痛苦时要倾听,沟通心灵时要倾听,认识他人的情绪情感时更要倾听。倾听不仅要弄懂所听到的内容和意义,还要弄清楚他人的情绪和情感,它是对声音刺激给予注意、解释、理解和记忆。

莫拉宾认为声音所传达的信息可达38%,而这里的声音包括两个部分:一是语言的声音;二是非语言的声音。语言的声音包括音的音质、音量、音调、语速;而非语言的声音,则是指发出的不成词的声音。如为了打破沉默的状态,有人会用咳嗽来过渡;为放松自己,而下意识地深呼吸等。

在倾听时,我们要做到以下"四到":

眼到——观察对方的脸部表情、眼睛、手势、体态、穿着等；

心到——以换位思考的态度站在沟通对方的立场与角度，去体会他的处境与感受；

脑到——用大脑去分析对方的动机，以便了解对方是否话中有话，是否有弦外之音；

神到——眼、心、脑，全部要归到"神"。

（二）观察

观察是认知他人情绪情感的第二种方法和技巧，这是一种主要用眼睛的艺术。眼睛是心灵的窗户，心理是一个人内心世界的东西，它会通过一个人的言行、表情表现出来。而通过一个人的言行，可以推断一个人的心理活动规律，窥视一个人的内心世界。

人际间的信息全部表达是由7%的语言（单纯言语）和38%的副语言（包括音质、语调、语速和助叹词）以及55%的体态语言组成。因此在人际沟通中，认知他人情绪的方法除了倾听外，另外更重要的就是观察，通过观察体态语言来了解对方的情绪状态。而观察的重点就是个体的身体语言。

身体语言是一种可以相互沟通的"无声语言"，如果你留心观察别人的体态语言，不仅可以比较准确地察觉别人的内心世界，也可以懂得对方此时其实是在向你暗示什么，从而帮助你做出恰当的反应。譬如，当你正侃侃而谈时，发现对方开始做一些无意识的小动作，如搔头、摸脸等，那你就要意识到这是一种对你话题不感兴趣的暗示信号，这时你就要及时转换话题或是尽快结束谈话。

正如我们在之前所提到的"微表情"，人身体的各部分都会有意无意地透露一些个体的内心世界，这些部分包括眼睛、嘴巴、颈部、四肢、腰腹部、背部、腿部、足部，等等。这些部位一些细微的动作都会传达一定的信息。

如当在彼此注视时，对方的眼神闪烁不定，则反映出对方在精神上的不稳定或是性格上的不诚实；如回避对方的视线，是不愿被对方看到自己的心理活动，掩饰性强。

瞳孔的放大与缩小也能传达出很多信息，如产生爱、喜欢或兴奋等的情绪时，瞳孔往往会放大，而产生戒备、愤怒的情绪时，瞳孔就会缩小。

四肢的动作也会体现对方的心理活动或心理状态，比如：手臂交叉放在胸前，同时两腿交叠，表示不愿与人接触；握手时对方手心出汗，表示对方处于兴奋、紧张或情绪不稳定的状态；握手时手掌向下的，表示想取得主动、优势或支配地位；手掌向上的，则表示性格软弱，处于被动、劣势或受人支配；架腿而坐，表示拒绝对方并保护自己的势力范围。而频频交换架腿姿势的动作是情绪不稳定或焦躁、不耐烦的表现。

脚尖的指向可表现人际关系的亲密程度。譬如，甲乙两个人站着谈话，他们的鞋尖相对，距离不远，而且基本上在一条直线上，我们可以判断出他们两个人的关系比较亲密或极为亲密；如二人的鞋尖位置呈直角或60度左右，那么这两个人的关系不会是深厚的，因为从甲的位置只能看到乙的侧脸，乙不会看到甲，即使乙扭过头来与甲面对面交谈，但鞋尖没有转过来，也就是身体没有转过来，所以甲乙两人鞋尖构成的势力圈留下一个第三者介入的缺口。

当然，对身体语言的分析和判断，一方面需要我们细心观察；另一方面由于每个个体的不同，也存在一定的差异，如果对方懂得这些身体语言的内涵，也有可能会利用某些动作、姿势来迷惑你，因此我们不能单一地通过某一身体动作来判断，而是要具有整体把握的能力。

（三）同理心

根据《韦氏词典》的解释，同理心指的是能够"理解、意识、感觉、间接地体验他人的感受、想法和精力"。有效运用同理心的关键在于,学会如何对他人感受及产生这种感受的原因做出正确的反应。

简单来说,同理心等同于"读懂"他人,与他人产生共鸣。也就是通过前面我们提到的"聆听""观察"等方法,正确地理解对方的行为和情绪:他们现在有什么感受?这种感受有多强烈?为什么会产生这种感受?当我们能正确地读懂的时候,我们就能够得出最有效的建议、决策,等等。因此积极的同理心对于培养和维持真挚而持久的人际关系至关重要,对于工作场所、社团和家庭的顺畅运行举足轻重。

提高同理心的关键是有意识地关注他人。这需要我们提升兴趣,注意认真聆听,理解与我们交流的人正在表达的信息,而不是把我们对现实的解析强加给他人。

具体的策略如下:

1. 站在对方的角度思考问题。

2. 设法理解他人的责任及其面临的挑战。

3. 询问。如果某人说的话与你的体验相去甚远,你可以说:"很有趣,能再讲得详细点吗?"通过不断地询问,可以让你逐渐理解对方要交流的信息,也有利于让对方更好地了解你。

回答 8 - 3:

侦探电视中的"微表情"

早在 100 多年前,就已经有神经科学家开始研究微表情。他们认为在所有的微表情中,"说谎"的微表情是最容易被辨识的。法国神经家杜兴·德·布伦就发现了由高兴而产生的笑容和其他笑容的区别:

真心流露的喜悦所产生的面部表情是由颧骨主肌和眼部轮匝肌同时收缩形成的。前一块肌肉受意识支配,而后者只有真的有感而发时才会发生变化。这种肌肉的惰性可以让我们通过笑容撕下伪善者的面具。

二、如何调节他人的情绪

亚里士多德曾经说过:"说服是通过讲演使听众动感情而产生效果的,因为我们往往是在痛苦或欢乐、爱或恨的波动中做出决定的。"在人际交往的过程中,我们往往会进行一些"说服"的行为,而通过"说服"而导致的一些观点和态度,其实在很大程度上受到了情绪的影响。

也可以说,一个善于调节他人情绪的人,也会成为一个成功的说服者。那么如何通过调节他人的情绪来达到改变他人观点和态度的目的呢?

(一) 以静制怒

以静制怒是缓解他人愤怒的"法宝"。我们会有这样的经历,在商店里发生纠纷时,商店的公关人员在处理时,往往会用"你的意思要怎么处理"之类引导性的提问去引发对方的意见,先让自己当个好听众,然后再做解释。虽然顾客满腹牢骚,但当他们把自己的不满一五一十地倒出来,就感到自己得到了尊重,而变得心平气和了。反之,如果不让顾客把话说完,而向他滔滔不绝地解释一番大道理,只会使事情越闹越大。

当他人发怒的时候，要善于"以静制怒"，尽量不要激起对方争论的欲望。

（二）向对方表示尊重

一般人很少会对尊重自己的人产生敌对的情绪，当我们用尊重的态度去面对对方的时候，我们往往也能得到对方的尊重。

这里有一个例子就充分说明了这个道理。1858年，林肯到当时还未完全开化的伊利诺伊南部去演讲。这里的人们性情非常暴戾，很多人带着尖刀和手枪出入公共场所。尤其严重的是，他们憎恨反对黑奴制度的人，当他们听说林肯要去演讲时，就准备去闹事，想把林肯赶出去，甚至有人还想把他杀死以泄恨。

对于这个情况，林肯是有心理准备的，他在开始演讲前，就专门拜访了对方的头目，并且和他们热烈地握手。然后，他用十分文雅的态度，做了一篇非常著名的演说。演说获得了巨大的成功，人们给予了他怒涛般的掌声。后来，这群粗鲁的人成了林肯竞选总统时赞助最热烈的群众。

林肯亲自拜访对方的头目，并用热情的态度对待他们，使对方感受到被尊重，最终林肯不仅为自己排除了危机，还为自己赢得了政治上的朋友。

（三）恰当的恭维

恭维并不是一味地虚伪，有时候，恰到好处的恭维会起到相当不错的效果，能提升我们人际沟通的能力。大部分的人，都喜欢听到别人的赞美，正如美国著名的文学家马克·吐温说的一句话："我接受了人家愉快的赞美之后，能够光凭着这份喜悦的心情生活两个月。"足可见赞美在人际沟通中的意义了。

但是恭维并不是简单而肤浅的，运用得好，它会给我们带来锦上添花的作用，而运用不好，则会适得其反。如何做到恰当地恭维，这就是一门艺术了。

1. 说客气话的时候要充满真诚，把平时对朋友的客气话说得坦率一点，必定可以享受到真挚友谊之乐。像背书似的客气话说得太多最容易让人生厌。说客气话时，态度要尽量温文尔雅，不可有急促紧张的状态。还有，身体要保持均衡，过度的打躬作揖，摇头摆身，并不是"雅观"的动作。另外，缺乏诚意的恭维话也会令人生厌，开口就是"久仰大名，如雷贯耳""小弟才疏学浅，请阁下多多指教"等缺乏感情的、完全公式化的恭维话，则又刻板、又古老，定不能引起听者的好感。

2. 凡说恭维赞美的话，一定要切合实际，而且要言之有物，比如到别人家做客，与其不切实际地乱捧主人一番，倒不如赞美主人房间布置得别出心裁。若要取得主人的喜欢，我们就要尽量发现他人的兴趣并加以发挥。如果主人养狗，不妨赞美他的狗；如果主人爱金鱼，则不妨说说自己如何欣赏这些鱼的美丽。赞美别人最近的工作成绩、最心爱的宠物、最费心血的设计，比说许多无谓的、虚浮的客气话更好。特别关心别人的某一种事物，必使人在欣喜之外还觉感激。

3. 说话一定要谨慎，恭维他人的话更是如此。我们若以为恭维的话不会得罪人，可以乱说，那就大错特错了。不切实际的、言不由衷的恭维话，都很容易闹出是非。正如我们不能随便见到女子就赞美她漂亮。倘若这名女子明知自己不漂亮，心里就会觉得我们是在笑话她、挖苦她，会生气。可以赞美的方面有很多，需要我们因人而选择。

总之，恭维话，一不能乱说；二不能对不同对象用同一种说法；三不能多说。

（四）批评的艺术

在交往中,人与人之间总会产生各种各样的矛盾。那么如何正视矛盾而又不使它激化,解决矛盾而又不伤感情呢?

1. 要从赞扬入手。大多数人在听到别人对自己的某些长处表示赞赏之后,再听到他的批评,心里会好受很多。相反,对被大声呵斥就会反感。朋友之间以诚相待,有时发现对方有不足之处,不妨先找找他的优点,从赞扬入手,间接地提醒对方的错误,就可以减少正面冲突和避免伤感情的事情发生,促使对方高高兴兴地改掉毛病。

2. 批评他人时可先谈自己的错误。如果批评者能够先谦虚地承认自己所犯的错误,就等于是把自己与对方放在一个对等的位置上。那么对方在听你批评他的时候,就不会感到接受不了。所以要想不伤害感情,不引起憎恨,又能指出别人的错误,帮助他改正,那么,在批评他之前,先暴露自己,把自己的错误拿出来谈,这样往往会事半功倍。

3. 要给对方留点面子。人有时候是逆反的,如果我们用一种别人不接受的方式去沟通,有可能我们会得到事与愿违的效果。比如说,在课堂上,有学生不遵守纪律,如果教师当面点名批评,那么可能非但不会让该学生认真听课,反而会激起他的逆反情绪。因此,批评的时候,要懂得场合,要为别人着想,这样往往能使对方的情绪、隔阂的心理得以迅速消除。

（五）拒绝的艺术

在人际关系中,"拒绝"也是一门非常重要的学问。如何做到既坚持自己的原则立场,又不至于让对方陷入尴尬的境地,取得很好的交际效果,并非一件容易的事。

据说,罗斯福任总统之前,曾在海军里担任要职。有一次,他的一位朋友向他打听海军在加勒比海一个小岛上建立潜艇基地的计划。罗斯福看了看四周,压低声音问:"你能保密吗?""当然能。""那么,"罗斯福微笑着说,"我也能。"这委婉含蓄的拒绝、轻松幽默的情趣,既坚持了自己的原则,又没有使朋友陷入尴尬,取得了很好的交际效果。

这样的拒绝,既尊重了对方的人格,又坚持了自己的立场;最主要的是比起那些生硬的拒绝,这样巧妙的拒绝方式,因为没有一丝傲慢无情的表现,自然会使对方容易接受。这种委婉真诚的拒绝方式,对于正常的人际交往是很实用的。

拒绝的智慧来源于友善。对于男女之间的交往,友善比什么都重要。一般来说,对于那些你十分讨厌的人,或是心怀叵测的人,你可能更习惯用直截了当的方式予以坚决的回绝,以减少不必要的纠缠。但是,从友善的原则来说,这种选择不见得是明智的,因为这样,往往会给你带来更多的麻烦。比如,曾经发生的一起中学生求爱不成,将对方毁容的事件,就充分说明了问题。所以,你还不如采取一种缓兵之计,先对对方的某些品质赞美一番,多争取一些时间去做必要的解释,即站在对方的立场上为自己辩护。或者,你也可以尽量地拖延时间,使对方的情绪随着时间的消逝而渐渐冷静下来,这样也能达到较好的拒绝的目的。

【心理链接】

趣味心理测试
——国际情商标准测试

在线心理测试

[测试要求]　这是欧洲流行的测试题,可口可乐公司、麦当劳公司、诺基亚公司等世界

500 强企业,曾以此作为员工 EQ 测试的模板,以帮助员工了解自己的 EQ 状况。共 33 题,测试时间 25 分钟,最大 EQ 为 174 分。如果你已经准备就绪,请开始计时。

第 1—9 题：请从下面的问题中,选择一个最切合自己的答案。

1. 我有能力克服各种困难。 （ ）

A. 是的 B. 不一定 C. 不是的

2. 如果我能到一个新的环境,我要把生活安排得: （ ）

A. 和从前相仿 B. 不一定 C. 和从前不一样

3. 一生中,我觉得自己能达到我所预想的目标。 （ ）

A. 是的 B. 不一定 C. 不是的

4. 不知为什么,有些人总是回避或冷淡我。 （ ）

A. 不是的 B. 不一定 C. 是的

5. 在大街上,我常常避开我不愿打招呼的人。 （ ）

A. 从未如此 B. 偶然如此 C. 有时如此

6. 当我集中精力工作时,假使有人在旁边高谈阔论: （ ）

A. 我仍能用心工作 B. 介于和 C 之间 C. 我不能专心且感到愤怒

7. 我不论到什么地方,都能清晰地辨别方向。 （ ）

A. 是的 B. 不一定 C. 不是的

8. 我热爱所学的专业和所从事的工作。 （ ）

A. 是的 B. 不一定 C. 不是的

9. 气候的变化不会影响我的情绪。 （ ）

A. 是的 B. 介于 A 和 C 之间 C. 不是的

第 10—16 题：请如实回答下列问题,将答案填入右边括号。

10. 我从不因流言蜚语而气愤。 （ ）

A. 是的 B. 介于 A 和 C 之间 C. 不是的

11. 我善于控制自己的面部表情。 （ ）

A. 是的 B. 不太确定 C. 不是的

12. 在就寝时,我常常: （ ）

A. 极易入睡 B. 介于 A 和 C 之间 C. 不易入睡

13. 有人侵扰我时,我: （ ）

A. 不露声色 B. 介于 A 和 C 之间 C. 大声抗议,以泄己愤

14. 在和人争辩或工作出现失误后,我常常感到震颤,精疲力竭,而不能继续安心工作。 （ ）

A. 不是的 B. 介于 A 和 C 之间 C. 是的

15. 我常常被一些无谓的小事困扰。 （ ）

A. 不是的 B. 介于 A 和 C 之间 C. 是的

16. 我宁愿住在僻静的郊区,也不愿住在嘈杂的市区。 （ ）

A. 不是的 B. 不太确定 C. 是的

第 17—25 题：在下列问题中，每一题请选择一个最切合自己的答案。

17. 我被朋友、同事起过绰号、讥讽过。 （　　）

A. 从来没有　　　　　　B. 偶尔有过　　　　　　C. 这是常有的事

18. 有一种食物使我吃后呕吐。 （　　）

A. 没有　　　　　　　　B. 记不清　　　　　　　C. 有

19. 除去看见的世界外，我的心中没有另外的世界。 （　　）

A. 没有　　　　　　　　B. 记不清　　　　　　　C. 有

20. 我会想到若干年后有什么使自己极为不安的事。 （　　）

A. 从来没有想过　　　　B. 偶尔想到过　　　　　C. 经常想到

21. 我常常觉得自己的家庭对自己不好，但是我又确切地知道他们的确对我好。

（　　）

A. 否　　　　　　　　　B. 说不清楚　　　　　　C. 是

22. 我每天一回家就马上把门关上。 （　　）

A. 否　　　　　　　　　B. 不清楚　　　　　　　C. 是

23. 我坐在小房间里把门关上，但我仍觉得心里不安。 （　　）

A. 否　　　　　　　　　B. 偶尔是　　　　　　　C. 是

24. 当一件事需要我做决定时，我常觉得很难。 （　　）

A. 否　　　　　　　　　B. 偶尔是　　　　　　　C. 是

25. 我常常用抛硬币、翻纸、抽签之类的游戏来猜测凶吉。 （　　）

A. 否　　　　　　　　　B. 偶尔是　　　　　　　C. 是

第 26—29 题：下面各题，请按实际情况如实回答，选"是"画"√"，选"否"画"×"。

26. 为了工作我早出晚归，早晨起床我常常感到疲劳不堪。 （　　）

27. 在某种心境下我会因为困惑陷入空想将工作搁置下来。 （　　）

28. 我的神经脆弱，稍有刺激就会使我战栗。 （　　）

29. 我常常被噩梦惊醒。 （　　）

第 30—33 题：本组测试共 4 题，每题有 5 种答案，请选择最切合自己的答案，在你选择的答案下画"√"。①从不　②几乎不　③一半时间　④大多数时间　⑤总是

30. 工作中我愿意挑战艰巨的任务。①②③④⑤

31. 我常发现别人好的意愿。①②③④⑤

32. 能听取不同的意见，包括对自己的批评。①②③④⑤

33. 我时常勉励自己，对未来充满希望。①②③④⑤

[计分规则]

计分时请先算出各部分得分，最后将几部分得分相加，得到的分值即为你的最终得分。

第 1—9 题，回答 A 计 6 分，回答 B 计 3 分，回答 C 计 0 分。

第 10—16 题，回答 A 计 5 分，回答 B 计 2 分，回答 C 计 0 分。

第 17—25 题，回答 A 计 5 分，回答 B 计 2 分，回答 C 计 0 分。

第26—29题,回答"是"计0分,回答"否"计5分。

第30—33题,从①—⑤分别计1分、2分、3分、4分、5分。

[结果解释]

90分以下:你的EQ较低,常常不能控制自己,极易被自己的情绪所影响。很多时候,你轻易被激怒、动火、发脾气,这是非常危险的信号——你的事业可能会毁于你的暴躁。对此最好的解决办法是能够给不好的东西一个好的解释,保持头脑冷静,使自己心情开朗,正如富兰克林所说:"任何人生气都是有理的但很少有令人信服的理由。"

90~129分:你的EQ一般,对于一件事,你不同时候的表现可能不一,这与你的意识有关,你比前者更具有EQ意识,但这种意识不是常常都有,因此需要你多加注重、时时提醒。

130~149分:你的EQ较高,你是一个快乐的人,不易惊恐担忧,对于工作你热情投入、敢于负责,你为人更是正义正直,这是你的长处,应该努力保持。

150分以上:你是个EQ高手,你的聪明情绪不但是你事业的助手,更是你事业有成的一个重要前提条件。

[资料来源:国际标准情商测试.http://www.apesk.com/eq/.]

【心灵修炼】

1. 如何合理运用情绪来提升自己的人际魅力?

2. 我是如何来调节他人情绪的?学习调节他人情绪的技巧对我有什么帮助?

【影视欣赏】

《那山那人那狗》

《那山那人那狗》改编自彭见明小说《那山那人那狗》,由霍建起执导,是中国为数不多的反映邮政题材的电影故事片之一(图8-4)。影片讲述了一个发生于20世纪80年代间中国湖南西南部绥宁乡间邮路上的故事:即将退休的乡邮员父亲带着第一天接班当乡邮员的儿子走那条已走了二十多年的邮路,一路跋山涉水,父子的短暂独处却改变了原来的微妙亲情关系,父子俩渐渐消除了心中的隔阂。该片先后在国内外的金鸡电影节、蒙特利尔国际电影节、印度国际电影节等获得大奖。

https://baike.baidu.com/item/%E9%82%A3%E5%B1%B1%E9%82%A3%E4%BA%BA%E9%82%A3%E7%8B%97/6451640?fr=aladdin.

https://v.qq.com/x/cover/d36cl4sro0cd13f.html.

图8-4 电影《那山那人那狗》海报

专题九　阳光总在风雨后——挫折应对

学习目标

- **知识目标**
  1. 认识挫折及其常见性
  2. 了解挫折的类型及产生原因
  3. 理解建立积极心理防御机制的意义
  4. 懂得应对挫折的方法
- **技能目标**
  1. 认识和了解自己的心理承受力和抗挫折能力
  2. 建立积极的心理防御机制
  3. 掌握应对挫折的方法

巴尔扎克说:"世界上的事情永远不是绝对的,结果完全因人而异。苦难对于天才是一块垫脚石,对于弱者是一个万丈深渊。"生活中处处有压力。压力,既是对大学生抗挫折能力的考验,也可以成为大学生成长的垫脚石。大学生如果能从压力中走出来,则会磨砺出坚强的意志;如果相反,被压力击垮,则会衍生出很多悲剧。

知识点 1　直面挫折

【困惑与问题 9-1】

在挫折中成长的美国总统奥巴马

奥巴马有着一个被"抛弃"的悲伤的童年,这样一个人竟能健康成长,甚至雄心勃勃地进军总统宝座,多少让人有点不可思议!

奥巴马的心理成长,最主要的特征在于他强大的缺失性动机:一是父母"抛弃"带来的挫折,父亲、母亲都多次结婚和离婚;二是换不掉的黑皮肤,奥巴马 9 岁时在一本杂志上看到一个黑人为除去黑皮肤,用强力化学淡化剂最终几乎毁坏了他所有的皮肤,照片让他如遭电击。这种如影随形的自卑要么导致一个人沉沦,要么就会让人迸发出惊人的斗志,产生强烈的成就欲望,在奥巴马身上正是产生了积极的强大动力,从社区工作者、博士、教授、州议员、国会议员一路走来,并最终锁定最高奋斗目标。

问题:

奥巴马成功的原因是什么?

【心理运动场】

曾经的遭遇

［活动任务］ 了解挫折存在的普遍性,消除对挫折的畏惧与神秘感。

［活动目标］ 正确认识挫折,提高抗挫折能力,增强战胜挫折的信心。

［活动要求］ 教师准备一些挫折类型的图片。学生以小组为单位,观察这些图片,客观描述自己的情况并做好记录。各学习小组推选一名代表,汇报本小组的观察结果,并进行简要说明。

［活动考核］ 每个学习小组选派一名代表与任课教师组成评委,对各学习小组的汇报进行评价。

［关键词］ 挫折 挫折的类型 挫折的原因

【心海导航】

一、挫折概述

（一）挫折的含义

挫折是指个体在从事有目的的活动过程中,遇到障碍或干扰,致使个人动机不能实现、需要不能满足时产生的情绪体验。从心理学角度分析,人的行为总是从一定的动机出发,通过努力达到一定的目标。如果在实现的过程中,碰到困难、遇到障碍,就会产生挫折。挫折会带来各种各样的行为表现,在心理上、生理上会产生种种不同的反应。遭受严重挫折后,个人会在情绪上表现得抑郁、消极、愤懑、沮丧;在生理上,会表现为血压升高、心跳加快甚至诱发心血管疾病,胃酸分泌减少甚至导致胃溃疡、胃穿孔等。

（二）挫折的构成

挫折的构成包括三方面内容:一是挫折情境,即指对人们有动机的、有目的的活动造成的外障碍或干扰的情境状态或条件。构成刺激情境的可能是人或物,也可能是各种自然或社会环境。二是挫折认知,指个体对挫折情境的知觉、认识和评价。一种挫折情境能否引起个体主观感受上的挫折感,能够引起多大程度的挫折体验,很大程度上取决于其对挫折的认知、态度和评价。在同一挫折情境下,不同的挫折认知会产生不同的应对反应。三是挫折反应,即指个体在挫折情境下所产生的烦恼、困惑、焦虑、愤怒等负面情绪交织而成的心理感受及挫折感。

当挫折情境、挫折认知和挫折反应三者同时存在时,便构成心理挫折。但如果缺少挫折情境,只有挫折认知和挫折反应这两个因素,也可以构成心理挫折。这是因为,挫折认知既可以是对实际的挫折情境的认知,也可以是对想象中可能出现的挫折情境的认知。例如,有人总怀疑别人在说自己的坏话,于是看到别人交谈就怀疑是在说自己,于是挫折感油然而生,整日处于紧张、焦虑、烦恼中。也有另外一种情况,某人在工作中遭遇嫉妒,被排斥、打击,但他并未意识到时,就不会产生挫折反应;或者已意识到了,但却认为这是从反面证明自己的能力,把挫折当成激励,心理挫折就不会发生。只有当主体将挫折情境感知为挫折时,才会产生挫折反应。可见,挫折认知是构成挫折的核心因素,挫折反应的性质及程度主要取决于挫折认知。诚然,挫折认知是由挫折情境引起进而产生挫折反应的,但在同样的挫折情境下,不同人的挫折反应却会有着不同甚至完全相反的反应,这就是挫折认知在起作用。比如:两个同学同时遭遇考试不理想的挫折情境,一个认为无所谓,下一步努力就是了,另一个却认为很严重,认为自己犯下了不能饶恕的错误。这两个人一个反应微弱,一个反应强烈,就是对挫折认知的不同造成的结果。

在挫折情境、挫折认知、挫折反应三个要素中,挫折认知是最重要的。挫折情境与挫折反应没有直接联系,它们的关系要通过挫折认知来确定。挫折反应的性质及程度,主要取决于挫折认知。一般来说,挫折情境越严重,挫折反应就会越强烈;反之,挫折反应就越轻微。但如果个体主观上将别人认为严重的挫折情境,认知、评价为不严重,他的挫折反应就会很轻微;反之,如果将别人认为不严重的挫折情境,认知、评价为严重,则会引起非常强烈的挫折反应。

二、大学生常见的挫折类型

大学生从迈入大学校门起,就开始了真正的独立生活。新的环境、新的需要促使他们开始独立思考、独立解决遇到的问题,自然会遇到许多人生发展过程中比较大的课题,由于自身心智发展还不成熟,加之社会生活经验缺乏,遭遇挫折在所难免。大学生常见的心理挫折有以下几种:

(一)现实挫折

对于今天的大学生来说,现实既绚丽多彩,又有许多无奈。改革开放的深入、新旧体制的转换、日趋激烈的竞争、外来文化的入侵,以及人们生活方式的变更和价值观念的冲突,今天的大学生由于涉世不深,对未来充满期望,而生活的现实却让人觉得眼花缭乱、一时无所适从。社会环境的复杂性和变化的剧烈,使大学生感到一种无形的压力,当这种压力超出他们的心理负担能力时,就会破坏他们原有的心理定式,打破他们曾经为自己虚构的未来和梦想,使他们觉得现实离理想相差太远,似乎难以实现,于是心理挫折便产生了。

(二)学业挫折

经过十年寒窗苦读,同学们走进了大学,大家兴高采烈、踌躇满志,想象着在大学一展身手。但一段时间后,一些人会觉得很迷茫,不知道自己的位置在那里,不知道在大学这个人才荟萃的地方自己怎样做才能像在高中那样优秀。一般来说,这些同学成绩很好,他们都是对自己要求高,追求完美的人。何况现在在大学里,成绩的好坏与就业、奖学金、入党、评优等密切相关。加上要考级、考研、拿证书,于是一些同学表现出了对大学学习环境的不适应、学习方法不适当、学习压力太重,心理的紧张、焦虑就这样产生了,有的甚至上课都不能集中听讲,书也读不下去,夜里噩梦连连,学业挫折就这样形成了。

(三)交往挫折

交往挫折是大学生普遍经历的一种现象。从中学到大学,生活的空间骤然拉大了,在大学里,人际关系更加复杂,大家来自不同的地方,有着不同的性格、不同的习惯、不同的语言、不同的成长环境和文化背景,使得交友难,交知心朋友更难。师生之间的关系也不像中学时那样密切,老师不再督促你做练习题、做作业、背单词……一方面自己少了许多管束,但同时也少了来自老师的关切和在中学时的直接、有效的指导。同学之间、同乡之间、个人与班级之间、学校各社团之间、学校与学校之间等众多人际关系等待我们去处理。许多同学由于处理复杂人际关系的心理准备不足而陷入茫然,经常被苦闷、烦恼的情绪所困扰。由于缺乏与各种关系有效沟通的方法,造成人际关系紧张,一些同学便产生戒备、多疑、观望等心理倾向,这样必然使交友受到挫折,精神压力加大,整日陷入郁郁寡欢、心情沮丧的状况中无力自拔,从而导致不同程度的心理问题。

(四)家庭挫折

家庭对每个人的影响都是很大的。上了大学,离开了家庭,但大学生与家庭仍紧密相连,家庭的重大变故仍牵动着大学生的神经。家庭挫折主要表现为上学期间家庭发生的重大变故对大学生产生的不良影响。有些同学上大学期间遭遇了亲人离世、家庭经济状况变化,如家庭企业破产、父母失业、农村家庭无力支持自己继续学业、父母离异或天灾人祸,等等,其中任一不幸都会直接影响大学生的正常学习和生活,同时给他们心理上造成沉重的压力,导致挫折感的产生。

(五)恋爱挫折

恋爱挫折在大学生中非常普遍,校园爱情也是大学生活的重要组成部分。但由于大学生的心理成熟滞后于生理成熟,缺乏社会地位和经济条件,在处理恋爱问题上常常表现出不成熟、不恰当,导致大学生恋爱成功率极低,因而大学生遭受恋爱挫折的现象极为普遍。概括起来,大学生恋爱挫折有这么几种:单相思、爱情错觉、恋爱动机不端正、感情纠葛、失恋等。单相思是指一方在自己心里对恋爱目标产生感情,从而产生许多想象、联想,而对方却不知晓的状况。在大学阶段,单相思使一些同学陷入痛苦的境地,整日处于空虚、恍惚、烦恼,甚至绝望之中。爱情错觉是单相思的另一种形式,常使当事人想入非非、自作多情。恋爱动机不纯的种类很多,但都是把恋爱当作达到某种不可告人目的的手段,贪图对方的家庭背景、经济状况、地位权势、骗色、骗性等。情感纠葛往往是由不道德的三角或多角恋爱引起的纷争、不幸和灾难,也极易发生冲突,酿成悲剧,最终对所有当事人造成伤害。失恋是指恋爱过程的中断。失恋带来的悲伤、痛苦、绝望、忧郁、焦虑、虚无等情绪使当事人受到伤害,是人生中最严重的心理挫折之一。失恋所引发的消极情绪若不化解,会导致身心疾病的发生,有些人会因此罹患重病,有的心理伤害会伴随终身,从此消沉下去,一蹶不振,后果极其严重。

(六)就业挫折

在计划经济时代,学生们是一次考试定终身,只要考上大学国家就给分配工作,就有了铁饭碗。随着社会主义市场经济体制的建立和完善,大学生就业由过去的国家统一分配,向供需见面、双向选择、自主择业和自谋出路的方向转变,这无疑是对大学生就业观念的一种强烈冲击和就业现实的严峻挑战,同时还存在着大学生就业愿望与社会用人单位的实际需求之间的矛盾。每个大学生都期望自己有一个美好的未来,有一份好工作,有一个好前程,这本来无可非议,但这只是我们的一厢情愿。我们需要清醒地认识就业形势的严峻性,把自己的志愿与国家的需要、社会的需要结合起来,让所学知识找到用武之地,让才学、智慧得到施展。在求职就业的过程中,碰壁是难免的,我们不妨调低自己的期望值,从低处做起,向着目标一步步前进。有些同学期望值过高,觉得自己苦读这么多年,最后还是找不到一份好工作,实在太不公平,于是怨天尤人,垂头丧气。还有一些同学在校期间所学的课程与社会实际需要脱节,学生的知识、能力和素质不能适应社会需要,找工作就会更难,这样学生就会感到自己不受社会欢迎。这些都会给学生造成就业的挫折。

(七) 健康挫折

健康的身体是人们从事学习、工作的基础。大学生的健康挫折主要表现在身体残缺和体弱多病的同学身上。有的同学身体有缺陷,如身体过胖、过瘦、矮小或残缺、相貌不佳,还有的体弱多病,这些同学多少都有自卑感,他们有的人不是加强锻炼,增强自己的体质,来改变自己的身体状况,从而让自己强健起来;残疾和相貌不佳的同学有的也不能坦然面对自己的残缺,他们总担心别人看不起自己,同学之间不经意的玩笑都会刺痛他们脆弱的心灵。他们自我封闭,不愿与人交往,不想参加集体活动,终日郁郁寡欢、闷闷不乐,严重影响了学习和工作的顺利开展,加重了挫折感。

三、挫折产生的原因

(一) 自然原因

自然原因是指由于自然的或物理环境的限制,使个体的动机不能获得满足。指各种非人为力量所造成的时空限制,例如自然灾害、台风、地震、洪水、雪崩、生老病死、事故等。自然界的万事万物都有其固有的存在和发展规律,人类一方面不可能对所有事物都完全彻底认识,另一方面,即使认识了也不可能绝对征服自然。所以,要在自然环境中生存、发展,人类必然会遇到自然界所带来的种种困扰,挫折也就随之存在。如:2003 年我国遭遇非典型性肺炎(SARS)的袭击,曾经给人们心理上造成巨大的恐惧;2008 年 5·12 汶川大地震,顷刻之间,千万条生命死亡。许多在外读书的大学生失去了父母、亲人和原本幸福美满的家园。那种心理的伤痛是短时难以消弭的。可见,个体在自然环境下生存与发展的过程中,必然会遇到所处环境带来的种种障碍,产生挫折在所难免。

(二) 社会原因

社会原因是指来自个体生存的社会环境的干扰和障碍。社会环境既包括政治制度、经济发展水平和文化环境(民族习惯、宗教信仰、社会风尚、道德法律、文化教育等因素),也包括学校、家庭、群体等环境。家庭环境、学校环境是社会环境的重要组成部分,由家庭原因和学校原因引起的挫折在社会原因中占很大比例。与自然原因相比,社会原因更容易引起个体的挫折感,后果也更严重。如高等教育制度改革正在不断深化,奖学金、贷学金制度的改革,上学交费制度的实施,淘汰机制的推行,双向选择、自主择业的毕业就业政策的完善,无不牵动着每一个大学生的心灵。及时疏导和化解市场经济蓬勃兴起与传统社会相撞击而产生的各种心理困惑和矛盾是高等教育面临的严峻课题。

(三) 生理原因

生理原因是指个体与生俱来的身体状况、容貌、健康状况及某些生理缺陷或疾病带来的某些限制,导致个体需要无法满足,目标无法实现。如:想报考军校的同学却因为视力不佳而无法如愿;喜欢化学专业自己却是色盲;由于其貌不扬在人际交往中屡屡受挫,找工作受其影响不能如意,找对象因其不能遂心,甚至连正常的交友也受到影响;体弱多病的同学有许多强度大的工作自己无力承担。这些无疑都给当事人带来挫折感。

(四) 心理原因

心理原因引起的挫折,是指个体的心理特点和心理素质,如需要、动机、理想、信念及能力、气质、性格等带来的影响。一般来说,意识到自己心理发展水平不高或不能胜任某项工作,导致需要不能满足,目标不能实现时,就会产生挫折感。如学习能力差的同学容易在学习中受挫,内向的同学容易在人际交往中受挫。

从引发挫折的直接原因与个体自身心理状况之间的关系来看,影响大学生挫折的心理因素主要有:

1. 自我估计不当。有些大学生对自己评价过高,目空一切,结果处处碰壁;有些对自己评价过低,做事畏缩不前,缺乏勇气和开拓精神。

2. 期望过高。期望水平是指个体对自己所要达到的目标而规定的标准。期望水平太高,超出了现实所能承受的水平,就很容易受挫。如考大学时我们报的志愿太高,就可能录取不到你所报的学校,因此而受挫。有的同学在高中时自己一直是班长,到大学后还期望当班干部,却竞选失败,心理上就会感觉失落,因此受挫。

3. 动机冲突。个体在现实生活中常常会同时存在两个或两个以上的动机,而这些动机往往又是互相矛盾和冲突的,这时的抉择就会在剧烈的心理冲突中进行。归结起来,动机冲突有四种形式:

(1) 双趋冲突。指在两个目标都符合需要并有相同强度的动机中,个体因迫于情势不能两者兼得,从而在心理上产生难以取舍的冲突情境。所谓"鱼与熊掌不能兼得"就是这种情景。

(2) 双避冲突。指两者同时违背需要,造成厌恶或威胁,产生同等强度的逃避动机,由于情势不能同时避开,由此产生难以抉择的境况,为双避动机。

(3) 趋避冲突。即某一目标对个体既有利又有害,既有吸引力又有排斥力,处于既爱又恨的矛盾状态中难以自拔。

(4) 双重趋避冲突。又称多重趋避冲突,指同时存在两个以上的目标和选择,而各个目标又各有所长,各有所短,使人左右为难,无法抉择的状况。我们往往遇到的面对长短相当的目标不知道该怎么办的情况就是处于双重趋避冲突中。

回答 9 - 1:

在挫折中成长的美国总统奥巴马

奥巴马,这位身材高大,面容俊美的黑皮肤非裔男人,将"希望"和"改变"作为自己的竞选口号,成功当选为美国历史上第一位黑人总统。他成功的根本原因,正如他本人所说:"我出生在一个没钱、没地位的家庭。我母亲生我的时候还是个女孩子,我父亲在我两岁的时候离家而去。但是,我的家人给了我爱和希望。这个希望就是,在美国,只要你去争取,只要你去努力,只要你去奋斗,就没有不可能实现的梦想。"

【心理链接】

1850 次拒绝

一个美国青年,家里十分贫穷,一日三餐仅能勉强维持,更别说有像样的衣服了。可是,这个青年却有着在一般人看来不切实际的梦想,那就是当演员,成为明星。

那个时候,好莱坞共有 500 家电影公司,青年逐一记下来,然后根据自己认真划定的路线与排列好的名单顺序,带着自己写好的量身定做的剧本前去拜访。但第一遍下来,这 500 家电影公司没有一家愿意聘用他。

500 家公司全部拒绝他,这种事情很多人都接受不了,恐怕就此罢手了。然而这个青年并没有放弃,他从最后一家被拒绝的电影公司出来之后,又从第一家开始,继续他的第二轮拜访和自我推荐。

然而同上一回一样,500 家电影公司依然全部拒绝了他。于是,青年又进行了第三轮、第四轮。终于,当拜访完第 349 家后,第 350 家电影公司的老板破天荒地答应愿意让他留下剧本先看一看。

青年苦苦等待了数天后,被公司请去详细商谈。就在这次商谈中,这家公司决定投资开拍这部电影,并请这位年轻人担任自己所写剧本中的男主角。

电影播出后,引起了巨大的轰动,它就是《洛奇》。而这位青年就是著名的影星、导演、制作人兼作家——西尔维斯特·史泰龙。

只有经历过挫折的人生,才能取得最后的成功。成功是多么的来之不易,可以说它是无数次失败之和。

〔摘自:面对失败挫折的 2 个励志故事. http://www.zhlzw.com/lz/lcz/806136_2.html.〕

【心灵修炼】

1. 挫折一定是坏事吗?
2. 谈谈挫折给你带来的机遇和成长。

【影视欣赏】

《洛奇》

《洛奇》是由约翰·艾维尔森执导,西尔维斯特·史泰龙、塔莉娅·夏尔等主演的剧情片(图 9-1)。影片讲述了一个寂寂无名的拳手洛奇与重量级拳王阿波罗争夺拳王的故事,并获得了 1976 年奥斯卡最佳影片等奖项。

https://baike.baidu.com/item/%E6%B4%9B%E5%A5%87/51785? fr=aladdin.

https://www.iqiyi.com/v_19rr7r54p0.html.

图 9-1 电影《洛奇》海报

知识点 2 挫折的心理防御

【困惑与问题 9－2】

昂起头来真美

珍妮是个总爱低着头的小女孩,她一直觉得自己长得不够漂亮。

有一天,她到饰物店去买了只绿色蝴蝶结。那只蝴蝶结戴在头上就像一只蝴蝶在翩翩起舞。店主不断赞美她戴上蝴蝶结挺漂亮。珍妮虽不信,但是挺高兴,不由得昂起了头,她为了急于让大家看看,连出门与人撞了一下都没在意。

珍妮走进教室,迎面碰上了她的老师。"珍妮,你昂起头来真美!"老师爱抚地拍拍她的肩说。那一天,她得到了许多人的赞美。可回家往镜前一照,头上根本就没有蝴蝶结。她才想起,一定是走出饰物店时与人一碰弄丢了。

自信原本就是一种美丽,但很多人却因为太在意外表而失去很多快乐。其实,无论是贫穷还是富有,无论是貌若天仙,还是相貌平平,只要你昂起头来,快乐就会使你变得可爱。

问题:

真正让珍妮变美的法宝是什么?

【心理运动场】

绝处逢生

［活动任务］ 观察老师准备的心理图片,做出自己的真实选择。

［活动目标］ 通过活动,了解心理防御对维护心理健康的意义、作用。

［活动要求］ 随机分成几个小组,假设每个小组是一个探险队,有登山、深入沙漠、海底潜水、荒岛探险可以选择。每小组选择一项活动参与。

［活动考核］ 每个学习小组选派一名代表与任课教师组成评委,对各小组成员的情况进行评价。

［关键词］ 积极心理防御机制 消极心理防御机制

【心海导航】

当一个人在心理上受到挫折或出现问题时,有许多方法可以应付与适应。有些消极情绪可以积极采取行动去改变,有些情绪因刺激无法避开而暂时无法解除,如亲人突然离世造成的悲伤、无辜被攻击所产生的怨恨……在这些情况下,即在遇到困难或挫折后,如果刺激、想法、欲望过于强烈,人的意识又无法应付时就会产生消极情绪。出于保护自我的本能,人的心理就会在不知不觉的状态下启动心理防御机制,把个体与现实的关系稍做修正,使个体较易接受心理挫折和应激,不至于引起情绪上的过分痛苦与不安,恢复心理平衡的自我保护方法,我们称其为心理防御机制。心理防御机制对每一个人都十分重要,它可以缓冲心理挫折,减轻焦虑情绪,并且为人们赢得战胜挫折的时机。心理防御机制是一种自发的心理调节机能,具有两面性:一方面可以起到使人适应挫折、减轻精神痛苦、促进发展的作用;另一方面也会导致人逃避现实,降低对生活的适应能力,从而导致更大的挫折,甚至产生心理疾病。也就是说,挫折具有双重效应,既有消极的一面,也有积极的一面,它既能使人失望和痛苦,也能给人以教育,磨炼意志,促进成熟,获得发展。在现实生活中,遭遇挫折后采用心理防御机制是一种非常普遍的现象,大学生学会适当运用心理防御机制,是保持心理健康的重要方法。

一、积极的心理防御机制

挫折使人表现出痛苦、不安、焦虑的情绪状态,而积极的心理防御机制可使人的心理挫折得到一定程度的缓解,同时还可能表现出自信、愉快、进取的倾向,努力调整好心理和能力状态,赢得战胜挫折的时机和力量,从而积极战胜挫折。

大学生中常见的积极心理防御机制有以下四种:

(一)表同

这是一个人在遇到挫折和痛苦时,自觉仿效他人的优秀品质或获得成功的经验和方法,使自己的思想、信仰、目标和言行更适应环境、社会的要求,从而在主观上增强获得成功的信念与勇气的防御机制。表同有两种:一种是近似模仿,如孩子模仿父母、影迷模仿偶像、普通人模仿英雄模范……我们平常说"榜样的力量是无穷的",就是讲这种表同的作用;另一种是利用别人的长处,满足自己的愿望、欲求。如自己业绩平平,但每每向人谈起,就大吹:我和谁谁谁是发小、和谁谁谁是同学,在为别人自豪的同时,掩饰自己的平凡。

(二)升华

升华是一种积极的富有建设性的防御机制。指个体出于种种原因无法达到原定目标,或者个人的动机与行为不能为社会所接受时,用另一种更高尚的、富于创造性和建设性的、有社会价值的目标取而代之,从而减轻挫折带来的精神痛苦,弥补因受到挫折而丧失的自尊与自信,把感情和精力投入有利于社会和他人的活动之中,从而在重大挫折面前重塑自己的人生价值。

(三)补偿

补偿指个体企图用种种方法来弥补其因过错或某种缺陷而引起的痛苦和自卑感,以找回失去的东西或自尊的心理防御机制。所谓"失之东隅,收之桑榆"就是补偿的作用。补偿作用多数是一个人用一方面的特长来补偿另一方面的缺陷。补偿的防御机制运用得好,不仅可以弥补缺陷,还能转化为巨大的动力,成就一番事业。如盲人杨光,他先天失明,世界在他眼里只有一片黑暗,但他却用敏锐的听觉感知沸腾的运动场,在广播电台担任球赛播报主持,并在歌唱方面努力,后来他自信地走上了"星光大道",成为大家熟悉的明星。再如聋哑人邰丽华,用她优雅的舞姿,演绎了人生的价值,成为大家喜欢的"雀之灵"。这都是补偿作用的表现。

相反,补偿如果用得不适当则会产生负面效应,如过分应用,过度补偿,补偿选择的新目标和活动不符合社会规范或有害于心身,尽管这种补偿的反应行为使自己暂时获得了心理平衡和心理满足,却无助于心理健康发展,有时还会导致自暴自弃、病态甚至堕落犯罪,危害他人与社会。

（四）幽默

幽默是指以诙谐的语言或行为来应付紧张的情境或表达潜意识欲望的心理防御机制。当一个人处境困难或陷于尴尬时,可用幽默来化险为夷、渡过难关;或者通过幽默间接表达潜藏的意图,在无伤大雅的情况下表达意图、处理问题,改变原本困难或尴尬的情况,大事化小,小事化了。幽默是值得称道的一种对付挫折的积极的、成熟的心理防御机制,有益健康,有利于和谐的人际关系。相声演员马季生前曾经讲过一个亲身经历的故事,说明幽默存在于人民中,要求演员要深入生活。他说,他们那时坐公交车上班。一天公交车突然来了个急刹车,车上的乘客冷不丁挤作一团,一男士倒到了一女士身上,大家非常尴尬,女士骂道:"德行!"男士很有教养地回道:"惯性!"一场尴尬就这样化解了。还有一个真实的化解痛苦的小幽默:我国的一个影视演员在拍戏时被炮火误伤,面目全非,痛苦不堪。当他的妻子前去医院探望时,他一方面忍受身体的伤痛,另一方面担心妻子对自己毁容的反应,可谓身心痛苦。但他的妻子见到他时,先是一惊,随后只听贤惠的妻子说道:"这下我放心了,我再也不怕别人把你抢走了。"这个演员心理负担放下了,积极配合医生的治疗,很快就康复了。

> **回答 9 - 2：**
>
> ## 昂起头来真美
>
> 低下头来只能看到自己的脚尖,抬起头来却能感受别人、世界。昂起头来真美,因为拥有自信,因为拥有勇气。我们需要昂起头来,这样才能得到认可,迎接挑战,展示自我。

二、消极的心理防御机制

消极的心理防御机制也是大学生受挫以后常常表现出来的行为特征。消极的行为反应在一定时期、一定程度上可缓解受挫者的紧张心理,但这种行为反应缺乏积极的社会价值,其后果是:一方面对大学生个体身心发展不利,甚至诱发精神疾病;另一方面也可能危害社会和他人,应当引起社会各方面的重视。大学生消极的心理防御机制常见的有几种:

（一）否认

否认是一种对已经存在或已经发生的事实的否认或对自己情绪否认的心理防御机制。是最原始最简单的心理防御机制。它将已发生而令人不快或痛苦的事情完全否定,以减轻心理上的痛苦。这种心理防御机制能使个体从难以忍受的情绪状态中逃避,也同样可以借此逃避个体难以忍受的愿望、行动、事故,以及由此引发的内心焦虑。"掩耳盗铃""眼不见为净"就属于这种防御术。沙漠中的鸵鸟在被敌人追赶难以逃脱时,就把头埋进沙里,以躲避面临的危险,减轻心理上的痛苦。否认的积极意义是:在突然发生的、预想不到的重大灾难到来时,可防止难以接受的刺激而崩溃,出现精神错乱。它可暂时起到保护自己感受的作用,或者可给自己多一点时间来考虑和做决定。事实上,否认不是一种良好的心理品质。因为它只是一时保护了自己的感受,但不能面对现实,不能解决现实存在的问题。"掩耳盗铃""鸵鸟防身"之类的寓言,就是对这种做法的嘲讽。

（二）反向

反向是指采取一种与原意愿相反的态度或行为的心理防御机制。通常个体的行为方向和动机方向是相一致的,人有许多原始冲动和欲望,由于与自己的道德观念或社会规范不相符合,或不能为他人或社会所接受、所容忍,为了维护自尊或避免造成更大挫折,就常常将其压抑到潜意识中去,但并非消失。在一定情况下,个体把自己一些不符合社会规范、不被容许的愿望和行为,以一种截然相反的态度和行为表现出来,以掩饰自己的本意,避免或减轻心理压力的行为反应。"此地无银三百两""隔壁王二不曾偷",就是反向作用的心理表现。一般来说,是动机发动行为向满足动机的方向进行,但现在的情况是:个体遭受挫折后,自己的内心动机不能为社会所容忍,他不敢正面表露自己的真实动机,于是便从相反的方向表示出来。反向行为由于与动机相矛盾,因而表现得过分夸张、做作。它虽然在一定程度上能掩饰个体的真实动机,但掩饰包含着压抑,长期运用会从根本上扭曲自我意识,使动机和行为脱节,造成心理失常。如一个人在别人面前自我炫耀、自吹自擂,恰恰反映了他内心有害怕别人看不起的强烈自卑感。

（三）逃避

逃避指个人不敢面对自己预感的挫折情景而逃逸的心理防御机制,是一种消极的心理活动。在现实生活中,大学生受挫或预感受挫,便逃避到自认为"安全"的地方。逃避有三种形式:一是逃到另一"现实"中。例如,马上要考试了,但由于各种原因没准备好,这时不是迅速投入复习,或在同学和老师的帮助下尽快掌握课程内容,即使这次考不好也为补考做好准备,而是自知不一定能考好,便跑到歌厅 K 歌、酒吧喝酒,以排解对考试的焦虑心理,实际上根本于事无补。二是逃向幻想世界。实际上是从现实的困境撤退,逃向幻想的自由世界,好像如此不但能避免痛苦,还可以使许多欲望获得满足。偶尔为之,能减轻紧张与不安,也能带来一些满足与快感,但超过一定限度,则无法分清幻想与现实,把幻想当现实,反而增加了适应现实的困难。三是逃向生理疾病。如有些学生害怕考试失败,竟在考试当天发起高烧。有些士兵害怕打仗,出现神经性视盲、神经性失声等。

（四）压抑

压抑指一个人的欲望和本能无法得到满足或表现时,有意识地去压抑、控制、想办法延期或尽可能地排除在意识之外,以保持心境安宁的一种心理防御机制。

压抑的作用是"自我"机能发展到一定程度后,才能执行的一种心理机能。如儿童看到超市里的玩具特别喜欢,但妈妈不在身边,自己又没有钱,爱不释手,光想拿走,但想想这是超市的东西,不付钱是不能拿走的,便压抑自己的欲望,回家向妈妈要钱买回。又如,一位男子在街上碰见一漂亮姑娘,刹那间产生了想入非非的念头,但马上想到这样的念头是不好的,也对不起自己的妻子,便赶快压抑,打消不应有的邪念,这就是压抑作用的表现。可以说,我们的社会能保持正常的社会秩序和人际关系,很大程度上是靠每个人的压抑作用来约束自己的行为,从而得以维持的。但过分压抑,容易形成病态,使人患上心理疾病。一般来说,过分谨慎、严肃、呆板的强迫性人格异常者,就属此例。所以,如果适当地应用压抑来调节原始的欲望,使自己能恰如其分地应付现实环境,并符合社会价值规范,是人格完善与成熟的表现,过分压抑却不可取。

（五）幻想

幻想是指个体遇到现实困难时,因无力处理这些问题,就利用幻想的方法,任意展开想象,来满足在现实中无法实现的愿望,以达到内心的满足,摆脱现实对自我威胁的防御机制。幻想对挫折后的情绪可以起到缓冲的作用,这是它的积极方面,但它终究代替不了现实,不能使问题得到解决,现实的问题还要在现实中一步一步解决。如果一个人沉溺于幻想中,依赖这种方法来应对实际问题,以致分不清幻想和现实的区别,则属于病态的表现,这是幻想的消极方面。

(六) 退化

退化是指人们感到严重挫折时,放弃已经获得的成人方式,采用困难较少、阻力较弱、较安全的儿童时的幼稚方式去应对事件,无意中恢复了儿童期对别人的依赖,表现出与年龄、身份不相符的幼稚行为,心理状态像回到了儿童期水平,而不是去积极解决自己所面临的问题,害怕再担负成人的责任,从而博取别人的同情和关怀,以逃避紧张和焦虑。

(七) 投射

投射亦称推诿,是受挫者把自己内心的不被允许的愿望、冲动、思想观念、态度和行为,转嫁于他人或其他事物上,说别人有这种欲望冲动,以此来逃避自己心理上的不安,从而保护自己,并为自己的行为辩护,避免或减轻内心的不安与痛苦的心理机制。如:一个心胸狭隘、对别人常怀敌意的人会经常说别人都不友好,"以小人之心度君子之腹"就是这种情况。投射是以某种理由来掩饰个人的过失,这些人否认自己具有不为社会认可的品质,反而将它加之于他人予以攻击。

【心理链接】

趣味心理测试
——心理承受力测试

在线心理测试 ✒

[测试要求] 请你仔细阅读每一道题目,并根据自己的实际情况,对下列题目做出"是"或"否"的回答。选"是"画"√",选"否"画"×"。对这些问题的答案不要做过多的考虑,对每一个问题立即做出回答比考虑后再回答更为准确。

1. 你认为自己是个弱者吗? （ ）
2. 你是否喜欢冒险和刺激? （ ）
3. 你生活在使你感到快乐和温暖的班级里吗? （ ）
4. 如果现在你就去睡,会担心自己睡不着吗? （ ）
5. 生病时你依旧快乐吗? （ ）
6. 你是否认为家人需要你? （ ）
7. 晚睡两小时会使你第二天明显精神不振吗? （ ）
8. 看完惊险片很长一段时间内,你一直觉得心有余悸吗? （ ）
9. 你常常觉得生活很累吗? （ ）
10. 你有一些无话不谈的知心朋友吗? （ ）
11. 成绩不理想时,你会感到非常沮丧吗? （ ）
12. 你认为自己健壮吗? （ ）
13. 当你与某个同学闹意见后,你会一直无法消除相处时的尴尬吗? （ ）

14. 大部分时间你对未来充满信心吗？　　　　　　　　　　　　（　　）

15. 你有一个关心、爱护你的家庭吗？　　　　　　　　　　　　（　　）

16. 当你在课堂上长时间回答不出问题时，你在课后还会长时间地感到烦恼吗？

　　　　　　　　　　　　　　　　　　　　　　　　　　　　（　　）

17. 每到一个新地方，你是否常常会出现问题，如吃不下饭、睡不好觉、拉肚子、头晕等？

　　　　　　　　　　　　　　　　　　　　　　　　　　　　（　　）

18. 即使在困难时，你还是相信困难终将过去吗？　　　　　　　（　　）

19. 你明显偏食吗？　　　　　　　　　　　　　　　　　　　　（　　）

20. 当你与父母发生不愉快时，你是否曾想离家出走？　　　　　（　　）

21. 你是否每周至少进行一次所喜欢的体育活动，如登山、打球、游泳、棋类、游戏等？

　　　　　　　　　　　　　　　　　　　　　　　　　　　　（　　）

22. 你觉得自己有点神经衰弱吗？　　　　　　　　　　　　　　（　　）

23. 你认为你的老师喜欢你吗？　　　　　　　　　　　　　　　（　　）

24. 心情不愉快时，你的饭量与平时差不多吗？　　　　　　　　（　　）

25. 看到苍蝇、蟑螂等讨厌的东西，你感到害怕吗？　　　　　　（　　）

26. 你相信自己能够战胜任何挫折吗？　　　　　　　　　　　　（　　）

27. 你是否常常与同学们交流看法？　　　　　　　　　　　　　（　　）

28. 你常常因为想心事躺在床上久久不能入睡吗？　　　　　　　（　　）

29. 在人多的场合或陌生人面前说话，你是否感到窘迫？　　　　（　　）

30. 你是否认为你受到的挫折与其他人相比根本算不了什么？　　（　　）

［计分规则］

第 2、3、5、6、10、12、14、15、18、21、23、24、26、27、30 题，画"√"计 1 分，画"×"计 0 分。其余各题，画"√"计 0 分，画"×"计 1 分。

各题总分相加，统计总分。

［结果解释］

0～9 分：你的心理承受力差。你遇到困难灰心，常有挫折感。

10～20 分：你的心理承受能力一般。你能轻松地承受一些小的压力，但遇到大的打击时，还是容易产生心理危机。

21～30 分：你的心理承受能力强。你能在各种艰难困苦面前保持旺盛的斗志。

［资料来源：王剑，王和平. 大学生心理健康教育：呵护心灵成长［M］. 长春：吉林大学出版社，2011：257.］

【心灵修炼】

1. 在现实生活中，你是否体验到了消极的心理防御带来的影响？

2. 是否曾经尝试过用积极的心理防御应对遇到的问题？

【影视欣赏】

《风雨哈佛路》

《风雨哈佛路》是美国一部催人警醒的励志电影（见图9-2）。影片由彼得·勒文执导，索拉·伯奇、迈克·里雷等主演。影片介绍了一位生长在纽约的女孩莉斯经历人生的艰辛和辛酸，凭借自己的努力，最终走进了最高学府的经历。

https://baike.baidu.com/item/%E9%A3%8E%E9%9B%A8%E5%93%88%E4%BD%9B%E8%B7%AF/64691? fr＝aladdin.

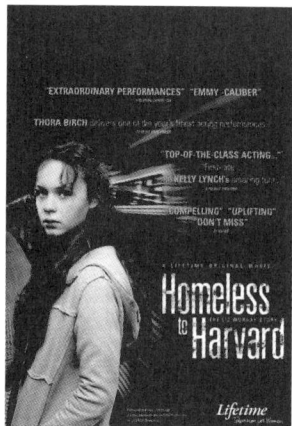

图9-2 电影《风雨哈佛路》海报

知识点3 提高抗挫折能力

【困惑与问题9-3】

小尤的未来和希望

小尤是一位来自某高校国际贸易专业的大一男生，高中时学习成绩优异，是众人瞩目的出色学生。由于高考发挥失常，不得已报考了现在的学校与专业。所以自入学来，心情一直不好，备感失落。为寻求心理平衡，他选择全力忙于学生会工作，与漂亮女同学谈恋爱等来暂时麻痹自己。但是，两个月后的摸底考试，他的成绩是全班最后一名。学生会工作和感情问题也不是很顺利，他感觉自己没有了未来和希望。

问题：

请帮助小尤找到未来和希望。

【心理活动场】

信任之旅

[活动任务] 通过两人扮演的角色互换，交流自己的体验感悟。

[活动目标] 通过助人与受助的体验，增加对他人的信任与接纳。

[活动要求]

1. 两人一组，一位扮演盲人，一位充当"盲人"的向导。

2. 扮演盲人的同学，蒙上眼睛原地转三圈（会暂时失去方向感），然后在向导的搀扶下在室内外活动。期间不能说话，向导只能通过肢体接触帮助"盲人"体验各种感觉。

3. 然后，双方互换角色，再体验一遍。

4. 活动结束后，同学们坐下来交流当"盲人"或向导的感受。指导者（老师）最好引导同学们围绕以下两方面进行交流讨论：

①做"盲人"时，你是什么感觉？这种感觉使你想起了什么？你对你的向导的帮助是否

满意,为什么? 你对自己和他人有什么新的发现?

②做向导时,你是怎样理解你的伙伴的? 你是怎样想方设法帮助他的? 那样做使你想起了什么?

[活动考核]　每个学习小组选派一名代表与任课教师组成评委,对各小组成员的情况进行评价。

[关键词]　挫折耐受力　自我调控　自我超越

【心海导航】

既然挫折不可避免,在充满挑战和激烈竞争的社会条件下,提高大学生的抗挫折能力就显得尤为重要。每个大学生都要学习和运用应对挫折的有效方法,从提高心理素质入手,建立自我防卫、自我调控的心理机制,做好应对挫折的心理准备。在遇到矛盾和冲突时能做到百折不挠、勇往直前,为实现最终目标而奋斗。

一、影响抗挫折能力的因素

(一) 生理因素

生理因素是一个人抗挫折能力的重要条件。一个发育正常、身心健康、精力旺盛的人,承担能力肯定高于体弱多病者,对于他们来说,一般的小挫折就不在话下,也更容易经受住巨大悲哀,承受更大的压力,对挫折的耐受力远远高于体弱多病、有生理缺陷者。巨大挫折会引起人的情绪及生理的强烈反应,给人的心理带来压力及紧张感,会让体弱多病者病情加重,甚至发生意外。因此,大学生要特别注意加强身体锻炼,在提高科学文化素质和思想道德水平的同时,努力提高自身的身体素质,保持健康的体魄和活力,是心理健康的重要保证。

(二) 心理因素

心理因素主要有以下几种:一是人格因素。性格开朗、豁达、个性完善、意志坚强的人比消沉抑郁、内向封闭的人更能应对挫折。二是自我认知。建立积极的自我认知的大学生在面临挫折时,容易客观、正确地看待并合理运用心理防御机制,化解挫折并将它转化为动力;而自我认知不足的大学生遭遇挫折时的心理耐受力较弱,往往容易走极端,陷入管状思维中无力自拔。三是心理预期值。个体对自我的心理预期值越高,遭遇挫折的心理耐受力越弱。一个优秀的大学生很难接受自己平庸的现实,因此会感到受挫;反之,一个对自己没有太高期望的大学生心理宽容、平衡度会更高些。

(三) 个人因素

每个人的性格特征、兴趣爱好和世界观都对挫折耐受力起着重要作用。性格开朗乐观、平静自信、反应较慢、情绪稳重、意志坚强的人,对挫折的耐受力肯定强,而性格孤僻、懦弱、内向、心胸狭窄、反应较快、易于冲动的人,忍受性较差,挫折耐受力较弱。兴趣爱好广泛的人,在挫折后适当转移兴趣,就能很快淡化挫折造成的不良心境。从小娇生惯养、意志薄弱的人挫折承受力弱;一向一帆风顺、很少受挫折的人,挫折承受力弱。

个人因素还包括目标理解和目标距离。一是目标理解,指行为所指向的目标对个体越重要,受挫折后的反应越强烈。如,有同学对拿到英语四级证书很重视,但考试却没有通过,就会很失望。而有同学同样参加四级考试没通过,但由于对此并不太在意,所以情绪反应就不大,挫折感就不强。二是目标距离。目标距离越近,则对挫折的承受力越大,即当个体在几乎接近目标时经历失败,则会不甘心失败而继续努力尝试,如果成功了,这时的挫折就是通向成功阶梯的最后一级。但马上就要成功而最终又遭遇失败,就会产生强烈的挫折感。如果一开始就失败则会迅速收场,大不了从头再来。如,有同学考研只差几分未通过,比差许多的同学挫折感还强,惋惜、失落、沮丧的情绪会缠绕心头,久久挥之不去。

(四) 社会因素

社会因素包括以下几种:一是生活阅历。随着生活阅历的丰富,人们逐渐在挫折中成长,承受挫折的能力就增强了。二是社会支持。人们在亲人、朋友、同学、同事、老师等方面可得到关心、爱护、帮助和指导。当面临困境时,同学一句安慰的话会让你感到春天般的温暖;当伤心绝望时,家人充满力量的拥抱会让你获得无穷的力量。当一个人感到有可以依赖的人在关心他、爱护他时,挫折反应的强度就会减轻,对挫折的承受力就会增强。较好的社会支持会使个体降低挫折情境带来的伤害,减轻挫折感受的程度,并获得解决问题的策略,从而减轻不良影响。一个人拥有的社会资源越多,社会支持体系越完备,获得的心理援助越多,就越容易走出挫折。所以说,社会支持是承受挫折的有效又有力的武器。

二、应对挫折的有效方法

应对挫折的有效方法有许多种,我们介绍几种对大学生有效的方法,供大学生参考。

(一) 适当运用心理防御机制

自我心理防御机制是指个体处在挫折与冲突的紧张情境时,在其内部心理活动中具有自觉或不自觉地摆脱烦恼、减轻内心不安,以恢复情绪平衡与稳定的一种适应性倾向。在人们的生活中,存在着一种倾向,即自觉地或不自觉地把主体与客观现实之间所发生的问题,用自己较能接受的方式加以解释和处理,而不至于引起太大的痛苦和不安。这种在人的心理活动中所具备的自觉或不自觉地解脱烦恼,减少内心不安,以恢复情绪上的平衡并保持心情安宁与稳定的反应形式,就是自我心理防御机制。在现实生活中,遭遇挫折后采用自我心理防御机制是一种相当普遍的心理现象。对于大学生来说,心理防御机制可以帮助他们采取一系列的心理活动来消除因挫折产生的不良情绪体验,摆脱痛苦,缓解内心的紧张与不安,恢复心理平衡。如使用幽默、升华、补偿、表同等心理防御机制,就可以有效化解尴尬,缓解痛苦,找到冲出心理包围的出路,从而超越挫折。在充满变数、矛盾、曲折的人生道路上,个体如果缺少一定的心理防御能力,是难以很好地在社会上立足的。因此,我们要学会应用积极的心理防御机制,以保护自己的心理健康,战胜挫折。

(二) 提高挫折耐受力

一个人的挫折阈越低,对挫折的敏感度越高。影响挫折阈最重要的一个因素是挫折经历。经历坎坷较多、挫折经验较丰富的人,比一帆风顺的人挫折阈要高,承受力要强。人应付挫折的能力是可以学习和锻炼的,有几种方法不妨一试:

1. 有意识地容忍和接受日常生活中的一些小挫折,以磨炼自己对挫折的耐受力。

2. 有意识地创设一定的挫折情境,以锻炼大家顽强的意志,提高对挫折的耐受力。像现在电视上的许多闯关节目,就是培养应对挫折耐受力的游戏。现在假期里,一些单位组织的野外夏令营活动,企业团体组织的拓展训练,如攀崖、探险等项目,都是提高挫折耐受力的活动。

3. 自觉参加志愿者活动、公益活动、抢险救灾活动,不仅是利他行善的行为,还是对自己应对挫折耐受力的很好锻炼。

(三) 积极寻求社会支持

积极寻求社会支持是应对挫折的一种较为有效的方法。所谓"三个臭皮匠,顶个诸葛亮""一个篱笆三个桩,一个好汉三个帮"都通俗地说明社会支持在个体应对挫折、摆脱困境中的作用。友情是一种来自心底的力量,别人的认同和友善也是一种肯定的力量。当一个人遭遇挫折、陷入困境之际,得到朋友和周围人的同情、理解、关心、帮助、鼓励和支持,就会减轻其挫折反应的强度,增强其对挫折的承受力和适应性。在现实中,很多大学生却采取封闭性的应对方式,较少寻求社会的支持。这可能与大学生的自尊心较强有关,但这不是理想的方法。大学生在受挫时应学会积极寻求社会支持,因为它有助于当事人聚集更多的力量,尽快走出挫折的阴影。平常就要学会与人交往,努力拓展自己的交往空间,建立广泛而和谐的人际关系,这既是心理健康的基本要求,也是增强挫折承受力的重要途径。

(四) 合理宣泄

宣泄的心理实质就是将积蓄的情绪通过言语或行为进行代偿性的输出,是一种尽快达到心理平衡和心理净化的手段。所谓合理宣泄,就是用可以控制的、合乎社会规范的方式宣泄紧张、焦虑和愤怒等不良情绪,以保持心理平衡,维护心理健康。人在受挫后的不良情绪如果不能得到及时、有效的化解,憋在心里,只能越积越多,达到一定的阈值,人就无法承受,就会失常、变态,行为上就易走极端。在心理失衡的情况下就可能做出一些消极的,甚至错误的行为,给自己和社会带来不良后果。例如,一个女青年和家人生气后憋了一肚子火,一气之下便到超市买了一把锤子,向停在路边的汽车车灯砸去,警察将其抓获后,她承认是自己情绪失控所为。她将面临法律的追究和经济赔偿。因此,受挫后寻找适当的途径把因挫折产生的压抑情绪释放出来,把心中的抑郁、不安、焦虑发泄出来,使心情平静下来,进行一些合理的宣泄是必要的。但要注意选择适宜的场合和形式,不能妨碍他人、集体和社会的利益。总之,积极进行合理宣泄,是恢复心理常态、战胜挫折的良方。

合理宣泄的方式主要有:

1. 自我宣泄。即主体遭遇挫折后,主动找老师或亲朋好友把心中的不快讲出来,或采取写日记、日志、博客、信件、文章等形式倾诉心中的感受,以缓解心中的郁闷和压力的一种方式。这样可以起到稳定情绪、理清思路、调整认识的作用,这种方法虽然简单,却十分有效。

2. 情绪宣泄。指个体受挫后,把各种不良情绪以哭、喊、笑、唱等形式排解出来的一种宣泄形式。现代医学证明,情绪性宣泄不仅是有效的,而且是必需的。

3. 运动宣泄。是通过参加一些文体活动,如打球、唱歌、郊游等,以转移和冲淡因挫折带来的心理压力,走出心理阴影,使之生活更愉快、更潇洒自如的一种良好的宣泄方式,对调节心理挫折非常有效。

(五) 自我疏导

1. 可以找一些轻松、幽默、诙谐的书读一读,忘记一切不快,让书中幽默、诙谐的语言,引人发笑的故事,放松你的神经,治疗你心灵的伤痛。

2. 音乐疗法,也是自我疏导的有效方法。音乐可以调节人的情绪,促使不良情绪的转化和消除。对于不同的情绪状态,要选不同的曲目。在听音乐的过程中,音量应控制在 60 分贝以下,以防止产生噪音,否则会不利于情绪调节。当人们遇到挫折时,情绪焦躁不安,一般选一些曲调悠扬、节奏舒缓明快、旋律飘逸的古曲或轻音乐听听。如《烛影撒曲》《平湖秋月》《雨打芭蕉》《江南好》、斯特拉文斯基的芭蕾音乐《火鸟》第一乐章、巴赫的《b 小调弥散曲》等。如果受挫者情绪处于忧郁、沮丧的状态中,一般选听节奏明快、旋律流畅、音色优美的乐曲。如:《喜洋洋》《步步高》《欢乐的天山》《金蛇狂舞》《采茶扑蝶》、莫扎特《第四十交响曲 b 小调》等。伴随着音乐的旋律,恶劣的情绪就会得到缓解,慢慢就会变得轻松、舒服、愉悦。

(六) 不做消极的联想

人在挫折的境况中,往往会看到不利的一面多,有利的一面少,这时要理智地分析不利和有利的情况,且不可做失败的联想,越想越觉得自己无能,越想越陷入失败中无法自拔,形成习惯性思维更糟糕。这时要多想事物好的方面、有利的方面,想自己曾经的成功,想自己拥有的主观的和客观的优势,想自己拥有的潜能,慢慢就会引导心灵走出挫折的泥沼。

还可运用优势比较法。就是当你受挫后,尽量去想那些比自己受挫更大、困难更多、处境更差的人。通过挫折程度比较,将自己的失控情绪逐步转化为平心静气。然后再找出自己的优势,强化优势感,从而提高挫折承受能力。通过挫折的磨炼,你的意志将更坚强,这就是挫折蕴含着的力量,坚忍的意志将激发你的潜能,帮你想出办法,处理好挫折面临的问题,最终战胜挫折。

回答 9-3:

小尤的未来和希望

帮助小尤找到未来和希望,首先,要对小尤出色的工作能力给予肯定,理解他当前的感受,引导其宣泄不良情绪。其次,建议小尤注重培养自己的专业兴趣,多与老师和同学沟通交流,多接触外界社会,用系统和发展的观点看待自己所学专业。再次,也是最重要的,小尤必须明确,大学里不仅要学会学习,更要学会成长,学会应对成长中的问题与挫折。

三、如何提高抗挫折能力

挫折是一把双刃剑,它可以使人沉沦,也可以使人奋起,它可以使弱者倒下,也可以使强者站起来。关键在于怎样认识挫折,战胜挫折。

(一) 正确认识挫折

人生不可能万事顺意,人生之路不可能总是坦途,遇到挫折,遭遇坎坷是常有的事。可以说,挫折是人生的重要组成部分,是每个人人生道路上必然的经历,挫折不仅使我们获得了宝贵的经验教训,还使我们的生活更加丰富多彩。孟子曰:"故天将降大任于斯人也,必先苦其心志,劳其筋骨,饿其体肤,空乏其身,行拂乱其所为,所以动心忍性,曾益其所不能。"孟子的话是说,只有"天将降大任"的人,才有机会、有资格经历和体验生活给予的挫折和考验。

我们应该面对挫折,积极地去克服它、战胜它,而不应该回避它、畏惧它。要做到能屈能伸,能前进也能后退,能失败也能取胜,期望顺利但也不怕坎坷。要懂得"失败是成功之母""吃一堑长一智"的道理,用微笑面对挫折,积极应战。要知道挫折欺软怕硬,对强者来说,挫折是成功的阶梯;对弱者来说,挫折是失败的泥沼。中华民族是一个勤劳勇敢、顽强不屈的民族,在五千多年的文明史中,有许多在挫折中奋起,在逆境中拼搏,最终成就大业的楷模:司马迁受宫刑而不沉沦写就鸿篇巨制《史记》、曹雪芹遭遇家庭破落的变故后写成《红楼梦》……在革命战争年代,无数革命先烈为了新中国不惜抛头颅、洒热血英勇奋斗,都为我们树立了光辉榜样。想想第五次反围剿失败后中国工农红军进行的两万五千里长征,我们还有什么理由惧怕眼前小小的困难?更没有理由为此畏缩不前、焦虑不安。挫折并不可怕,只要我们能正视它的存在,并采取积极的态度去克服它,以百倍的力量去奋斗,就一定能摆脱挫折的困扰,进而战胜挫折、超越挫折。

(二) 树立正确的世界观、人生观、价值观

人们承受挫折的能力的高低,也与一个人的人生观、世界观和价值观密切相关,有正确世界观、人生观和价值观的人,由于能以唯物的、辩证的观点看待世界,对待人生,有为国家、民族和人民利益奋斗到底而百折不回的决心和信心,他们有远大的志向,因此一般都很乐观、坚强,对困难和挫折有正确的态度和承受力。在困难面前他们从不畏惧、退缩,而是迎着困难、分析困难,找出解决问题的途径和方法,并以足够的勇气战胜困难。

当代大学生生长在中华民族伟大复兴和祖国巨龙腾飞的时代,我们要用正确的世界观、人生观、价值观武装头脑,要有为民族复兴贡献自己力量的远大志向和抱负,客观地看待世界,确定恰当的努力目标,保持适中的自我期望水平。要多参加有益于锻炼、提高思辨能力的活动,如演讲比赛、辩论赛等,以提高思维的灵活性和开阔性。要多参加社会实践活动,努力提高分析问题、解决问题的能力,以积极的心态面对挫折。正确认识和冷静处理现实生活中的各种矛盾和冲突,处变不惊,保持乐观的情绪和健康的心理状态。保持对自己充满信心、对他人充分理解、对社会主动适应的积极心态,这是战胜一切挫折的根本点。

(三) 培养学生坚强的意志品质

坚强的意志品质是战胜挫折的法宝,大学生要在生活的实践中主动地培养和锻炼自己的意志品质,积极地面对学习、生活和工作中的矛盾冲突,冷静地面对挫折,要相信自己的力量,振作精神,主动迎接困难的考验,把失败当作对自己意志的磨炼,积累战胜挫折的经验,以百折不挠的意志,迎接成功的到来。

(四) 改善挫折情境

要改善挫折的情境,第一要有应付挫折的心理准备。凡事预则立,不预则废,在做每一件事之前,都要对成功和失败有正确的估计,对挫折有充分认识和准备,尽可能地避免和化解挫折。估计到有些挫折避免不了要发生时,要做好几套应对措施,尽可能减轻损失,因为事先有心理准备和措施准备就会临危不乱,冷静处置。

第二是改变挫折情境。挫折是一种目标和现实之间的冲突,改变目标或改变现实都可以改变情境。如,考某一专业失败了,不妨分析一下失败的原因,如果是自己学科的短项或自己生理条件不容许,不妨回避这些短项,重新选择新的专业,就能走出挫折情境。又如,有的人在一个单位不顺利,不妨选择到另一个单位应聘,离开原来的单位,摆脱原有的恩怨或是非纠缠,就会感到获得解脱的轻松。所谓"树挪死,人挪活",说的就是改变挫折情境对人生发展的重要意义。

第三要主动减轻挫折的不良影响。天灾人祸、生老病死都是自然规律,不幸发生了,生活还要继续,活着的人要更加珍惜现在、珍惜今天的生活。要尽快走出灾祸的阴影,化悲痛为力量,振作精神,建设我们的生活。

(五)学会自我调控、自我超越

学会自我调控、自我超越,及时疏导和排解心中的抑郁和不快,使自己处于轻松愉快的心境中,是提高抗挫折能力的重要条件。(1)要做情绪的主人。在受挫后,若情绪过激,失去控制,就会出现心理失常,不仅会伤身体,还会做出一些危害他人和社会的事,于己于人都不利。要善于控制自己的不良情绪,维持心理平衡,当喜则喜,当悲则悲,悲而不伤。把握好"度",不可过头。(2)超越挫折。要解脱不良情绪,保持愉快的心理体验,就要学会超越自我,进行积极的心理防卫。首先要能够及时将狭隘的个人目标升华到社会化的大目标上来,追求更崇高、更伟大的目标。这种升华,能使人的精神境界更高尚,从而摆脱个人主义的小圈子,使人心胸更开阔、视野更广大。其次,当一个人在某个方面受挫后,能够及时调整方向,用自己的优势和专长来替补。这是一种转换,一种以彼补此的方法,能够快速摆脱挫折心境,实现心理平衡。苏联《钢铁是怎样炼成的》的作者奥斯特洛夫斯基,在残疾后,战胜了最初的烦恼、沮丧和绝望,以极大的毅力投入写作中,给世人留下了不朽的名著,主人公保尔的精神,鼓舞了一代又一代人为祖国、为人民去工作、去战斗。最后,当你的心情处于不愉快的状态下,无法排解时,不妨来点幽默,哪怕是自嘲,都有助于解除心理压力,润滑人际关系,缓解紧张情绪,忘却痛苦与烦恼,尽快获得愉快心情。

(六)积极寻求心理咨询

心理咨询是人们打开心扉的钥匙,自20世纪20年代心理咨询出现以来,在许多国家和地区,心理咨询已成为人们生活的一个重要内容。每当人们遭遇挫折、心情烦躁、紧张焦虑、矛盾冲突之时,很多都会去看心理医生。有受过专门训练的咨询师,运用心理学的理论与技术,通过语言或非语言的交流,给来访者以帮助、启发和教育,使来访者改变自己的认识、情感和态度,解决在生活、学习、工作等方面出现的问题,促进来访者人格的发展和社会适应能力的改变。大学生在遭遇挫折时,可以借助心理咨询的方法来帮助自己对抗挫折,增强抗挫折能力。有些同学在遭遇挫折时,自我封闭,不能进行合理宣泄,也不愿进行心理咨询,有的徘徊在心理咨询室外,这两种态度都是不可取的。其实,积极地寻求心理咨询是抗挫折的良方,心理咨询老师会针对受挫学生出现的心理失衡情况,以专业的知识和技术与受挫学生进行沟通与交流,帮助其分析挫折原因,提高对挫折的认识,鼓励受挫者树立信心,以积极的心态和有效的方法排除消极情绪,减轻心理压力,进而战胜挫折。

【心理链接】

趣味心理测试
——抗挫折能力测试

在线心理测试

[测试要求] 请阅读下列各题,并根据自己的实际情况做出选择,将选项填在括号里。

1. 在过去一年里,你认为自己遭受挫折的次数为(　　　)。

A. 2 次或 2 次以下　　　　B. 3～5 次　　　　　　　C. 5 次以上

2. 对于每次遭受到的挫折,你通常( )。

A. 大部分能靠自己解决　　B. 有一部分能靠自己解决　C. 大部分自己无法解决

3. 与周围的人相比,你对自己的能力素质( )。

A. 十分自信　　　　　　　B. 比较自信　　　　　　　C. 不太自信

4. 在面临困境时,你通常( )。

A. 知难而进　　　　　　　B. 找人帮忙　　　　　　　C. 放弃目标

5. 如果有令你很担心的事发生时,你通常( )。

A. 无法安心工作　　　　　B. 工作照样不误　　　　　C. 介于 A、B 之间

6. 碰到令人讨厌的竞争对手时,你通常( )。

A. 无法应付　　　　　　　B. 应付自如　　　　　　　C. 介于 A、B 之间

7. 面临失败时,你通常( )。

A. 破罐子破摔　　　　　　B. 把失败转化为成功　　　C. 介于 A、B 之间

8. 当工作进展太慢时,你会( )。

A. 焦躁万分　　　　　　　B. 冷静地想办法　　　　　C. 介于 A、B 之间

9. 碰到难题时,你通常会( )。

A. 失去信心　　　　　　　B. 为解决问题费尽心思　　C. 介于 A、B 之间

10. 在工作或学习中感到疲劳时,你通常会( )。

A. 总是想着疲劳,脑子也变得不好使了

B. 休息一段时间就会把疲劳淡忘

C. 介于 A、B 之间

11. 当工作或学习条件恶劣时,你通常会( )。

A. 无法干好工作　　　　　B. 能克服困难干好工作　　C. 介于 A、B 之间

12. 当因工作或学习而产生自卑感时,你会( )。

A. 不想再干了

B. 立即振奋精神去工作或学习

C. 介于 A、B 之间

13. 当上级交给你很难完成的任务时,你会( )。

A. 竭力把任务顶回去　　　B. 千方百计去干好　　　　C. 介于 A、B 之间

14. 当困难落到自己头上时,你往往会( )。

A. 厌恶至极　　　　　　　B. 认为是个锻炼的机会　　C. 介于 A、B 之间

[计分规则]

第 1—4 题选 A 计 3 分,选 B 计 2 分,选 C 计 1 分;第 5—14 题选 A 计 1 分,选 B 计 3 分,选 C 计 2 分。将各题的得分相加获得总分。

[结果解释]

20 分以下:你的抗挫折能力很弱。

21～30 分:你有一定的抗挫折能力,但对某些挫折的抵抗力较弱。

31 分以上:你的抗挫折能力很强。

[资料来源：刘远我.职业心理健康自测与调节［M］.北京：经济管理出版社，2004.]

【心灵修炼】

1. 对于"不幸是最好的老师"这句话，你是如何理解的？
2. 今后如果遇到挫折，你会如何应对？

【影视欣赏】

《阿甘正传》

《阿甘正传》是由罗伯特·泽米吉斯执导的电影，由汤姆·汉克斯、罗宾·怀特等人主演，于1994年7月6日在美国上映（见图9－3）。电影改编自美国作家温斯顿·格卢姆于1986年出版的同名小说，描绘了先天智障的小镇男孩福瑞斯特·甘自强不息，最终"傻人有傻福"地得到上天眷顾，在多个领域创造奇迹的励志故事。电影上映后，于1995年获得奥斯卡最佳影片奖、最佳男主角奖、最佳导演奖等6项大奖。

图9－3　电影《阿甘正传》海报

https://baike.baidu.com/item/%E9%98%BF%E7%94%98%E6%AD%A3%E4%BC%A0/12696704? fr＝aladdin.

https://v.qq.com/x/cover/r6hc2kqgvnmiejn.html.

参考文献

[1] 樊富珉,费俊峰.青年心理健康十五讲[M].北京：北京大学出版社,2006.

[2] 马丁·塞利格曼.活出最乐观的自己[M].沈阳：万卷出版公司,2010.

[3] 马建青.大学生心理健康教程[M].杭州：浙江大学出版社,2012.

[4] 崔玉环,秦爱君.心理素质教育指导教程[M].北京：教育科学出版社,2012.

[5] Burger. M.人格心理学[M].北京：中国轻工业出版社,2010.

[6] 王燕.普通心理学[M].北京：人民教育出版社,2002.

[7] 孔平,张秋影.大学生心理健康教育[M].北京：北京大学出版社,2008.

[8] 于立东.大学生心理健康教育[M].南京：南京大学出版社,2010.

[9] 焦姬平,吕芝,秦从英.大学生心理健康教育[M].北京：化学工业出版社,2010.

[10] 张万英.大学生心理健康教育[M].北京：中国人民大学出版社,2011.

[11] 季丹丹,陈晓东.现代大学生心理健康教育[M].北京：清华大学出版社,2009.

[12] 陈秋燕,韩佩玉.大学生心理健康教育[M].北京：北京师范大学出版社,2015.

[13] 余杰.新编大学生心理素质教育[M].湘潭：湘潭大学出版社,2009.

[14] 王剑,王和平.大学生心理健康教育：呵护心灵成长[M].长春：吉林大学出版社,2011.

[15] 张云.大学生心理健康向导[M].上海：华东师范大学出版社,2007.

[16] 李维渴.不抱怨的世界大全集[M].北京：华文出版社,2009.

[17] 宋玉萍.大学生心理健康教育[M].西安：西安电子科技大学出版社,2007.

[18] 季丹丹,曹迪.青春导航——大学生心理健康[M].沈阳：辽宁大学出版社,2006.

[19] 石晓春,王浩.大学生心理健康——快乐学习快乐生活[M].北京：电子工业出版社,2010.

[20] Helkowski C,Stout E C,Jongsma A E Jr.大学生心理咨询指导计划[M].卢建平,梁巍,唐勇,译.北京：中国轻工业出版社,2006.

[21] 岳晓东.登天的感觉[M].合肥：安徽人民出版社,2011.

[22] 王英杰.大学生心理健康教育[M].北京：北京航空航天大学出版社,2009.

[23] 张海涛.大学生健康心理导论[M].北京：航空工业出版社,2014.

[24] 胡敏.大学生心理健康教育与指导[M].上海：上海中医药大学出版社,2005.

[25] 王传中.把握快乐的金钥匙[M].武汉：武汉大学出版社,2006.

[26] 包陶迅.当代生活与心理健康[M].北京：高等教育出版社,2014.

[27] 方平.自助与成长——大学生心理健康教育[M].北京：教育科学出版社,2015.